船舶柴油机轴系扭转振动

聂德耀　刘大江　周国强　梁军　编著

周轶尘　审校

国防工业出版社

·北京·

内 容 简 介

本书系统论述了船舶柴油机轴系扭转振动的产生机理、轴系扭转振动的计算方法、轴系扭转振动的测量,结合实例阐述了轴系扭转振动的预防与消减,基本涵盖了船舶轴系扭转振动问题的方方面面,为相关人员对于船舶轴系扭转振动问题提供了整套的分析处理方案。同时,对于近年来新出现的轴系扭转振动的非线性问题从原理到常用解决方法的优缺点进行了详细分析,并提出了不同于常规的三角级数解法,为扭转振动的非线性问题的初步解决提供了思路与方案。

本书可作为高等院校教学、科研设计单位的参考书,也可供轮机管理人员培训及船机修造工程人员学习使用。

图书在版编目(CIP)数据

船舶柴油机轴系扭转振动/聂德耀等编著 . —北京:
国防工业出版社,2017.4
ISBN 978 – 7 – 118 – 10794 – 4

Ⅰ.①船… Ⅱ.①聂… Ⅲ.①船用柴油机—船舶轴系
—扭转振动 Ⅳ.①U664.121

中国版本图书馆 CIP 数据核字(2017)第 070113 号

※

国防工业出版社出版发行

(北京市海淀区紫竹院南路23号 邮政编码100048)
北京嘉恒彩色印刷有限责任公司
新华书店经售
*
开本710×1000 1/16 印张13¾ 字数258千字
2017年4月第1版第1次印刷 印数1—2500册 定价58.00元

(本书如有印装错误,我社负责调换)

国防书店:(010)88540777 发行邮购:(010)88540776
发行传真:(010)88540755 发行业务:(010)88540717

序

有运动便有振动,运动愈烈振动愈突出,可以说人类自有文明以来,便与振动结下了不解之缘。

20世纪60年代中,因"建华"801轮推进轴系强共振的问题,与聂德耀君相识于重庆东风船厂。此时聂君刚从上海交通大学力学专业毕业,工作之中,聂君以其扎实的基础知识和对工作的钻研精神,深深地打动了我。尔后,聂君便着迷于此。

20世纪五六十年代,长江船舶推进主机由蒸汽机改为柴油机,轴系扭转共振问题比较突出。结合当时我国的实际情况,聂君及其课题组提出了本书所举的双刚度联轴器及在中间轴上安装硅油减振器等措施,并用于实际,解决了当时燃眉之急,可谓创新之举。时至今日,其思想及解决问题的方法,对后人仍有所启迪。

目前,所有这方面的书籍以及船级社认可的计算程序,均基于将该系统假设为线性系统。对于直接传动的推进装置,用该法所得的预期计算值与实测值能基本吻合。而对于装有减速齿轮箱以及某些高弹联轴节等非线性元件时,预期计算值与实测值之间往往会出现较大的偏差。到目前为止,非线性振动的数学处理仍然相当困难,作者以其深厚的数理基础,对系统中只有一个非线性元件时进行了分析,并以双刚度联轴器为例做了计算。对轴系扭转振动的计算可谓深入了一步,是本书中的另一亮点。

本书虽非鸿幅巨篇,区区20万字,但作者以七十高龄,用滴水石穿的精神,将其50年来从事这方面的历练融合于本书中,供读者共享。

此书理论与实践并重,可供这方面的工程技术人员及有关大学的学子参阅。望诸君在我国从船舶制造大国向制造强国前进的征程中,能在扭转振动计算分析的非线性领域再跨出坚实的一大步。

应作者所请,不自量力,勉作此序。

八旬翁周轶尘书于武汉
2015年12月

前　言

船舶柴油机轴系扭转振动,是轴系在柴油机、螺旋桨等激励力矩作用下,产生的周向周期性运动及相应变形。强烈的轴系扭转振动,会导致传动齿轮冲击与噪声,齿轮点蚀、折损,弹性联轴器等部件损坏,曲轴及传动轴折断,以及船体振动等危害。

在我国,强烈的轴系扭转振动,是1958年"江阳"轮等三艘长江客轮出厂时出现的。从那时起,我国技术人员开始在木已成舟的情况下,进行测量试验与计算,采取措施,做消防队的工作。逐渐地积累经验,有了可行的措施与减振部件,并在设计阶段,加以计算预防,取得很多成果。作者在1965年,参与了"建华"801油轮解决强烈扭转振动问题的工作。从此,在40余年里,在理论计算、测量试验及减振措施等方面,做了一定的工作。现汇集国内外成果及我们的工作,编著了本书。

本书共分5章。

第1章以双质量系统为基础,建立轴系扭转振动的基本概念,如滚振、扭振、固有频率、振型、结点及共振现象等。而三质量系统,则是多质量轴系的研究基础,并对减振研究做了初步准备。对于具有实用的多质量系统的自由振动计算,既介绍了特征方程解法,也介绍了试算法(如Holzer法、传递矩阵法),使之互补。前者可求出所有固有频率、振型,但难以适应变参数轴系的计算;后者适应变参数轴系,但可能存在漏根等问题。书中分析了漏根原因,并提出避免办法。多质量系统的强迫振动计算,也同时介绍了方程的矩阵解法,以及递推解法(推广的Holzer法)、传递矩阵法。而能量法等近似法,虽然仅适应于小阻尼时的共振计算,但对于扭转振动特性的判定具有重要意义,亦予简单介绍。

第2章对柴油机轴系转化成有限的多质量系统进行计算。当量转化按船舶检验部门推荐的方法进行。刚度、惯量、阻尼、激励力矩的计算除了介绍成熟实用的方法、公式以外,对长冲程、高强载柴油机的激励,螺旋桨惯量、阻尼,变参数部件的刚度、阻尼,变工况工作情况等,均介绍了新的进展及计算方法。

第3章在讨论柴油机激励问题、调频、减振、抗振等基本措施后,对硅油减振器、弹性阻尼减振器的基本结构、减振机理、最佳参数选取以及相关设计问题均做了讨论与介绍。书中就弹性联轴器的调频、减振、缓冲作用进行阐述并介绍了双刚度联轴器的相关机理。

第 4 章在介绍各类型测量仪器基本机理后,对测量中测点布置、仪器安装、测量步骤等问题做了阐述,并就模拟信号的近似分析、数值信号的简谐分析做了介绍。对自由振动振型失效时,介绍了利用强迫振动计算结果推算轴系各质量点振幅、轴段应力、部件扭矩的方法,对滚振扣除,推荐了二点测量法。最后,介绍了扭振仪校验台和弹性联轴器性能试验台的结构机理。

第 5 章以双质量系统为对象,讨论非线性特性与现象。介绍小参数法、平均法、谐波平衡法和迭代法等传统近似计算方法和例解后,阐述了我们研发的三角级数解法,并对具有一个非线性部件的多质量轴系的计算进行了讨论。而对多个非线性部件系统,以及复合周期性激励力矩作用下的组合振动等问题,尚有待进一步研究。

本书由聂德耀主笔编著,刘大江参加第 1、3 章编写工作,周国强参加第 1、2 章编写工作,梁军参加第 3、4 章编写工作。非常感谢周轶尘教授对本书编写的指导和审校。唐明、张漾同志对本书的文字录入和绘图做了大量工作,在此谨致谢忱。限于水平,疏漏之处在所难免,敬请读者批评指正。

作者

2016 年 12 月

目 录

第1章 基本理论与计算方法

1.1 双质量系统

如图 1.1 所示,双质量系统是轴系扭转振动最简单的情况,J_1 为发动机惯量,J_2 为吸收功率部件(如螺旋桨、发电机、水力测功器等)的惯量,K_{12} 为它们之间连接轴的刚度。讨论它们的振动,可获得很多有用的基本概念。

1.1.1 无阻尼自由振动

在两端圆盘 J_1、J_2 上,加大小相等方向相反的力矩,使轴扭转一个角度,然后突然撤去这对力矩。由于轴的弹性和圆盘的惯

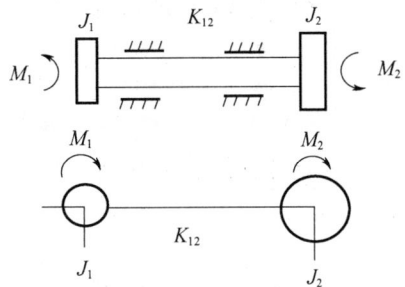

图 1.1 双质量系统

性,系统就产生来回摆动,即扭转自由振动。在无阻尼情况下,设圆盘 J_1、J_2 的扭转角位移为 φ_1、φ_2,其惯性力矩为 $J_1\ddot{\varphi}_1$ 和 $J_2\ddot{\varphi}_2$,而轴段恢复力矩为 $K_{12}(\varphi_1-\varphi_2)$,则根据达朗贝尔原理,质量点上总作用力,即惯性力矩与恢复力矩之和为零。于是,质量点 1、2 的运动方程为

$$\begin{cases} J_1\ddot{\varphi}_1 + K_{12}(\varphi_1 - \varphi_2) = 0 \\ J_2\ddot{\varphi}_2 + K_{12}(\varphi_2 - \varphi_1) = 0 \end{cases} \tag{1.1}$$

式中　J_1——质量点 1 的转动惯量,$kg \cdot m^2$;

　　　J_2——质量点 2 的转动惯量,$kg \cdot m^2$;

　　　K_{12}——质量点 1、2 之间连接轴的刚度,$(N \cdot m)/rad$;

　　　φ_1、φ_2——质量点 1、2 的扭转振动角位移,rad。

当质量点以圆频率 ω(rad/s)作简谐扭转振动时,设

$$\begin{cases} \varphi_1 = A_1\sin\omega t \\ \varphi_2 = A_2\sin\omega t \end{cases} \tag{1.2}$$

将式(1.2)代入式(1.1),有

$$\begin{cases} (-J_1\omega^2 + K_{12})A_1 - K_{12}A_2 = 0 \\ -K_{12}A_1 + (-J_2\omega^2 + K_{12})A_2 = 0 \end{cases} \tag{1.3}$$

其非零解的条件为

$$\begin{vmatrix} -J_1\omega^2 + K_{12} & -K_{12} \\ -K_{12} & -J_2\omega^2 + K_{12} \end{vmatrix} = 0$$

即特征方程:

$$\omega^2\left[J_1 J_2 \omega^2 - K_{12}(J_1 + J_2)\right] = 0 \tag{1.4}$$

特征方程式(1.4)有两个解(固有频率),其一为

$$\omega_0 = 0 \tag{1.5}$$

此时,由式(1.3)有

$$A_1 = A_2 \tag{1.6}$$

式(1.6)表示系统有一个固有频率为0,且两个质量点的扭转振幅相等,轴段未产生变形,称为滚动或滚振。

系统另一固有频率为

$$\omega_1 = \sqrt{\frac{K_{12}(J_1 + J_2)}{J_1 J_2}} \tag{1.7}$$

根据式(1.3),有

$$\frac{A_1}{A_2} = -\frac{J_2}{J_1} \tag{1.8}$$

即两个质量点的振幅方向相反,大小与惯量成反比。

系统作扭转自由振动时,质量间的振幅关系称为振型。固有频率、振型取决于轴系的惯量、刚度参数,它们表征轴系扭转转动的固有特性。双质量系统的固有频率、振型关系如图1.2所示。以频率 $\omega_0 = 0$ 振动时,轴上振幅相等、没有零振幅点为滚振;而以 ω_1 振动时,轴上有一零振幅点(结点),称为单结点振动。

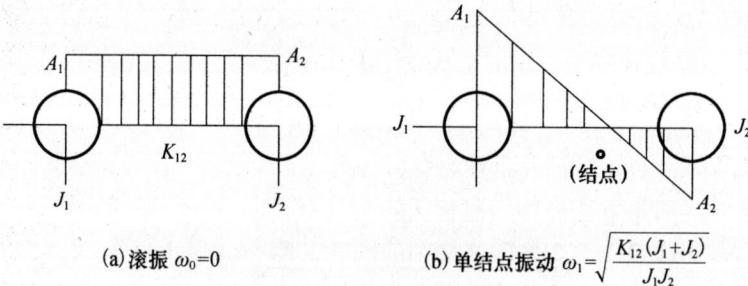

(a)滚振 $\omega_0 = 0$　　　　(b)单结点振动 $\omega_1 = \sqrt{\dfrac{K_{12}(J_1 + J_2)}{J_1 J_2}}$

图1.2　频率、振型关系

1.1.2　有阻尼自由振动

轴系扭转振动时,系统有外阻尼和内阻尼两种,通常只考虑与速度成正比的线性阻尼。外阻尼、质量与外界摩擦产生的阻尼力矩:

$$M_i = c_i \dot{\varphi}_i$$

式中　c_i——外阻尼系数，$(\mathrm{N \cdot m \cdot s})/\mathrm{rad}$。

内阻尼，轴段扭转变形引起材料分子间摩擦产生的阻尼力矩：

$$M_{12} = c_{12}(\dot{\varphi}_1 - \dot{\varphi}_2)$$

式中　c_{12}——内阻尼系数，$(\mathrm{N \cdot m \cdot s})/\mathrm{rad}$。

考虑阻尼后的双质量系统(图 1.3)自由振动微分方程：

$$\begin{cases} J_1\ddot{\varphi}_1 + c_1\dot{\varphi}_1 + c_{12}(\dot{\varphi}_1 - \dot{\varphi}_2) + K_{12}(\varphi_1 - \varphi_2) = 0 \\ J_2\ddot{\varphi}_2 + c_2\dot{\varphi}_2 + c_{12}(\dot{\varphi}_2 - \dot{\varphi}_1) + K_{12}(\varphi_2 - \varphi_1) = 0 \end{cases} \tag{1.9}$$

为尽快得出一些概念，暂不考虑外阻尼，则有

$$J_1\ddot{\varphi}_1 + c_{12}(\dot{\varphi}_1 - \dot{\varphi}_2) + K_{12}(\varphi_1 - \varphi_2) = 0 \tag{1.10a}$$

$$J_2\ddot{\varphi}_2 + c_{12}(\dot{\varphi}_2 - \dot{\varphi}_1) + K_{12}(\varphi_2 - \varphi_1) = 0 \tag{1.10b}$$

令　　　　　$x = \varphi_1 - \varphi_2 \tag{1.11}$

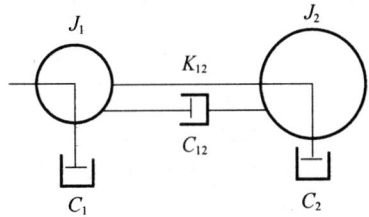

图 1.3

式中　x——轴段扭转变形。

作交换：$J_2($式$(1.10a))-J_1($式$(1.10b))$，有

$$J_1J_2\ddot{x} + c_{12}(J_1 + J_2)\dot{x} + K_{12}(J_1 + J_2)x = 0$$

令　　　　　$$\omega_1^2 = \frac{K_{12}(J_1 + J_2)}{J_1J_2}$$

$$b = \frac{c_{12}(J_1 + J_2)}{2J_1J_2}(\text{阻尼因子}) \tag{1.12}$$

得

$$\ddot{x} + 2b\dot{x} + \omega_1^2 x = 0 \tag{1.13}$$

式(1.13)是扭转变形 x 的扭振微分方程。设其解为

$$x = A\mathrm{e}^{r \cdot t} \tag{1.14}$$

将式(1.14)代入式(1.13)，得

$$r^2 + 2br + \omega_1^2 = 0 \tag{1.15}$$

$$r = -b \pm \sqrt{b^2 - \omega_1^2} \tag{1.16}$$

根据式(1.16)，式(1.13)的解存在以下三种情况：

1. 小阻尼情况

当 $b < \omega_1$ 时，式(1.16)有两个共轭根：

$$\begin{cases} r_1 = -b + \mathrm{i}\omega_\mathrm{d} \\ r_2 = -b - \mathrm{i}\omega_\mathrm{d} \\ \omega_\mathrm{d} = \sqrt{\omega_1^2 - b^2} \\ \mathrm{i} = \sqrt{-1} \end{cases} \tag{1.17}$$

于是

$$x = e^{-bt}(A\cos\omega_d t + B\sin\omega_d t)$$

考虑初始条件,$t = 0$ 时,$x = X_0$,$\dot{x} = v_0$,得

$$x = e^{-bt}\left(X_0\cos\omega_d t + \frac{v_0 + bX_0}{\omega_d}\sin\omega_d t\right) = Ce^{-bt}\sin(\omega_d t + \alpha) \qquad (1.18)$$

式中

$$\begin{cases} C = \sqrt{X_0^2 + \left(\dfrac{v_0 + bX_0}{\omega_d}\right)^2} \quad \text{振幅} \\[4mm] \alpha = \arctan\dfrac{X_0\omega_d}{v_0 + bX_0} \quad \text{相位} \end{cases} \qquad (1.19)$$

由式(1.18)可见,小阻尼情况下,振动振幅按 e^{-bt} 规律衰减,并以 ω_d 圆频率振动,如图 1.4 所示。

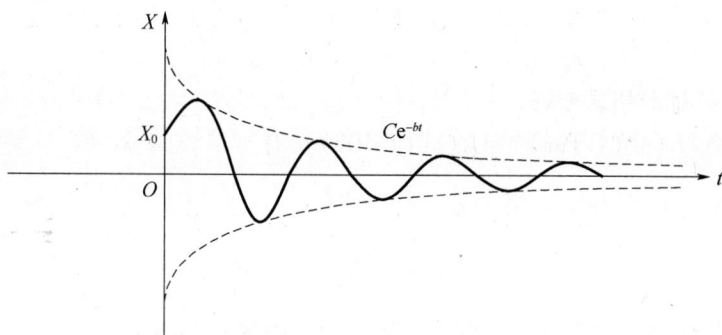

图 1.4　$b < \omega_1$ 时,有阻尼自由振动

2. 临界阻尼情况

当 $b = \omega_1$ 时,式(1.16)有两个重根:

$$r_1 = r_2 = -b \qquad (1.20)$$

方程有通解为

$$x = (A + Bt)e^{-bt}$$

计及初始条件,有

$$x = e^{-bt}[X_0 + (v_0 + bX_0)t] \qquad (1.21)$$

3. 大阻尼情况

当 $b > \omega_1$ 时,有两个实根:

$$r_{1,2} = -b \pm \sqrt{b^2 - \omega_1^2} \qquad (1.22)$$

方程通解为

$$x = Ae^{r_1 t} + Be^{r_2 t}$$

计及初始条件,有

$$x = \mathrm{e}^{-bt}\left(X_0 \mathrm{ch}\omega_2 t + \frac{V_0 + bX_0}{\omega_2}\mathrm{sh}\omega_2 t\right) \tag{1.23}$$

式中　$\omega_2 = \sqrt{b^2 - \omega_1^2}$。

临界阻尼及大阻尼情况下,都是非周期性衰减运动,如图 1.5 所示。

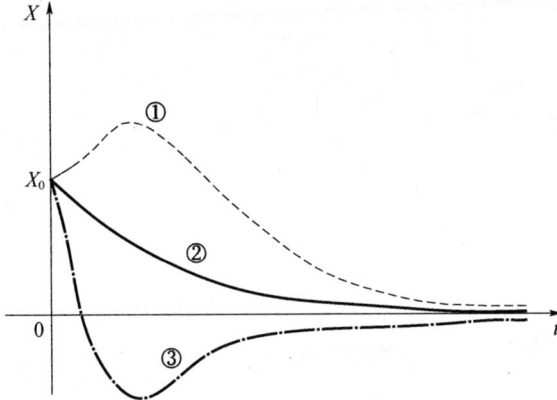

图 1.5　非周期性衰减运动

①—$v_0 > 0$;②—$v_0 < 0$ 且 $|v_0| < X_0(b + \sqrt{b^2 - \omega_0^2})$;③—$v_0 < 0$ 且 $|v_0| > X_0(b + \sqrt{b^2 - \omega_0^2})$。

1.1.3　强迫振动

讨论图 1.6 所示轴系,在质量点 J_1 处作用有简谐激励力矩 $M_1\sin\omega t$,其运动微分方程为

$$J_1 \ddot{\varphi}_1 + c_{12}(\dot{\varphi}_1 - \dot{\varphi}_2) + K_{12}(\varphi_1 - \varphi_2) = M_1\sin\omega t \tag{1.24a}$$

$$J_2 \ddot{\varphi}_2 + c_{12}(\dot{\varphi}_2 - \dot{\varphi}_1) + K_{12}(\varphi_2 - \varphi_1) = 0 \tag{1.24b}$$

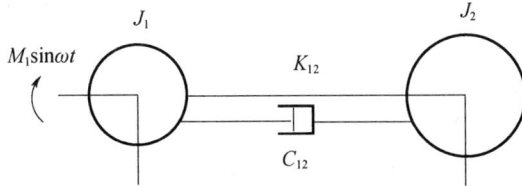

图 1.6

令:$x = \varphi_1 - \varphi_2$,并作交换:$J_2$ 式(1.24a)$- J_1$ 式(1.24b),有

$$\ddot{x} + 2b\dot{x} + \omega_1^2 x = h_1\sin\omega t \tag{1.25}$$

$$h_1 = M_1/J_1 \tag{1.26}$$

式(1.25)的解由齐次方程的通解和非齐次方程的特解构成。齐次方程的通解为瞬态振动,它随时间而衰减,而特解为稳态振动。

下面只讨论特解部分,设

$$x = X\sin(\omega t + \psi) \tag{1.27}$$

将式(1.27)代入式(1.25),有

$$\begin{cases} X = \dfrac{h_1}{\sqrt{(\omega_1^2 - \omega^2)^2 + (2b\omega)^2}} & \text{振幅} \\[4mm] \psi = \arctan\dfrac{-2b\omega}{\omega_1^2 - \omega^2} & \text{相位} \end{cases} \tag{1.28}$$

引进平衡(静)扭转角:

$$X_{\mathrm{st}} = \frac{h_1}{\omega_1^2} = \frac{M_1}{\omega_1^2 J_1}$$

阻尼因子为

$$2\xi = \frac{2b}{\omega_1^2} = \frac{c_{12}}{K_{12}} \tag{1.29}$$

则式(1.28)可写为

$$\begin{cases} X = \dfrac{X_{\mathrm{st}}}{\sqrt{\left[1 - \left(\dfrac{\omega}{\omega_1}\right)^2\right]^2 + \left(2\xi\dfrac{\omega}{\omega_1}\right)^2}} \\[6mm] \psi = \arctan\dfrac{-2\xi\dfrac{\omega}{\omega_1}}{1 - \left(\dfrac{\omega}{\omega_1}\right)^2} \end{cases} \tag{1.30}$$

由式(1.30)可得$\dfrac{X}{X_{\mathrm{st}}}$、$\psi$与$\dfrac{\omega}{\omega_1}$的关系曲线,如图1.7所示。当$\dfrac{\omega}{\omega_1} \to 1$时,$\dfrac{X}{X_{\mathrm{st}}} \to \dfrac{1}{2\xi}$。在其附近出现共振峰,即出现共振现象;而当$\xi \to 0$时,振幅趋于无穷大,这说明,外部力矩,仅当其频率接近于轴系固有频率时,才会引起共振,造成危害。而共振振幅的大小,则与激励强弱、阻尼大小有关。

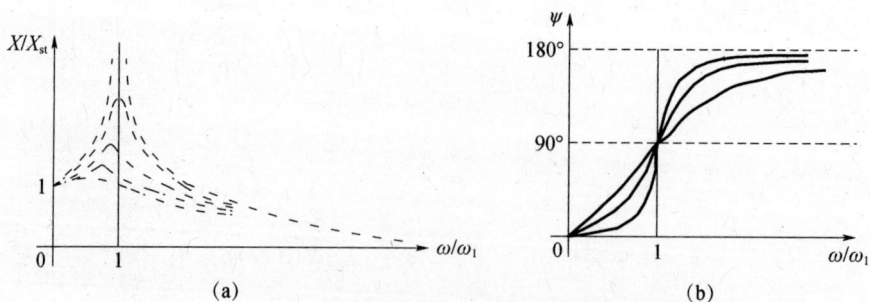

$$\text{图 1.7} \quad \frac{X}{X_{\mathrm{st}}}、\psi \text{ 与 } \frac{\omega}{\omega_1} \text{ 的关系曲线}$$

对于质量点的运动:

$$\begin{cases} \varphi_1 = A_1 \sin(\omega t + \psi_1) \\ \varphi_2 = A_2 \sin(\omega t + \psi_2) \end{cases} \quad (1.31)$$

由式(1.24a)和式(1.24b),可得

$$\begin{cases} \varphi_1 = (c_{12}\dot{x} + K_{12}x - M_1 \sin\omega t)/J_1\omega^2 \\ \varphi_2 = (-c_{12}\dot{x} - K_{12}x)/J_2\omega^2 \end{cases}$$

$$(1.32)$$

(a)

振幅 A_1、A_2 与 $\dfrac{\omega}{\omega_1}$ 的关系如图 1.8 所示。

(1)有两个共振区:当 $\omega \to 0$ 时,为零结点扭共振,即滚振;当 $\omega \to \omega_1$ 时,为单结点扭共振。

(2)当 $\omega \to \omega_1$, $\xi \to 0$ 时,扭振振幅 $X \to \infty$,此时 $M_1 \sin\omega t$, $c_{12}\dot{x}$ 与 $K_{12}x$ 比较均属小量,于是

$$\begin{cases} \varphi_1 \approx K_{12}X/J_1\omega_1^2 \\ \varphi_2 \approx -K_{12}X/J_2\omega_1^2 \\ A_1/A_2 \approx -J_2/J_1 \end{cases} \quad (1.33)$$

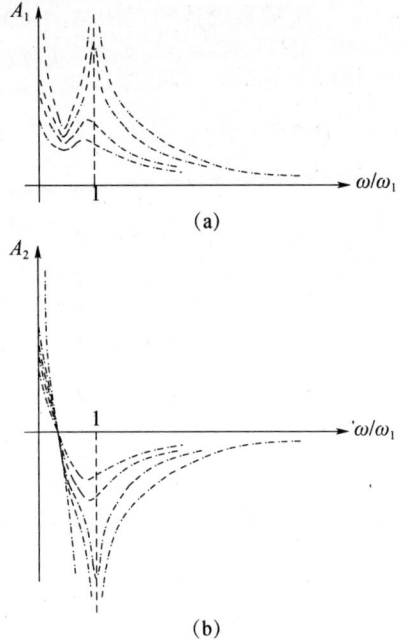

(b)

图 1.8　质量点振幅—频率关系

式(1.33)表明,强迫振动的振动形式,在强共振时近似于自由振动振型。据此,在测量分析中,常按自由振动振型推算轴系扭振中非测点处振动值可获得较好结果。另外,对于复杂轴系的近似计算(如能量法等),也引用强迫振动的振动形式与自由振动振型相同这一假设,从而大大简化了计算。值得注意的是,当阻尼值较大或远离共振区时,不能利用自由振动振型关系,否则将引起较大误差。

1.2　三质量系统

如图 1.9 所示,三质量系统可视为主机—减速齿轮箱—螺旋桨系统或减振器—汽缸—飞轮系统的简化模型。讨论它可得出一些有益的结论,并且是多质量轴系的研究基础。

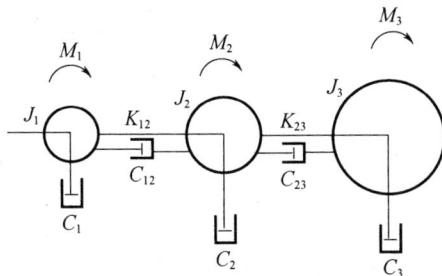

图 1.9　三质量系统

三质量系统各质点的运动微分方程式为

$$\begin{cases} J_1\ddot{\varphi}_1 + c_1\dot{\varphi}_1 + c_{12}(\dot{\varphi}_1 - \dot{\varphi}_2) + K_{12}(\varphi_1 - \varphi_2) = M_1\sin(\omega t + \psi_1) \\ J_2\ddot{\varphi}_2 + c_2\dot{\varphi}_2 + c_{12}(\dot{\varphi}_2 - \dot{\varphi}_1) + c_{23}(\dot{\varphi}_2 - \dot{\varphi}_3) + K_{12}(\varphi_2 - \varphi_1) + K_{23}(\varphi_2 - \varphi_3) = \\ M_2\sin(\omega t + \psi_2) \\ J_3\ddot{\varphi}_3 + c_3\dot{\varphi}_3 + c_{23}(\dot{\varphi}_3 - \dot{\varphi}_2) + K_{23}(\varphi_3 - \varphi_2) = M_3\sin(\omega t + \psi_3) \end{cases}$$

$$(1.34)$$

式中　J_i——质量点 i 的惯量 $(i = 1,2,3)$，$\mathrm{kg \cdot m^2}$；

　　　c_i——质量点 i 的外阻尼系数，$(\mathrm{N \cdot ms})/\mathrm{rad}$；

　　　c_{ij}——轴段 $i - j$ 的内阻尼系数，$(\mathrm{N \cdot ms})/\mathrm{rad}$；

　　　K_{ij}——轴段 $i - j$ 的刚度，$(\mathrm{N \cdot m})/\mathrm{rad}$；

　　　φ_i——质量点 i 的角位移，rad；

　　　M_i——作用于质量点 i 上的力矩幅值，$\mathrm{N \cdot m}$。

式(1.34)中，三个方程是互相耦合的，可用矩阵表示：

$$J\ddot{\boldsymbol{\Phi}} + C\dot{\boldsymbol{\Phi}} + K\boldsymbol{\Phi} = M \qquad (1.35)$$

式中　J、C、K——惯量矩阵、阻尼矩阵和刚度矩阵；

　　$\boldsymbol{\Phi}$、$\dot{\boldsymbol{\Phi}}$、$\ddot{\boldsymbol{\Phi}}$、M——位移向量、速度向量、加速度向量和力矩向量。

表达式如下：

$$\boldsymbol{\Phi} = \begin{pmatrix} \varphi_1 \\ \varphi_2 \\ \varphi_3 \end{pmatrix}, \dot{\boldsymbol{\Phi}} = \begin{pmatrix} \dot{\varphi}_1 \\ \dot{\varphi}_2 \\ \dot{\varphi}_2 \end{pmatrix}, \ddot{\boldsymbol{\Phi}} = \begin{pmatrix} \ddot{\varphi}_1 \\ \ddot{\varphi}_2 \\ \ddot{\varphi}_2 \end{pmatrix}$$

$$M = \begin{pmatrix} M_1\sin(\omega t + \psi_1) \\ M_2\sin(\omega t + \psi_2) \\ M_3\sin(\omega t + \psi_3) \end{pmatrix}$$

$$J = \begin{pmatrix} J_1 & 0 & 0 \\ 0 & J_2 & 0 \\ 0 & 0 & J_3 \end{pmatrix}$$

$$C = \begin{pmatrix} c_1 + c_{12} & -c_{12} & 0 \\ -c_{12} & c_2 + c_{12} + c_{23} & -c_{23} \\ 0 & -c_{23} & c_3 + c_{23} \end{pmatrix}$$

$$K = \begin{pmatrix} K_{12} & -K_{12} & 0 \\ -K_{12} & K_{12} + K_{23} & -K_{23} \\ 0 & -K_{23} & K_{23} \end{pmatrix} \qquad (1.36)$$

1.2.1　自由振动

在无阻尼、无激励作用时,式(1.34)成为自由振动方程:

$$\begin{cases} J_1 \ddot{\varphi}_1 + K_{12}(\varphi_1 - \varphi_2) = 0 \\ J_2 \ddot{\varphi}_2 + K_{12}(\varphi_2 - \varphi_1) + K_{23}(\varphi_2 - \varphi_3) = 0 \\ J_3 \ddot{\varphi}_3 + K_{23}(\varphi_3 - \varphi_2) = 0 \end{cases} \tag{1.37}$$

设:

$$\varphi_i = A_i \sin\omega t \quad (i = 1, 2, 3) \tag{1.38}$$

将式(1.38)代入式(1.37),得

$$\begin{cases} (-J_1\omega^2 + K_{12})A_1 - K_{12}A_2 = 0 \\ -K_{12}A_1 + (-J_2\omega^2 + K_{12} + K_{23})A_2 - K_{23}A_3 = 0 \\ -K_{23}A_2 + (-J_3\omega^2 + K_{23})A_3 = 0 \end{cases} \tag{1.39}$$

其特征方程为

$$\begin{vmatrix} -J_1\omega^2 + K_{12} & -K_{12} & 0 \\ -K_{12} & -J_2\omega^2 + K_{12} + K_{23} & -K_{23} \\ 0 & -K_{23} & -J_3\omega^2 + K_{23} \end{vmatrix} = 0 \tag{1.40}$$

展开整理后,得

$$-J_1 J_2 J_3 \omega^2 \left[\omega^4 - \left(\frac{K_{12}}{J_1} + \frac{K_{12}}{J_2} + \frac{K_{23}}{J_2} + \frac{K_{23}}{J_3} \right)\omega^2 + K_{12}K_{23}\left(\frac{1}{J_1 J_2} + \frac{1}{J_1 J_3} + \frac{1}{J_2 J_3} \right) \right] = 0 \tag{1.41}$$

式(1.41)中,有特征根 $\omega = 0$,根据式(1.39),相应振型为

$$A_1 = A_2 = A_3 \tag{1.42}$$

此时,轴系未产生扭转变形,为滚振。

另外,注意到质量点 1、2 之间及质量点 2、3 之间的固有频率为

$$\begin{cases} \omega_{12}^2 = \dfrac{K_{12}(J_1 + J_2)}{J_1 J_2} = \dfrac{K_{12}}{J_1} + \dfrac{K_{12}}{J_2} \\ \omega_{23}^2 = \dfrac{K_{23}(J_2 + J_3)}{J_2 J_3} = \dfrac{K_{23}}{J_2} + \dfrac{K_{23}}{J_3} \end{cases} \tag{1.43}$$

而

$$\omega_{12}^2 \omega_{23}^2 = K_{12}K_{23}\left(\frac{1}{J_1 J_2} + \frac{1}{J_1 J_3} + \frac{1}{J_2 J_3} + \frac{1}{J_2^2} \right) \tag{1.44}$$

则式(1.41)中,其他两个特征根的特征方程可写为

$$\omega^4 - (\omega_{12}^2 + \omega_{23}^2)\omega^2 + \omega_{12}^2 \omega_{23}^2 - \frac{K_{12}K_{23}}{J_2^2} = 0 \tag{1.45}$$

于是,得

$$\omega_{1,2}^2 = \frac{\omega_{12}^2 + \omega_{23}^2}{2} \mp \sqrt{\left(\frac{\omega_{12}^2 - \omega_{23}^2}{2}\right)^2 + \frac{K_{12}K_{23}}{J_2^2}} \qquad (1.46)$$

如图 1.10 所示,轴系固有频率 ω_1^2、ω_2^2 与 ω_{12}^2、ω_{23}^2 之间,存在着频率圆的关系, $\dfrac{K_{12}K_{23}}{J_2^2}$ 表示其耦合作用,频率圆的中心是 $\dfrac{\omega_{12}^2 + \omega_{23}^2}{2}$,半径 $R = \sqrt{\left(\dfrac{\omega_{12}^2 - \omega_{23}^2}{2}\right)^2 + \dfrac{K_{12}K_{23}}{J_2^2}}$。

求得固有频率 ω_1^2、ω_2^2 后,可得出相应的振型关系(图 1.11):

$$\begin{cases} A_1^{(1)} : A_2^{(1)} : A_3^{(1)} = 1 : \dfrac{-J_1\omega_1^2 + K_{12}}{K_{12}} : \dfrac{-K_{12}^2 + (-J_1\omega_1^2 + K_{12})(-J_2\omega_1^2 + K_{12} + K_{23})}{K_{12}K_{23}} \\[4mm] A_1^{(2)} : A_2^{(2)} : A_3^{(2)} = 1 : \dfrac{-J_1\omega_2^2 + K_{12}}{K_{12}} : \dfrac{-K_{12}^2 + (-J_1\omega_2^2 + K_{12})(-J_2\omega_2^2 + K_{12} + K_{23})}{K_{12}K_{23}} \end{cases}$$

$$(1.47)$$

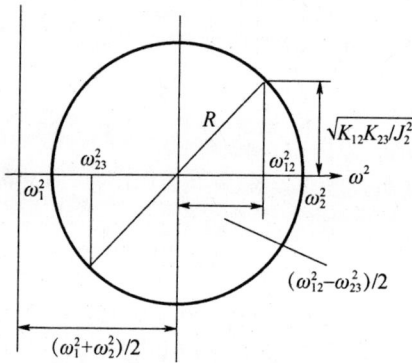

图 1.10　频率圆的关系

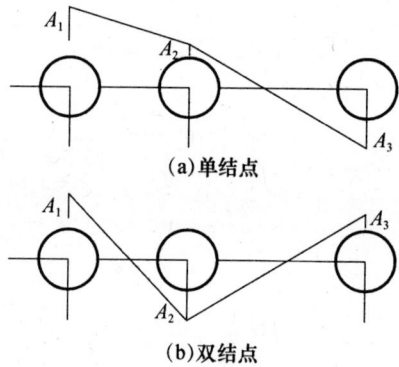

(a)单结点

(b)双结点

图 1.11　振型示意图

1.2.2　强迫振动

讨论图 1.12 所示的减振器—汽缸—飞轮系统,激励作用于汽缸 J_2 上。此时运动微分方程为

$$J_1\ddot{\varphi}_1 + c_{12}(\dot{\varphi}_1 - \dot{\varphi}_2) + K_{12}(\varphi_1 - \varphi_2) = 0 \qquad (1.48a)$$

$$J_2\ddot{\varphi}_2 + c_{12}(\dot{\varphi}_2 - \dot{\varphi}_1) + K_{12}(\varphi_2 - \varphi_1) + K_{23}(\varphi_2 - \varphi_3) = M\sin\omega t \qquad (1.48b)$$

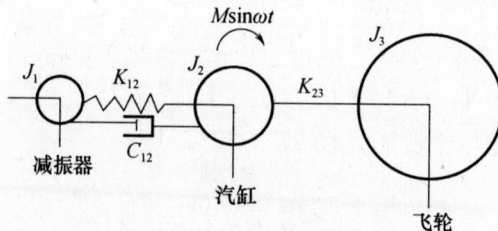

图 1.12　减振器—汽缸—飞轮系统

$$J_3\ddot{\varphi}_3 + K_{23}(\varphi_3 - \varphi_2) = 0 \tag{1.48c}$$

忽略滚振部分,仅讨论产生变形的扭转振动,设

$$\begin{cases} x_1 = \varphi_1 - \varphi_2 \\ x_2 = \varphi_2 - \varphi_3 \end{cases} \tag{1.49}$$

将式(1.49)代入式(1.48),并作变换:式(1.48a)J_2 - 式(1.48b)J_1 及式(1.48b)J_3 - 式(1.48c)J_2,得

$$\begin{cases} \ddot{x}_1 + 2b\dot{x}_1 + \omega_{12}^2 x_1 - \dfrac{K_{23}}{J_2}x_2 = -\dfrac{M}{J_2}\sin\omega t \\[3mm] \ddot{x}_2 + \omega_{23}^2 x_2 - \dfrac{c_{12}}{J_2}\dot{x}_1 - \dfrac{K_{12}}{J_2}x_1 = \dfrac{M}{J_2}\sin\omega t \end{cases} \tag{1.50}$$

式中

$$\begin{cases} \omega_{12}^2 = \dfrac{K_{12}(J_1 + J_2)}{J_1 J_2} \\[3mm] \omega_{23}^2 = \dfrac{K_{23}(J_2 + J_3)}{J_2 J_3} \\[3mm] b = \dfrac{c_{12}(J_1 + J_2)}{2J_1 J_2} \end{cases} \tag{1.51}$$

设

$$\begin{cases} x_1 = A_{c1}\cos\omega t + A_{s1}\sin\omega t \\ x_2 = A_{c2}\cos\omega t + A_{s2}\sin\omega t \end{cases} \tag{1.52}$$

式中　A_{ci}、A_{si}——i 质量点的振幅余弦和正弦分量($i = 1,2$)。

将式(1.52)代入式(1.50),有

$$(\omega_{12}^2 - \omega^2)A_{c1} + 2b\omega A_{s1} - \frac{K_{23}}{J_2}A_{c2} = 0 \tag{1.53a}$$

$$-2b\omega A_{c1} + (\omega_{12}^2 - \omega^2)A_{s1} - \frac{K_{23}}{J_2}A_{s2} = -\frac{M}{J_2} \tag{1.53b}$$

$$-\frac{K_{12}}{J_2}A_{c1} - \frac{c_{12}\omega}{J_2}A_{s1} + (\omega_{23}^2 - \omega^2)A_{c2} = 0 \tag{1.53c}$$

$$\frac{c_{12}\omega}{J_2}A_{c1} - \frac{K_{12}}{J_2}A_{s1} + (\omega_{23}^2 - \omega^2)A_{s2} = \frac{M}{J_2} \tag{1.53d}$$

根据式(1.53a)、式(1.53b),有

$$\begin{cases} A_{c2} = \dfrac{(\omega_{12}^2 - \omega^2)A_{c1} + 2b\omega A_{s1}}{\dfrac{K_{23}}{J_2}} \\[8mm] A_{s2} = \dfrac{-2b\omega A_{c1} + (\omega_{12}^2 - \omega^2)A_{s1} + \dfrac{M}{J_2}}{\dfrac{K_{23}}{J_2}} \end{cases}$$

将上式代入式(1.53c)、式(1.53d),有

$$\begin{cases} \left[(\omega_{12}^2 - \omega^2)\omega_{23}^2 - \omega^2) - \dfrac{K_{12}K_{23}}{J_2^2} \right]A_{c1} + \left[2b\omega(\omega_{23}^2 - \omega^2) - \dfrac{K_{23}c_{12}\omega}{J_2^2} \right]A_{s1} = 0 \\ -\left[2b\omega(\omega_{23}^2 - \omega^2) - \dfrac{K_{23}c_{12}\omega}{J_2^2} \right]A_{c1} + \left[(\omega_{12}^2 - \omega^2)\omega_{23}^2 - \omega^2) - \dfrac{K_{12}K_{23}}{J_2^2} \right]A_{s1} = -\left[(\omega_{23}^2 - \omega^2) - \dfrac{K_{23}}{J_2} \right]\dfrac{M}{J_2} \end{cases}$$

$$(1.54)$$

从式(1.54),得

$$A_{c1} = \dfrac{\dfrac{M}{J_2}\left(\omega_{23}^2 - \omega^2 - \dfrac{K_{23}}{J_2} \right)\left[2b\omega(\omega_{23}^2 - \omega^2) - \dfrac{K_{23}c_{12}\omega}{J_2} \right]}{\left[(\omega_{12}^2 - \omega^2)(\omega_{23}^2 - \omega^2) - \dfrac{K_{12}K_{23}}{J_2^2} \right]^2 + \left[2b\omega(\omega_{23}^2 - \omega^2) - \dfrac{K_{23}c_{12}\omega}{J_2} \right]^2}$$

$$(1.55a)$$

$$A_{s1} = \dfrac{-\dfrac{M}{J_2}\left(\omega_{23}^2 - \omega^2 - \dfrac{K_{23}}{J_2} \right)\left[(\omega_{12}^2 - \omega^2)(\omega_{23}^2 - \omega) - \dfrac{K_{12}K_{23}}{J_2^2} \right]}{\left[(\omega_{12}^2 - \omega^2)(\omega_{23}^2 - \omega) - \dfrac{K_{12}K_{23}}{J_2^2} \right]^2 + \left[2b\omega(\omega_{23}^2 - \omega^2) - \dfrac{K_{23}c_{12}\omega}{J_2^2} \right]^2}$$

$$(1.55b)$$

再作换算:式(1.53a) + 式(1.53c) 及式(1.53b) + 式(1.53d),有

$$\left(\omega_{23}^2 - \omega^2 - \dfrac{K_{23}}{J_2} \right)A_{c2} = -\left[\left(\omega_{12}^2 - \omega^2 - \dfrac{K_{12}}{J_2} \right)A_{c1} + \left(2b\omega - \dfrac{c_{12}\omega}{J_2} \right)A_{s1} \right]$$

$$\left(\omega_{23}^2 - \omega^2 - \dfrac{K_{23}}{J_2} \right)A_{s2} = \left(2b\omega - \dfrac{c_{12}\omega}{J_2} \right)A_{c1} - \left(\omega_{12}^2 - \omega^2 - \dfrac{K_{12}}{J_2} \right)A_{s1}$$

于是,得

$$A_{c2} = \dfrac{\dfrac{M}{J_2}\left\{ \left(2b\omega - \dfrac{c_{12}\omega}{J_2} \right)\left[(\omega_{12}^2 - \omega^2)(\omega_{23}^2 - \omega^2) - \dfrac{K_{12}K_{23}}{J_2} \right] - \left(\omega_{12}^2 - \omega^2 - \dfrac{K_{12}}{J_2} \right)\left[2b\omega(\omega_{23}^2 - \omega^2) - \dfrac{K_{23}c_{12}\omega}{J_2^2} \right] \right\}}{\left[(\omega_{12}^2 - \omega^2)(\omega_{23}^2 - \omega^2) - \dfrac{K_{12}K_{23}}{J_2} \right]^2 + \left[2b\omega(\omega_{23}^2 - \omega^2) - \dfrac{K_{23}c_{12}\omega}{J_2} \right]^2}$$

$$(1.55c)$$

$$A_{s2} = \dfrac{\dfrac{M}{J_2}\left\{ \left(2b\omega - \dfrac{c_{12}\omega}{J_2} \right)\left[2b\omega(\omega_{23}^2 - \omega^2) - \dfrac{K_{23}c_{12}\omega}{J_2} \right] + \left(\omega_{12}^2 - \omega^2 - \dfrac{K_{12}}{J_2} \right)\left[(\omega_{12}^2 - \omega^2)(\omega_{23}^2 - \omega^2) - \dfrac{K_{12}K_{23}}{J_2} \right] \right\}}{\left[(\omega_{12}^2 - \omega^2)(\omega_{23}^2 - \omega^2) - \dfrac{K_{12}K_{23}}{J_2} \right]^2 + \left[2b\omega(\omega_{23}^2 - \omega^2) - \dfrac{K_{23}c_{12}\omega}{J_2} \right]^2}$$

$$(1.55d)$$

振幅为

$$
\begin{cases}
A_1 = \sqrt{A_{c1}^2 + A_{s1}^2} = \dfrac{\dfrac{M}{J_2}\left(\omega_{23}^2 - \omega^2 - \dfrac{K_{23}}{J_2}\right)}{\sqrt{\left[(\omega_{12}^2 - \omega^2)(\omega_{23}^2 - \omega^2) - \dfrac{K_{12}K_{23}}{J_2^2}\right]^2 + \left[2b\omega(\omega_{23}^2 - \omega^2) - \dfrac{K_{12}c_{12}\omega}{J_2^2}\right]^2}} \\[2em]
A_2 = \sqrt{A_{c2}^2 + A_{s2}^2} = \dfrac{\dfrac{M}{J_2}\sqrt{\left(\omega_{12}^2 - \omega^2 - \dfrac{K_{12}}{J_2}\right)^2 + \left(2b\omega - \dfrac{c_{12}\omega}{J_2}\right)^2}}{\sqrt{\left[(\omega_{12}^2 - \omega^2)(\omega_{23}^2 - \omega^2) - \dfrac{K_{12}K_{23}}{J_2^2}\right]^2 + \left[2b\omega(\omega_{23}^2 - \omega^2) - \dfrac{K_{12}c_{12}\omega}{J_2^2}\right]^2}}
\end{cases}
\tag{1.56}
$$

根据式(1.46)、式(1.51),注意到关系:

$$
\begin{cases}
(\omega_{12}^2 - \omega^2)(\omega_{23}^2 - \omega^2) - \dfrac{K_{12}K_{23}}{J_2^2} = (\omega_1^2 - \omega^2)\omega_2^2 - \omega^2) \\[1em]
2b\omega(\omega_{23}^2 - \omega^2) - \dfrac{K_{23}c_{12}\omega}{J_2^2} = \dfrac{c_{12}\omega}{J_1}\left[\left(1 + \dfrac{J_1}{J_2}\right)(\omega_{23}^2 - \omega^2) - \dfrac{K_{23}J_1}{J_2^2}\right] \\[1em]
\omega_{23}^2 - \omega^2 - \dfrac{K_{23}}{J_2} = \dfrac{K_{23}}{J_3} - \omega^2 \\[1em]
\omega_{12}^2 - \omega^2 - \dfrac{K_{12}}{J_2} = \dfrac{K_{12}}{J_1} - \omega^2 = \lambda_D^2 - \omega^2 \\[1em]
2b\omega - \dfrac{c_{12}\omega}{J_2} = \dfrac{c_{12}\omega}{J_1} = 2\mu\omega
\end{cases}
\tag{1.57}
$$

式中

$$
\begin{cases}
\lambda_D = \sqrt{\dfrac{K_{12}}{J_1}}\ (\text{减振器固有频率}) \\[1em]
\mu = -\dfrac{c_{12}\omega}{2J_1}\ (\text{减振器阻尼因子})
\end{cases}
\tag{1.58}
$$

于是,式(1.56)可写为

$$
\begin{cases}
A_1 = \dfrac{M}{J_2}\dfrac{\dfrac{K_{23}}{J_3} - \omega^2}{\sqrt{(\omega_1^2 - \omega^1)^2(\omega_2^2 - \omega^2)^2 + (2\mu\omega)^2\left[\left(1 + \dfrac{J_1}{J_2}\right)(\omega_{23}^2 - \omega^2) - \dfrac{K_{23}J_1}{J_2^2}\right]^2}} \\[2em]
A_2 = \dfrac{M}{J_2}\dfrac{\sqrt{(\lambda_D^2 - \omega^2)^2 + (2\mu\omega)^2}}{\sqrt{(\omega_1^2 - \omega^1)^2(\omega_2^2 - \omega^2)^2 + (2\mu\omega)^2\left[\left(1 + \dfrac{J_1}{J_2}\right)(\omega_{23}^2 - \omega^2) - \dfrac{K_{23}J_1}{J_2^2}\right]^2}}
\end{cases}
\tag{1.59}
$$

根据式(1.59),当发动机装上减振器后,其扭转变形 A_2 与 ω 的关系如

图 1.13 所示。

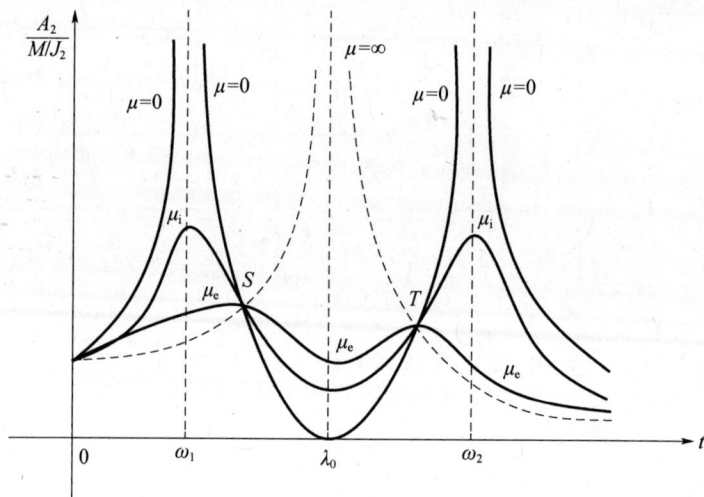

图 1.13 A_2 与 ω 之关系曲线

μ_e—最佳阻尼比；μ_i—其他阻尼比。

从图中可见，减振器在无阻尼 $\mu = 0$ 情况下，当 $\omega = \lambda_D$ 时，发动机扭转振幅 $A_2 = 0$。因此，当选择 $\lambda_D = \omega_{23}$，即减振器固有频率与原系统固有频率相等时，可使柴油机扭振 $A_2 = 0$。在恒定转速工作条件下，这种无阻尼减振器是有效的，但要注意通过两个新共振区 ω_1、ω_2 时存在的危险。

当减振器阻尼 $\mu \to \infty$ 时，J_1 与 J_2 黏结在一起，跟质量点 J_3 由 K_{23} 连接构成系统。通常 $J_1 \ll J_2$，因而其共振曲线接近于原系统的情况。它与 $\mu = 0$ 时的共振曲线相交于 S、T 点。这两点跟阻尼比 μ 值的大小无关，为不动点。当使 S、T 点成为共振曲线之峰值时，相应的 μ 值为最佳阻尼，获得最好的减振效果。这些将在减振章节中作进一步讨论。

1.3 多质量系统自由振动

1.3.1 简述

柴油机轴系通常简化成离散的多质量系统——当量系统，即简化为若干刚性集中的质量和连接它们的无质量弹性轴段组成；质量点上有外阻尼，轴段存在内阻尼；振动扭矩通常作用在质量点上。如图 1.14 所示，它是有一个分支的系统。由于多机并车、轴带发电机、大容量泵的应用，近代船舶推进轴系通常是有分支甚至多分支的系统。

对单支轴系，无阻尼时自由振动运动微分方程为

$$J_i \ddot{\varphi}_i + K_{i-1,i}(\varphi_i - \varphi_{i-1}) + K_{i,i+1}(\varphi_i - \varphi_{i+1}) = 0 \quad (i = 1,2,\cdots,n) \quad (1.60)$$

而多分支的柴油机轴系,若质量点 i 上有 r 个轴段与它相连接,则无阻尼时自由振动运动微分方程为

$$J_i \ddot{\varphi}_i + \sum_{j=1}^{r} K_{ij}(\varphi_i - \varphi_j) = 0 \quad (i = 1,2,\cdots,n) \quad (1.61)$$

式中　J_i——质量点 i 的惯量,$\text{kg} \cdot \text{m}^2$;

$\quad\quad K_{ij}$——质量点 i、j 之间的轴段刚度,$(\text{N} \cdot \text{m})/\text{rad}$,无直接连接时,$K_{ij} = 0$;

$\quad\quad \varphi_i$——质量点 i 的扭转角,rad;

$\quad\quad r$——与质量点 i 连接的轴段数;

$\quad\quad n$——主支质量点总数。

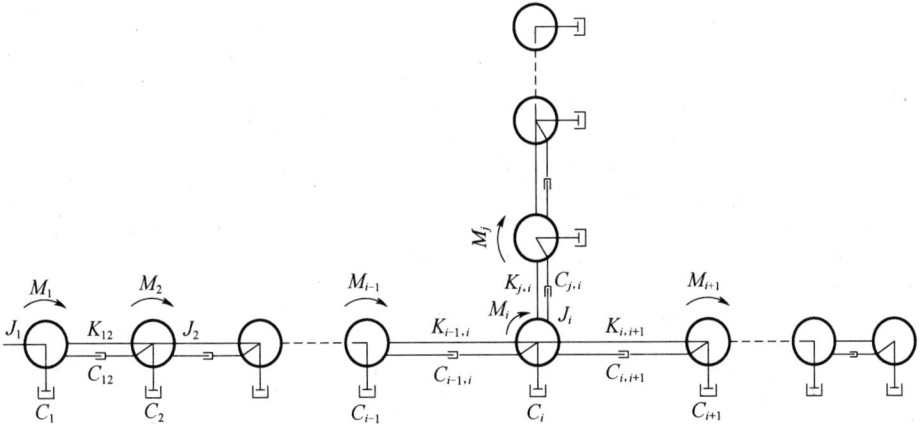

图 1.14　当量系统

式(1.60)、式(1.61)的求解,一般有两种方法:

(1)求解特征方程,可求出全部特征值(固有频率)及相应的特征向量(振型)。在数学上是严谨的,不会出现漏根现象。对于复杂的多分支系统,更显示出它的优点。但它难以适应有变参数元件系统的计算。

(2)试算法,常用的有 Holzer 法、传递矩阵法等,其主要方法是改变圆频率 ω 值,代入式(1.60)或式(1.61),当它满足方程时,所设 ω 值即为固有频率,进而可得相应振型。试算法可适应有变参数元件系统的计算,但可能出现漏根等现象。

1.3.2　特征方程解法

设 $\varphi_i = \Phi_i \sin\omega t$,将其代入式(1.61),有

$$\left[-J_i\omega^2 + \sum_{\substack{j=1 \\ j \neq i}}^{r} K_{ij} \right] \Phi_i - \sum_{\substack{j=1 \\ j \neq i}}^{r} K_{ij}\Phi_j = 0$$

为获得实对称关系,作变量变换:

$$\begin{cases} X_i = \sqrt{J_i}\,\Phi_i \\ X_j = \sqrt{J_j}\,\Phi_j \end{cases} \tag{1.62}$$

于是,得

$$-\omega^2 X_i + \left(\sum_{\substack{j=1 \\ j \neq i}}^{r} K_{ij}/J_i\right) X_i - \sum_{\substack{j=1 \\ j \neq i}}^{r}\left[\frac{K_{ij}}{\sqrt{J_iJ_j}} X_j\right] = 0 \quad (i = 1,2,\cdots,n) \tag{1.63}$$

其特征方程为

$$|A - \omega^2 E| = 0 \tag{1.64}$$

式中 E——单位矩阵,即

$$E = \begin{bmatrix} 1 & 0 & 0 & \cdots & 0 \\ 0 & 1 & 0 & \cdots & 0 \\ 0 & 0 & 1 & \cdots & 0 \\ \vdots & \vdots & \vdots & \ddots & \vdots \\ 0 & 0 & 0 & \cdots & 1 \end{bmatrix}$$

矩阵 A 的元素为

$$\begin{cases} a_{ii} = \sum_{\substack{j=1 \\ j \neq i}}^{r} K_{ij}/J_i \\ a_{ij} = -K_{ij}/\sqrt{J_iJ_j} \end{cases} \quad (i = 1,2,\cdots,n) \tag{1.65}$$

由于矩阵 A 是实对称的,故可用经典的雅可比(Jacobi)法求解(见附录 A),得出特征值 ω^2 及特征向量 X,然后根据式(1.62)转换得振型 $\Phi(i = 1,2,\cdots,n)$。如令某质量点 c 为参考点,则设 $\Phi_c = \Phi_0$,然后作换算 $\alpha_i = \Phi_i/\Phi_0$ 就得出与 Holzer 法相同的振型,且参考点相对振幅 $\alpha_c = 1$。

质量点间的相对力矩为

$$U_{ij} = K_{ij}(\alpha_i - \alpha_j) \tag{1.66}$$

特征方程解法,可解出 n 个固有频率,其中含 $\omega = 0$ 的滚振情况。

自由振动计算,一般要求给出各个固有圆频率 ω,频率 $f = 30\omega/\pi$,以及对应的相对振幅 α_i、相对力矩 U_{ij}。

1.3.3 Holzer 试算法

1. 单支系统自由振动计算

单支系统无阻尼自由振动方程组为式(1.60),即

$$J_i\ddot{\varphi}_i + K_{i-1,i}(\varphi_i - \varphi_{i-1}) + K_{i,i+1}(\varphi_i - \varphi_{i+1}) = 0 \quad (i = 1,2,\cdots,n)$$

将上式前 k 个方程叠加,得

$$\sum_{i=1}^{k} J_i\ddot{\varphi}_i + K_{k,k-1}(\varphi_k - \varphi_{k+1}) = 0 \quad (k = 1,2,\cdots,n) \tag{1.67}$$

式(1.67)表示,对第 k 质量点,其前各质点的惯性力矩之和,跟与它相接的轴段弹性力矩相平衡。设:

$$\varphi_i = \Phi_i \sin \omega t$$

将上式代入式(1.67),有

$$-\sum_{i=1}^{k} J_i \omega^2 \Phi_i + K_{k,k+1}(\Phi_k - \Phi_{k+1}) = 0 \qquad (1.68)$$

据此,有弹性力矩 U_k、振幅 Φ_k 的递推关系:

$$\begin{cases} U_k = \sum_{i=1}^{h} J_i \omega^2 \Phi_i = U_{k-1} + J_k \omega^2 \Phi_k \\ \Phi_{k+1} = \Phi_k - \dfrac{U_k}{K_{k,k+1}} \end{cases} \qquad (k = 1,2,\cdots,n) \qquad (1.69)$$

对最后质量点,有

$$U_n = \sum_{i=1}^{h} J_i \omega^2 \Phi_i = 0 \qquad (1.70)$$

于是,当给定 ω 值时,设 $\Phi_1 = 1$,由式(1.69)可递推地求出 $U_1, \Phi_2, U_2, \Phi_3 \cdots \Phi_n, U_n$,如表 1.1 所列。这样,逐次改变 ω 值,迭代计算到 $U_n \leqslant \varepsilon \to 0$ 时,所给 ω 值即为轴系固有频率。试算过程中,$U_n - \omega$ 关系曲线如图 1.15 所示,当二次试算的剩余力矩 U_n 同号时,表明其间无方程的根;而当二次试算的剩余力矩异号时,表明其间存在方程的根,进一步采用插值法计算至 $U_n \leqslant \varepsilon \to 0$,或二次试算的频率差 $\omega_1^2 - \omega_2^2 \leqslant \varepsilon \to 0$ 时,所选的 ω 值即为固有圆频率,相应的 Φ、U 值,即为相对振幅和相对力矩。

表 1.1　Holzer 表计算表格

序号	①	②	③	④	⑤	⑥	⑦
质量号	J_i（原数据）	$J_i \omega^2$	α_i ③ $-$ ⑦$_{i-1}$	$J_i \omega^2 \alpha_i$ ②×③	$U_i = \sum J_i \omega^2 \alpha_i$ $= \sum$ ⑤$_{i-1}$ $+$ ④$_i$	$K_{i,i+1}$（原数据）	$\Delta \alpha =$ ⑤/⑥
1			1				
2							
3							
⋮							
n					U_n		

2. 分支系统自由振动计算

如图 1.16 所示分支系统,除了分支交点以外,质量点的运动方程与式(1.60)相同。对于分支交点 k,其自由振动微分方程为

$$J_k \ddot{\varphi}_k + \sum_{j=1}^{r} K_{kj}(\varphi_k - \varphi_j) = 0 \qquad (1.71)$$

式中　r——与 k 点相接的轴数。

对各分支,有

$$K_{kj}(\varphi_k - \varphi_j) = \sum_{i=1}^{p_j} J_i \ddot{\varphi}_i$$

$$(1.72)$$

式中 p_j——j 分支的质量点数。

将式(1.72)代入式(1.71),有

$$\sum_{j=1}^{r-1} \sum_{i=1}^{p_j} J_i \ddot{\varphi}_i + K_{k,k+1}(\varphi_k - \varphi_{k+1}) = 0$$

$$(1.73)$$

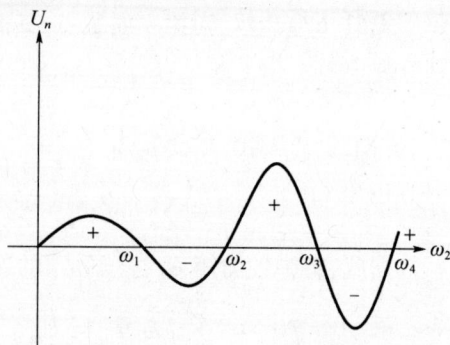

图 1.15 U_n—ω 关系曲线

式(1.73)中,计算主支时,包括交点 k 的惯性力矩。

这样,在给定 ω^2 值下,按 Holzer 法可递推地求出主支上交点 k 处的相对振幅 Φ_k,而第 j 分支上,设其自由端的相对振动为 X_j,按 Holzer 法算得该分支于交点 k 处的相对振幅为 $\Phi_{kj}X_j$,根据位移相等条件,得

$$X_j = \Phi_k / \Phi_{kj} \qquad (1.74)$$

由式(1.73),得

$$\Phi_{k+1} = \Phi_k - \sum_{i=1}^{r-1} U_{kj}X_i \qquad (1.75)$$

式中 U_{kj}——第 j 分支与 k 质量点相交轴之弹性力矩,而主支上应加 J_k 的惯性力矩。

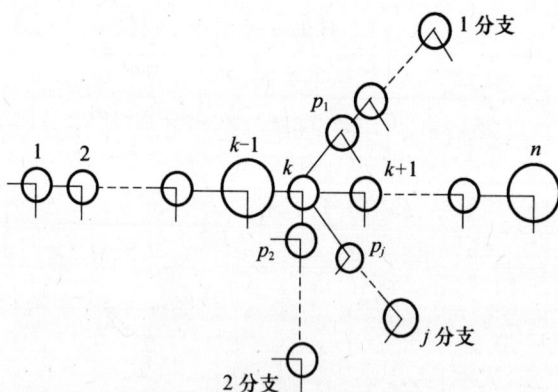

图 1.16 分支系统示意图

综上所述,分支系统自由振动计算步骤如下:

(1)给定 ω^2 值,按 Holzer 法对各分支进行递推计算,求出交点处的相对振幅。

(2)按式(1.74)求出各分支端点的相对振幅 X_j,并得出按主支参考点为依

据的各个质量点的 Φ_i、U_i。

（3）按式（1.75）计算出 Φ_{k+1}，再按 Holzer 法递推求出主支终点 n 处的 U_n 值。

（4）逐次计算到满足 $U_n \leqslant \varepsilon \rightarrow 0$ 或 二次试算频率差 $\omega_1^2 - \omega_2^2 \leqslant \varepsilon \rightarrow 0$ 为止，所设 ω^2 即为所求固有圆频率。

用 Holzer 法求自由振动固有圆频率时，应注意以下几个问题：

（1）对高结点振型计算时，由于 $U_n - \omega$ 关系曲线极为陡峭，难以达到 $U_n \leqslant \varepsilon \rightarrow 0$ 的收敛条件，常出现死循环情况。为此，采用 $\Delta\omega_1^2 = \omega_1^2 - \omega_2^2 \leqslant \varepsilon \rightarrow 0$ 的条件来解决。

（2）当计算步长偏大时，会出现"漏根"，对此，应调整计算步长。另外，可对振型结点数进行检查，若 ω_n、$\omega_n + 1$ 之间出现结点数不连续时，说明其间存在"漏根"，应予补算。

关于对称分支，按 Holzer 法计算常存在漏根问题。

讨论图 1.17 的情况，此时 $J_4 = J_1$、$K_{42} = K_{12}$ 是最简单的对称分支系统。其振动微分方程式为

$$J_1\ddot{\varphi}_1 + K_{12}(\varphi_1 - \varphi_2) = 0 \tag{1.76a}$$

$$J_4\ddot{\varphi}_4 + K_{42}(\varphi_4 - \varphi_2) = J_1\ddot{\varphi}_4 + K_{12}(\varphi_4 - \varphi_2) = 0 \tag{1.76b}$$

$$J_3\ddot{\varphi}_3 + K_{23}(\varphi_3 - \varphi_2) = 0 \tag{1.76c}$$

$$J_2\ddot{\varphi}_2 + K_{12}(\varphi_2 - \varphi_1) + K_{12}(\varphi_2 - \varphi_4) + K_{23}(\varphi_2 - \varphi_3) = 0 \tag{1.76d}$$

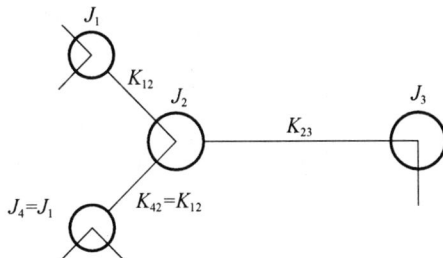

图 1.17　对称分支轴系示例

式（1.76a）－式（1.76b），得

$$J_1(\ddot{\varphi}_1 - \ddot{\varphi}_4) + K_{12}(\varphi_1 - \varphi_4) = 0$$

设 $Z = \varphi_1 - \varphi_4$，则 $J_1\ddot{Z} + K_{12}Z = 0$，于是有

$$\omega^2 = \frac{K_{12}}{J_1} \tag{1.77}$$

将式（1.77）代入式（1.76a、b、c、d），可得振型 $\Phi_1 = 1$，$\Phi_4 = -1$，$\Phi_2 = \Phi_3 = 0$（图 1.18），它可看成 J_1—J_2—$J_4(= J_1)$ 系统的局部振动情况，而独立于系统的其他组成部分。

Holzer 法中,取 $J_1—J_2—J_3$ 为主支,以 $J_4—J_2$ 为分支。

当 $\omega^2=\dfrac{K_{12}}{J_1}$ 时,有

$$\Phi_1=1,U_1=J_1\omega^2\Phi_1=J_1\frac{K_{12}}{J_1}=K_{12},\Phi_2=\Phi_1-\frac{U_1}{K_{12}}=0$$

对于 $J_4—J_2$ 分支,设

$$\Phi_4=X,U_4=K_{12}X,\Phi_2=\Phi_4-\frac{U_4}{K_{12}}=0$$

此时,交点 2 处满足连续性条件,于是有

$$X=1,U_4=K_{12}$$

而质量点 2 对轴 K_{23} 的输出力矩为

$$U_2=U_1+U_4+J_2\omega^2\Phi_2=2K_{12}$$

这样

$$\Phi_3=\Phi_2-\frac{U_2}{K_{23}}=-\frac{2K_{12}}{K_{23}}$$

剩余力矩为

$$U_3=U_2+J_3\omega^2\Phi_3=2K_{12}\left(1-\frac{J_3K_{12}}{J_1K_{23}}\right)\neq0$$

从而出现"漏根",无法找到系统固有频率 $\omega=\sqrt{\dfrac{K_{12}}{J_1}}$。

对此,有两种办法可避免这一问题:

(1)以对称系统为主支,以 J_3 为分支,于是当 $\omega^2=\dfrac{K_{12}}{J_1}$ 时,有

$$\Phi_3=X,U_3=J_3\omega^2\Phi_3=\frac{J_3K_{12}}{J_1}X$$

$$\Phi_2=\Phi_3-\frac{U_3}{K_{23}}=\left(1-\frac{J_3K_{12}}{J_1K_{23}}\right)X$$

根据位移连续性条件 $\Phi_2=0$,得 $x=0,U_3=0$。

于是,质量点 2 对轴 K_{42} 的输出力矩为

$$U_2=U_1+U_3+J_2\omega^2\Phi_2=U_1=K_{12}$$

$$\Phi_4=\Phi_2-\frac{U_2}{K_{42}}=0-\frac{K_{12}}{K_{42}}=-1$$

$$U_4=U_2+J_4\omega^2\Phi_4=K_{12}+J_1\frac{K_{12}}{J_1}(-1)=0$$

满足剩余力矩为 0 的条件, $\omega=\sqrt{\dfrac{K_{12}}{J_1}}$ 是系统的固有频率,避免了"漏根"。

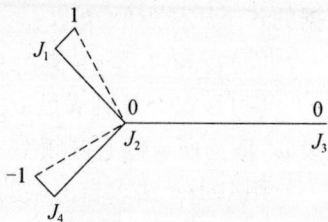

（2）由对称轴系存在独立于轴系的局部振动，故可将它作为独立系统（含交点惯量），进行计算，取其于交点 J_2 处相对振幅为 0 的固有频率，作为整个轴系的固有频率即可。

Holzer 法"漏根"，在数学上分析是式（1.74）中分母 $\Phi_{kj}=0$ 时产生奇异点所致。

1.3.4 传递矩阵法

传递矩阵法是把系统分成一系列具有简单动力特性的元件（二端、三端或多端元件），用各元件端点的状态向量表示系统的状态。而端点间状态向量的关系即元件的动力特性，以该元件的传递矩阵表达。利用各元件的传递矩阵及系统的边界条件，可求得系统的振动特性。

扭振计算中，基本元件是质量点和轴段，状态向量是角位移与扭矩。

质量点元件，其左右端状态向量关系为

$$\begin{cases} \boldsymbol{\Phi}^{R} = \boldsymbol{\Phi}^{L} \\ \boldsymbol{U}^{R} = \boldsymbol{U}^{L} + J\omega^2 \boldsymbol{\Phi}^{L} \end{cases} \tag{1.78}$$

式中　$\boldsymbol{\Phi}^{R}$、$\boldsymbol{U}^{R}$——右端角位移，rad、扭矩，N·m；

　　　$\boldsymbol{\Phi}^{L}$、$\boldsymbol{U}^{L}$——左端角位移，rad、扭矩，N·m。

写成矩阵为

$$\left\{ \begin{matrix} \phi \\ U \end{matrix} \right\}^{R} = \boldsymbol{T}_j \left\{ \begin{matrix} \phi \\ U \end{matrix} \right\}^{L} \tag{1.79}$$

传递矩阵为

$$\boldsymbol{T}_j = \begin{bmatrix} 1 & 0 \\ J\omega^2 & 1 \end{bmatrix} \tag{1.80}$$

轴段元件左右端状态向量关系为

$$\begin{cases} \boldsymbol{\Phi}^{R} = \boldsymbol{\Phi}^{L} - \dfrac{\boldsymbol{U}^{L}}{K} \\ \boldsymbol{U}^{R} = \boldsymbol{U}^{L} \end{cases} \tag{1.81}$$

写成矩阵为

$$\left\{ \begin{matrix} \phi \\ U \end{matrix} \right\}^{R} = \boldsymbol{T}_k \left\{ \begin{matrix} \phi \\ U \end{matrix} \right\}^{L} \tag{1.82}$$

传递矩阵为

$$\boldsymbol{T}_k = \begin{bmatrix} 1 & -\dfrac{1}{K} \\ 0 & 1 \end{bmatrix} \tag{1.83}$$

在轴系扭转振动中，所有端点均为自由端，其扭矩为 0。

对于单支轴系，第 1 质量点左端为自由端，其振幅为 Φ_1^{L}，扭矩 $U_1^{L}=0$，则

$$\left\{ \begin{matrix} \Phi_1 \\ U_1 \end{matrix} \right\}^{\mathrm{R}} = T_1 \left\{ \begin{matrix} \Phi_1 \\ U_1 \end{matrix} \right\}^{\mathrm{L}} = \begin{bmatrix} 1 & 0 \\ J_1\omega^2 & 1 \end{bmatrix} \left\{ \begin{matrix} \Phi_1 \\ 0 \end{matrix} \right\}^{\mathrm{L}} = A_1 \left\{ \begin{matrix} \Phi_1 \\ 0 \end{matrix} \right\}^{\mathrm{L}} = \begin{bmatrix} 1 \\ J_1\omega^2 \end{bmatrix} \left\{ \begin{matrix} \Phi_1 \\ 0 \end{matrix} \right\}$$

第 2 个元件,是其连接轴,有

$$\left\{ \begin{matrix} \Phi_2 \\ U_2 \end{matrix} \right\}^{\mathrm{L}} = \left\{ \begin{matrix} \Phi_1 \\ U_1 \end{matrix} \right\}^{\mathrm{R}}$$

$$\left\{ \begin{matrix} \Phi_2 \\ U_2 \end{matrix} \right\}^{\mathrm{R}} = T_2 \left\{ \begin{matrix} \Phi_2 \\ U_2 \end{matrix} \right\}^{\mathrm{L}} = \begin{bmatrix} 1 & \dfrac{-1}{K_{12}} \\ 0 & 1 \end{bmatrix} \left\{ \begin{matrix} \Phi_2 \\ U_2 \end{matrix} \right\}^{\mathrm{L}} = \begin{bmatrix} 1 & \dfrac{-1}{K_{12}} \\ 0 & 1 \end{bmatrix} \begin{bmatrix} 1 \\ J_1\omega^2 \end{bmatrix} \left\{ \begin{matrix} \Phi_1 \\ 0 \end{matrix} \right\}^{\mathrm{L}} = A_2 \Phi_1^{\mathrm{L}} = \begin{bmatrix} 1 - \dfrac{J_1\omega^2}{K_{12}} \\ J_1\omega^2 \end{bmatrix} \Phi_1^{\mathrm{L}}$$

即

$$\Phi_2^{\mathrm{R}} = \Phi_1^{\mathrm{L}} - \frac{J_1\omega^2 \Phi_1^{\mathrm{L}}}{K_{12}}, U_2^{\mathrm{R}} = J_1\omega^2 \Phi_1^{\mathrm{L}}$$

第 3 个元件为第 2 质量点,有

$$\left\{ \begin{matrix} \Phi_3 \\ U_3 \end{matrix} \right\}^{\mathrm{L}} = \left\{ \begin{matrix} \Phi_2 \\ U_2 \end{matrix} \right\}^{\mathrm{R}}$$

$$\left\{ \begin{matrix} \Phi_3 \\ U_3 \end{matrix} \right\}^{\mathrm{R}} = T_3 \left\{ \begin{matrix} \Phi_3 \\ U_3 \end{matrix} \right\}^{\mathrm{L}} = \begin{bmatrix} 1 & 0 \\ J_2\omega^2 & 1 \end{bmatrix} \begin{bmatrix} 1 - \dfrac{J_1\omega^2}{K_{12}} \\ J_1\omega^2 \end{bmatrix} \Phi_1^{\mathrm{L}} = A_3 \Phi_1^{\mathrm{L}} = \begin{bmatrix} 1 - \dfrac{J_1\omega^2}{K_{12}} \\ J_2\omega^2\left(1 - \dfrac{J_1\omega^2}{K_{12}}\right) + J_1\omega^2 \end{bmatrix} \Phi_1^{\mathrm{L}}$$

即

$$\Phi_3^{\mathrm{R}} = \left(1 - \frac{J_1\omega^2}{K_{12}}\right)\Phi_1^{\mathrm{L}}$$

$$U_3^{\mathrm{R}} = \left[J_2\omega^2\left(1 - \frac{J_1\omega^2}{K_{12}}\right) + J_1\omega^2\right]\Phi_1^{\mathrm{L}} = J_2\omega^2 \Phi_3^{\mathrm{R}} + J_1\omega^2 \Phi_1^{\mathrm{L}}$$

这个结果跟 Holzer 法是一致的。依此类推,可得第 i 个元件的状态向量为

$$\left\{ \begin{matrix} \Phi_i \\ U_i \end{matrix} \right\}^{\mathrm{R}} = T_i T_{i-1} \cdots T_2 T_1 \Phi_1^{\mathrm{L}} =$$

$$A_i \Phi_1^{\mathrm{L}} = \begin{bmatrix} a_{i1} \\ a_{i2} \end{bmatrix} \Phi_1^{\mathrm{L}} \tag{1.84}$$

即

$$\begin{cases} \Phi_i^{\mathrm{R}} = a_{i1} \Phi_1^{\mathrm{L}} \\ U_i^{\mathrm{R}} = a_{i2} \Phi_1^{\mathrm{L}} \end{cases} \tag{1.85}$$

式中 A_i——累积矩阵,且有

$$A_i = T_i A_{i-1} \tag{1.86}$$

对最后元件 n 的状态向量:

$$\left\{\begin{matrix}\boldsymbol{\Phi}_n\\U_n\end{matrix}\right\}^{R}=\left[\begin{matrix}a_{n1}\\a_{n2}\end{matrix}\right]\boldsymbol{\Phi}_1^{L} \tag{1.87}$$

边界条件为

$$U_n^{R}=0 \tag{1.88}$$

如同 Holzer 法，设定 ω_1^2、ω_2^2 值，其试算的 U_n^{R} 值出现异号时，说明其间存在固有圆频率。迭代计算到 $U_n^{R}\leqslant\varepsilon\rightarrow 0$ 或二次试算的频率 $\omega_1^2-\omega_2^2\leqslant\varepsilon\rightarrow 0$ 时，所选的 ω 值即为固有圆频率，相应的 $\boldsymbol{\Phi}$、U 值即其振型。

根据上述分析，传递矩阵法和 Holzer 法在实质上是一致的。它们的区别在于，传递矩阵法的基本元件是质量点和轴段，而 Holzer 法则把质量与其相连的轴段作为基本元件进行递推（传递）计算。

对于分支系统，除了分支交点以外，其传递矩阵关系不变。如图 1.19 所示，质量点 k，除了主支上左右两端以外，尚有 r 分支与之相交。设其主支左端的振幅，力矩为 $\boldsymbol{\Phi}_k^{L}$、U_k^{L}，r 分支的振幅，力矩为 $\boldsymbol{\Phi}_r$、U_r，且分支上累积矩阵为

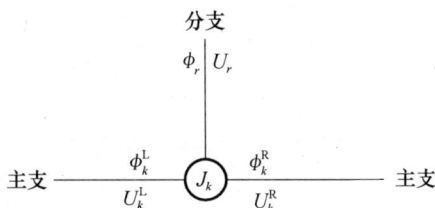

图 1.19　端点状态

$$\left\{\begin{matrix}\boldsymbol{\Phi}\\U\end{matrix}\right\}_r=\boldsymbol{T}_r\boldsymbol{T}_{r-1}\cdots\boldsymbol{T}_2\boldsymbol{T}_1\boldsymbol{\Phi}_{r1}^{L}=\left[\begin{matrix}a_{r1}\\a_{r2}\end{matrix}\right]\boldsymbol{\Phi}_{r1}^{L}\quad(\boldsymbol{\Phi}_r=a_{r1}\boldsymbol{\Phi}_{r1}^{L},U_r=a_{r2}\boldsymbol{\Phi}_{r1}^{L}) \tag{1.89}$$

根据位移连续性条件，$\boldsymbol{\Phi}_r=\boldsymbol{\Phi}_k^{L}$，则分支自由端振幅为

$$\boldsymbol{\Phi}_{r1}^{L}=\frac{\boldsymbol{\Phi}_k^{L}}{a_{r1}} \tag{1.90}$$

于是有

$$\boldsymbol{\Phi}_k^{R}=\boldsymbol{\Phi}_k^{L}$$

$$U_k^{R}=J_k\omega^2\boldsymbol{\Phi}_k^{L}+U_r+U_k^{L}=\left(J_k\omega^2+\frac{a_{r2}}{a_{r1}}\right)\boldsymbol{\Phi}_k^{L}+U_k^{L}$$

即

$$\left\{\begin{matrix}\boldsymbol{\Phi}_k\\U_k\end{matrix}\right\}^{R}=\boldsymbol{T}_{kB}\left\{\begin{matrix}\boldsymbol{\Phi}_k\\U_k\end{matrix}\right\}^{L} \tag{1.91}$$

交点 k 累积矩阵为

$$\boldsymbol{T}_{kB}=\left[\begin{matrix}1 & 0\\J_k\omega^2+\dfrac{a_{r2}}{a_{r1}} & 1\end{matrix}\right] \tag{1.92}$$

分支系统的计算方法如下：

给定 ω 值，计算各分支传递矩阵的累积值至交点，据位移连续性条件，按式（1.90）计算分支自由端振幅，按式（1.92）求交点累积矩阵，并继续向右求主

支之累积矩阵,至最后端,得出剩余力矩 U_n^R。如同 Holzer 法,逐次迭代计算至满足 $U_n^R \leqslant \varepsilon \to 0$ 或二次试算频率 $\omega_1^2 - \omega_2^2 < \varepsilon \to 0$,所设 ω 值即所求的固有圆频率。

传递矩阵法与 Holzer 法在性质上是一致的,方法简易,可以计算有变参数元件系统的自由振动,但当式(1.90)中分母 $a_{r1} = 0$ 时,存在奇异点,也可能出现"漏根"现象。

1.4 多质量系统强迫振动计算

1.4.1 简述

强迫振动计算,是计算轴系在外力矩(如柴油机、螺旋桨等)作用下产生的扭转振动,即质量点角位移、轴段变形、切应力和部件扭矩的变化。计算方法有直接求解运动微分方程组,如全主元高斯消除法、与 Holzer 法相应的递推解法、传递矩阵法,以及近似解(如能量法、放大系数法等)。近似法引进假设:共振时,轴系振动形式与自由振动振型相同,这样,大大简化了计算,但它无法进行非共振计算,不适合于大阻尼情况时的振动计算。

1.4.2 运动微分方程及其解

图 1.20 所示为多分支轴系扭转振动,运动微分方程为

$$J_i \ddot{\varphi}_i + c_i \dot{\varphi}_i + \sum_{j=1}^{n} c_{ij}(\dot{\varphi}_i - \dot{\varphi}_j) + \sum_{j=1}^{n} K_{ij}(\varphi_i - \varphi_j) = M_i \sin(\omega t + \psi_i) \quad (i = 1, 2, \cdots, n)$$

$$(1.93)$$

式中　J_i——质量点 i 的惯量,$kg \cdot m^2$;

　　　c_i——质量点 i 的外阻尼系数,$(N \cdot m \cdot s)/rad$;

　　　c_{ij}——质量点 i、j 之间的轴段阻尼系数,$(N \cdot m \cdot s)/rad$,无直接连接时,$c_{ij} = 0$;

　　　K_{ij}——质量点 i、j 之间的轴段刚度,$(N \cdot m)/rad$,无直接连接时,$K_{ij} = 0$;

　　　φ_i——质量点 i 的扭转角位移,rad;

　　　M_i——作用于质量点 i 的激励力矩幅,$N \cdot m$;

　　　ψ_i——作用于质量点 i 的激励力矩相位角,rad;

　　　ω——激励力矩圆频率,rad/s。

设方程的特解为

$$\varphi_i = X_{ci} \cos\omega t + X_{si} \sin\omega t = X_i \sin(\omega t + \theta_i) \quad (1.94)$$

将式(1.94)代入式(1.93),并注意到关系:

$$M_i \sin(\omega t + \psi_i) = M_{ci} \cos\omega t + M_{si} \sin\omega t \quad (1.95)$$

比较 $\sin\omega t$、$\cos\omega t$ 的系数,得

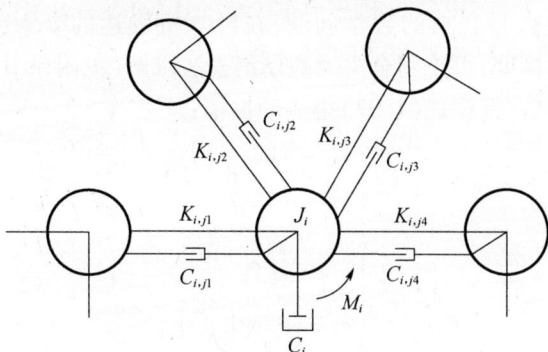

图 1.20　多分支轴系扭转振动

$$\begin{cases} (-J_i\omega^2 + \sum_{j=1}^{n}K_{ij})X_{ci} + (c_i + \sum_{j=1}^{n}c_{ij})\omega X_{si} - \sum_{j=1}^{n}K_{ij}X_{cj} - \sum_{j=1}^{n}c_{ij}\omega X_{sj} = M_{ci} \\ -(c_i + \sum_{j=1}^{n}c_{ij})\omega X_{ci} + (-J_i\omega^2 + \sum_{j=1}^{n}K_{ij})X_{si} + \sum_{j=1}^{n}c_{ij}\omega X_{cj} - \sum_{j=1}^{n}K_{ij}X_{sj} = M_{si} \end{cases} \quad (i = 1,2,\cdots,n)$$

$$(1.96)$$

对 n 个质量点的轴系,有 $2n$ 个方程,设:

$$\begin{cases} X(2i-1) = X_{ci} \\ X(2i) = X_{si} \\ M(2i-1) = M_{ci} = M\sin\psi_i \\ M(2i) = M_{si} = M\cos\psi_i \end{cases} \quad (1.97)$$

则方程式(1.96)可写成矩阵形式:

$$AX = M \quad (1.98)$$

式中,矩阵 A 的元素由下式确定:

$$\begin{cases} a(2i-1,2i-1) = -J_i\omega^2 + \sum_{j=1}^{n}K_{ij} \\ a(2i-1,2i) = (c_i + \sum_{j=1}^{n}c_{ij})\omega \\ a(2i-1,2j-1) = -K_{ij} \\ a(2i-1,2j) = -c_{ij}\omega \\ a(2i,2i-1) = -(c_i + \sum_{j=1}^{n}c_{ij})\omega \\ a(2i,2i) = -J_i\omega^2 + \sum_{j=1}^{n}K_{ij} \\ a(2i,2j-1) = c_{ij}\omega \\ a(2i,2j) = -K_{ij} \end{cases} \quad (1.99)$$

方程组(1.98)是经典的数学问题,在计算机发达的今天已不复存在困难了。为保证计算精度,可采用全主元高斯消去法求解(见附录B)。

获得方程解后,根据式(1.97)得振动振幅:

$$\begin{cases} X_{ci} = X(2i-1) \\ X_{si} = X(2i) \\ X_i = \sqrt{X_{ci}^2 + X_{si}^2} \\ \psi_i = \arctan\left(\dfrac{X_{ci}}{X_{si}}\right) \end{cases} \tag{1.100}$$

i、j 质量点之间的轴段(部件)扭矩为

$$T_{ij} = RA(i)K_{ij}\left[(X_{ci}-X_{cj})\cos\omega t + (X_{si}-X_{sj})\sin\omega t\right] \tag{1.101}$$

$$= T_{cij}\cos\omega t + T_{sij}\sin\omega t = |T_{ij}|\sin(\omega t + \zeta_i)$$

$$\begin{cases} T_{cij} = RA(i)K_{ij}(X_{ci}-X_{cj}) \\ T_{sij} = RA(i)K_{ij}(X_{si}-X_{sj}) \\ T_{ij} = \sqrt{T_{cij}^2 + T_{sij}^2} \\ \zeta_i = \arctan\left(\dfrac{T_{cij}}{T_{sij}}\right) \end{cases} \tag{1.102}$$

式中　$RA(i)$——质量点 i 处的传动比。

设轴段外径为 D_{ij}、内径为 d_{ij},其抗扭截面模量为

$$W_{ij} = \frac{\pi}{16}D_{ij}^3\left[1 - \left(\frac{d_{ij}}{D_{ij}}\right)^4\right] \tag{1.103}$$

则轴段应力为

$$\begin{cases} \tau_{ij} = \tau_{cij}\cos\omega t + \tau_{sij}\sin\omega t \\ \tau_{cij} = \dfrac{T_{cij}}{W_{ij}} \\ \tau_{sij} = \dfrac{T_{sij}}{W_{ij}} \\ |\tau_{ij}| = \sqrt{\tau_{cij}^2 + \tau_{sij}^2} \end{cases} \tag{1.104}$$

鉴于激励力矩常是复合的周期性变化量,如四冲程柴油机二转完成一个工作循环,其周期为 4π,以一转为基准,简谐次数为 $0.5, 1, 1.5, \cdots, 16$。而二冲程机,一转完成一个工作循环,其周期为 2π,简谐次数为 $1, 2, \cdots, 16$。

在轴系扭振计算中,分别求解各谐次激励引起的响应,然后,依线性叠加原理,求其合成解。

设 ν 谐次激励引起质量点 i 的振幅分量为 $X_{ci}(\nu)$、$X_{si}(\nu)$,轴系扭矩为 $T_{cij}(\nu)$、$T_{sij}(\nu)$,切应力为 $\tau_{cij}(\nu)$、τ_{sij},则其合成解为

$$
\begin{cases}
\varphi_i = \displaystyle\sum_{\nu=1}^{12} X_{ci}(\nu)\cos\nu\omega t + X_{si}(\nu)\sin\nu\omega t \\[2mm]
T_{ij} = \displaystyle\sum_{\nu=1}^{12} T_{cij}(\nu)\cos\nu\omega t + T_{sij}(\nu)\sin\nu\omega t \\[2mm]
\tau_{ij} = \displaystyle\sum_{\nu=1}^{12} \tau_{cij}(\nu)\cos\nu\omega t + \tau_{sij}(\nu)\sin\nu\omega t
\end{cases}
\tag{1.105}
$$

根据式(1.105),在一个工作循环内,计算出 φ_{max}、φ_{min}、$|T_{max}|$、$|\tau_{max}|$,则有合成值:

$$
\begin{cases}
\varPhi_H = \dfrac{\varphi_{max} - \varphi_{min}}{2} \\[2mm]
T_H = |T_{max}| \\[2mm]
\tau_H = |\tau_{max}|
\end{cases}
\tag{1.106}
$$

发电机转子处的合成(电角)为

$$
\varTheta_g = \frac{180}{\pi} p \varPhi_H
\tag{1.107}
$$

式中 p——磁极对数;

$\varPhi_H$——转子处合成振幅。

1.4.3   递推解法

根据轴系扭振问题中递推关系归纳出的递推解法,是 Holzer 法的推广,具有计算方法简单、物理意义明确的特点。

1. 单支系统

运动微分方程为

$$
\begin{aligned}
& J_i \ddot{\varphi}_i + c_i \dot{\varphi}_i + c_{i-1,i}(\dot{\varphi}_i - \dot{\varphi}_{i-1}) + c_{i,i+1}(\dot{\varphi}_i - \dot{\varphi}_{i+1}) + K_{i-1,i}(\varphi_i - \varphi_{i-1}) + \\
& \qquad K_{i,i+1}(\varphi_i - \varphi_{i+1}) = M_i \sin(\omega t + \psi_i) \quad (i = 1, 2, \cdots, n)
\end{aligned}
\tag{1.108}
$$

将前 k 个方程叠加,得

$$
\begin{aligned}
& \sum_{i=1}^{k} \left[J_i \ddot{\varphi}_i + c_i \dot{\varphi}_i - M_i \sin(\omega t + \psi_i) \right] = c_{k,k+1}(\dot{\varphi}_{k+1} - \dot{\varphi}_k) + \\
& \qquad K_{k,k+1}(\varphi_{k+1} - \varphi_k) \quad (k = 1, 2, \cdots, n)
\end{aligned}
\tag{1.109}
$$

式(1.109)等号左边表示第 k 质量点以前各质量点之惯性力矩、外阻尼力矩、激励力矩的总和,称为质点总力矩;方程右边表示与 k 质量点相接轴段的弹性力矩、内阻尼力矩之和,称为轴段力矩。式(1.109)的意义是,对质量点 k,其质点总力矩跟与它相接的轴段力矩相平衡。

将式(1.94)及式(1.95)代入式(1.109),并比较 $\cos\omega t$、$\sin\omega t$ 的系数,得到关于振幅的余弦分量 X_{ci} 和正余弦分量 X_{si} 的联立方程组:

$$\begin{cases} \sum_{i=1}^{k} \left[-J_i\omega^2 X_{ci} + c_i\omega X_{si} - M_{ci} \right] = c_{k,k+1}\omega(X_{s,k+1} - X_{sk}) + K_{k,k+1}(X_{c,k+1} - X_{ck}) \\ \sum_{i=1}^{k} \left[-J_i\omega^2 X_{si} - c_i\omega X_{ci} - M_{si} \right) = -c_{k,k+1}\omega(X_{c,k+1} - X_{ck}) + K_{k,k+1}(X_{s,k+1} - X_{sk}) \end{cases} \quad (k = 1,2,\cdots,n)$$

$$(1.110)$$

令质量点总力矩分矩为 T_{ck}、T_{sk},并注意其递推关系:

$$\begin{cases} T_{sk} = \sum_{i=1}^{k}(J_i\omega^2 X_{si} + c_i\omega X_{ci} + M_{si}) = T_{s,k-1} + J_k\omega^2 X_{sk} + c_k\omega X_{ck} + M_{sk} \\ T_{ck} = \sum_{i=1}^{k}(J_i\omega^2 X_{ci} - c_i\omega X_{si} + M_{ci}) = T_{c,k-1} + J_k\omega^2 X_{ck} - c_k\omega X_{sk} + M_{ck} \end{cases}$$

$$(1.111)$$

则式(1.110)可改写为

$$\begin{cases} K_{k,k+1}(X_{s,k+1} - X_{sk}) - c_{k,k+1}\omega(X_{c,k+1} - X_{ck}) = -T_{sk} \\ c_{k,k+1}\omega(X_{s,k+1} - X_{sk}) + K_{k,k+1}(X_{c,k+1} - X_{ck}) = -T_{ck} \end{cases} \quad (1.112)$$

于是

$$\begin{cases} X_{s,k+1} - X_{sk} = -\dfrac{K_{k,k+1}T_{sk} + c_{k,k+1}\omega T_{ck}}{K_{k,k+1}^2 + (c_{k,k+1}\omega)^2} \\ X_{c,k+1} - X_{ck} = -\dfrac{K_{k,k+1}T_{ck} - c_{k,k+1}\omega T_{sk}}{K_{k,k+1}^2 + (c_{k,k+1}\omega)^2} \end{cases}$$

令:

$$\begin{cases} G_{k,k+1} = \dfrac{K_{k,k+1}}{K_{k,k+1}^2 + (c_{k,k+1}\omega)^2} \\ H_{k,k+1} = \dfrac{c_{k,k+1}\omega}{K_{k,k+1}^2 + (c_{k,k+1}\omega)^2} \end{cases} \quad (1.113)$$

最后,得振幅分量递推关系:

$$\begin{cases} X_{s,k+1} = X_{sk} - (G_{k,k+1}T_{sk} + H_{k,k+1}T_{ck}) \\ X_{c,k+1} = X_{ck} - (G_{k,k+1}T_{ck} - H_{k,k+1}T_{sk}) \end{cases} \quad (1.114)$$

根据递推关系式(1.111)、式(1.114),可求出各质量点振幅、力矩与第1质量点 X_{c1}、X_{s1} 的关系。对最后质量点 n ,有

$$T_{cn}(X_{c1}, X_{s1}) = 0, \quad T_{sn}(X_{c1}, X_{s1}) = 0$$

从而,可求得 X_{c1}、X_{s1},于是方程获解。

考虑到上述递推过程中,X_{c1}、X_{s1} 没有增次,保持线性关系,故可进一步设:

$$\begin{cases} X_{sk} = \alpha_{k1}X_{s1} + \alpha_{k2}X_{c1} + \alpha_{k3} \\ X_{ck} = \beta_{k1}X_{s1} + \beta_{k2}X_{c1} + \beta_{k3} \\ T_{sk} = U_{k1}X_{s1} + U_{k2}X_{c1} + U_{k3} \\ T_{ck} = V_{k1}X_{s1} + V_{k2}X_{c1} + V_{k3} \end{cases} \quad (1.115)$$

式中　$\alpha_{ki}, \beta_{ki}(i=1,2,3)$——振幅系数；

　　　$U_{ki}, V_{ki}(i=1,2,3)$——力矩系数。

根据式(1.111)和式(1.114)，上述系数存在递推关系：

$$\begin{cases} \alpha_{k+1,i} = \alpha_{ki} - (G_{k,k+1}U_{ki} + H_{k,k+1}V_{ki}) \\ \beta_{k+1,i} = \beta_{ki} - (G_{k,k+1}V_{ki} - H_{k,k+1}U_{ki}) \end{cases} (k=1,2,\cdots,n; i=1,2,3) \quad (1.116)$$

$$\begin{cases} U_{k1} = U_{k-1,1} + J_k\omega^2\alpha_{k1} + c_k\omega\beta_{k1} \\ U_{k2} = U_{k-1,2} + J_k\omega^2\alpha_{k2} + c_k\omega\beta_{k2} \\ U_{k3} = U_{k-1,3} + J_k\omega^2\alpha_{k3} + c_k\omega\beta_{k3} + M_{sk} \\ V_{k1} = V_{k-1,1} + J_k\omega^2\beta_{k1} - c_k\omega\alpha_{k1} \\ V_{k2} = V_{k-1,2} + J_k\omega^2\beta_{k2} - c_k\omega\alpha_{k2} \\ V_{k3} = V_{k-1,3} + J_k\omega^2\beta_{k3} - c_k\omega\alpha_{k3} + M_{ck} \end{cases} \quad (1.117)$$

对第 1 质量点，有

$$\begin{cases} \alpha_{11} = 1 \\ \alpha_{12} = \alpha_{13} = 0 \\ \beta_{12} = 1 \\ \beta_{11} = \beta_{13} = 0 \end{cases} \quad (1.118)$$

于是，可根据式(1.116)、式(1.117)进行递推计算。

注意到对称关系，用归纳法可证明：

$$\begin{cases} \alpha_{k2} = -\beta_{k1} \\ \beta_{k2} = \alpha_{k1} \\ U_{k2} = -V_{k1} \\ V_{k2} = U_{k1} \end{cases} \quad (1.119)$$

因此，只需对 $i=1,3$ 两组系数作递推计算，至最后质量点 n，有

$$T_{sn} = U_{n1}X_{s1} - V_{n1}X_{c1} + U_{n3} = 0$$
$$T_{cn} = V_{n1}X_{s1} + U_{n1}X_{c1} + V_{n3} = 0$$

于是

$$\begin{cases} X_{s1} = -\dfrac{U_{n1}U_{n3} + V_{n1}V_{n3}}{U_{n1}^2 + V_{n1}^2} \\ X_{c1} = -\dfrac{U_{n1}V_{n3} - U_{n3}V_{n1}}{U_{n1}^2 + V_{n1}^2} \end{cases} \quad (1.120)$$

将式(1.120)代入式(1.115)~式(1.117)，即可求出各质量点之振幅 X_{ck}、X_{sk} 及轴段弹性力矩和应力：

$$\begin{cases} T_{k,k+1} = K_{k,k+1}\sqrt{(X_{c,k+1} - X_{ck})^2 + (X_{s,k+1} - X_{sk})^2} \\ \tau_{k,k+1} = \dfrac{T_{k,k+1}}{W_{k,k+1}} \end{cases} \quad (1.121)$$

式中　$W_{k,k+1}$——轴段抗扭截面模量(式(1.103))。

如同自由振动 Holzer 递推表,强迫振动也可列两个递推表。表 1.2 计算 α_{k1}、β_{k1},称为有阻尼递推表,它比自由振动 Holzer 表多了内、外阻尼项,且系数均为分量。当无阻尼时,即为一般的 Holger 表。而表 1.3 计算 α_{k3}、β_{k3},表中又多了激励力矩 M_{ck}、M_{sk} 项,称为有激励递推表。取 $\alpha_{13} = \beta_{13} = 0$,其余计算法与表 1.2 类似。

从表 1.1 和表 1.2,算出 U_{n1}、U_{n3}、V_{n1}、V_{n3},即可据式(1.120)求出第 1 质量点振幅分量 X_{c1}、X_{s1}。

2. 分支系统

如图 1.21 所示,除了分支交点以外,质量点运动方程与式(1.109)相同,对分支交点 k,运动微分方程为式(1.93),即

$$J_k \ddot{\varphi}_k + c_k \dot{\varphi}_k - M_k \sin(\omega t + \theta_k) + \sum_{j=1}^{r} \left[c_{kj}(\dot{\varphi}_k - \dot{\varphi}_j) + K_{kj}(\varphi_k - \varphi_j) \right] = 0$$

$$(1.122)$$

式中　r——与 k 点相接的轴数。

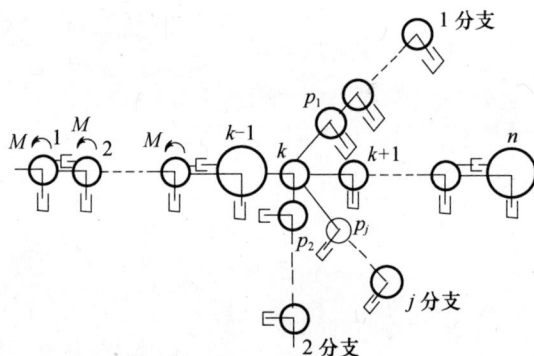

图 1.21　分支系统

对 j 分支,设有质量点 p_j,则有

$$c_{kj}(\dot{\varphi}_k - \dot{\varphi}_j) + K_{kj}(\varphi_k - \varphi_j) = \sum_{i=1}^{p_j} \left[J_i \ddot{\varphi}_i + c_i \dot{\varphi}_i - M_i \sin(\omega t + \theta_i) \right] \quad (1.123)$$

式(1.123)与式(1.109)是一致的。

于是,对各分支可按单支递推方法计算,设主支的交点振幅系数分量为 α_{k1}、β_{k1}、α_{k3}、β_{k3},而 j 分支的相应值为 α_{k1}^j、β_{k1}^j、α_{k3}^j、β_{k3}^j,根据位移连续性条件,有

$$\alpha_{k1}^j X_{s1}^j - \beta_{k1}^j X_{c1}^j + \alpha_{k3}^j = \alpha_{k1} X_{s1} - \beta_{c1} X_{s1} + \alpha_{k3}$$

$$\beta_{k1}^j X_{s1}^j + \alpha_{k1}^j X_{c1}^j + \beta_{k3}^j = \beta_{k1} X_{s1} + \alpha_{k1} X_{c1} + \beta_{k3}$$

解得 j 分支端点的振幅分量:

$$\begin{cases} X_{s1}^j = \alpha_{11}^j X_{s1} - \beta_{11}^j X_{c1} + \alpha_{13}^j \\ X_{c1}^j = \beta_{11}^j X_{s1} + \alpha_{11}^j X_{c1} + \beta_{13}^j \end{cases}$$

$$(1.124)$$

表 1.2 有阻尼递推表

质量号 k	(1)	(2)	(3)	(4)	(5)	(6)	(7)	(8)	(9)	(10)	(11)	(12)
	$J_k\omega^2$	$c_k\omega$	$\alpha_{k+1,1} = \alpha_{k1} - (11)$	$\beta_{k+1,1} = \beta_{k1} - (12)$	$(1)\times(3) + (2)\times(4)$	$(1)\times(4) - (2)\times(3)$	$U_{k1} = \sum(5)$	$V_{k1} = \sum(6)$	$G_{k,k+1}$	$H_{k,k+1}$	$\Delta\alpha_{k+1} = (7)\times(9) + (8)\times(10)$	$\Delta\beta_{k+1} = (8)\times(9) - (7)\times(10)$
1			1	0								
2		填入数据							填入数据	填入数据		
⋯												
n							$U_{n,1}$	$V_{n,1}$				

表 1.3 有激励递推表

质量号 k	(1)	(2)	(3)	(4)	(5)	(6)	(7)	(8)	(9)	(10)	(11)	(12)	(13)	(14)
	$J_k\omega^2$	$c_k\omega$	$\alpha_{k+1,3} = \alpha_{k,3} - (13)$	$\beta_{k+1,3} = \beta_{k,3} - (14)$	$(1)\times(3) + (2)\times(4)$	$(1)\times(4) - (2)\times(3)$	M_{sk}	M_{ck}	$U_{k3} = \sum(5) + \sum(7)$	$V_{k3} = \sum(6) + \sum(8)$	$G_{k,k+1}$	$H_{k,k+1}$	$\Delta\alpha_{k3} = (9)\times(11) + (10)\times(12)$	$\Delta\beta_{k3} = (10)\times(11) - (9)\times(12)$
1	填入数据	填入数据	0	0										
2							填入数据	填入数据			填入数据	填入数据		
⋯														
n									$U_{n,3}$	$V_{n,3}$				

式中

$$
\begin{cases}
\alpha_{11}^{j} = \dfrac{\alpha_{k1}^{j}\alpha_{k1} + \beta_{k1}^{j}\beta_{k1}}{(\alpha_{k1}^{j})^{2} + (\beta_{k1}^{j})^{2}} \\[4mm]
\beta_{11}^{j} = \dfrac{\alpha_{k1}^{j}\beta_{k1} - \beta_{k1}^{j}\alpha_{k1}}{(\alpha_{k1}^{j})^{2} + (\beta_{k1}^{j})^{2}} \\[4mm]
\alpha_{13}^{j} = \dfrac{\alpha_{k1}^{j}(\alpha_{k3} - \alpha_{k3}^{j}) + \beta_{k1}^{j}(\beta_{k3} - \beta_{k3}^{j})}{(\alpha_{k1}^{j})^{2} + (\beta_{k1}^{j})^{2}} \\[4mm]
\beta_{13}^{j} = \dfrac{\alpha_{k1}^{j}(\beta_{k3} - \beta_{k3}^{j}) - \beta_{k1}^{j}(\alpha_{k3} - \alpha_{k3}^{j})}{(\alpha_{k1}^{j})^{2} + (\beta_{k1}^{j})^{2}}
\end{cases}
\tag{1.125}
$$

将上述结果作为 j 分支端点的振幅分量重新作递推计算,求得该分支各质量点以主支端点为参考点的振幅系数及力矩系数,得出与主支交点 k 相接的力矩系数 U_{j1}、V_{j1}、U_{j3}、V_{j3}。

对交点 k 之后的主支轴段 k、$k+1$,有

$$
c_{k,k+1}(\dot{\varphi}_{k+1} - \dot{\varphi}_{k}) + K_{k,k+1}(\varphi_{k+1} - \varphi_{k}) = \sum_{j=1}^{r-1}\sum_{i=1}^{p_{j}}\left[J_{i}\ddot{\varphi}_{i} + c_{i}\dot{\varphi}_{i} - M_{i}\sin(\omega t + \theta_{i}) \right]
\tag{1.126}
$$

式中　r——与 k 相接的轴段数;

p_{j}——j 分支质点数。

将方程式(1.94)及关系式(1.95)代入式(1.126),得

$$
\begin{cases}
K_{k,k+1}(X_{s,k+1} - X_{sk}) - c_{k,k+1}\omega(X_{c,k+1} - X_{ck}) = -T_{sk} \\[2mm]
c_{k,k+1}\omega(X_{s,k+1} - X_{sk}) + K_{k,k+1}(X_{c,k+1} - X_{ck}) = -T_{ck}
\end{cases}
\tag{1.127}
$$

式中

$$
\begin{cases}
T_{sk} = U_{k1}X_{s1} - V_{k1}X_{c1} + U_{k3} \\[2mm]
T_{ck} = V_{k1}X_{s1} + U_{k1}X_{c1} + V_{k3}
\end{cases}
\tag{1.128}
$$

$$
\begin{cases}
U_{k1} = \displaystyle\sum_{j=1}^{r-1} U_{j1} + J_{k}\omega^{2}\alpha_{k1} + c_{k}\omega\beta_{k1} \\[4mm]
V_{k1} = \displaystyle\sum_{j=1}^{r-1} V_{j1} + J_{k}\omega^{2}\beta_{k1} - c_{k}\omega\alpha_{k1} \\[4mm]
U_{k3} = \displaystyle\sum_{j=1}^{r-1} U_{j3} + J_{k}\omega^{2}\alpha_{k3} + c_{k}\omega\beta_{k3} + M_{ck} \\[4mm]
V_{k3} = \displaystyle\sum_{j=1}^{r-1} V_{j3} + J_{k}\omega^{2}\beta_{k3} - c_{k}\omega\alpha_{k3} + M_{sk}
\end{cases}
\tag{1.129}
$$

方程式(1.127)跟单支系统时式(1.112)一致,可以作递推计算,此时只须以式(1.129)代替式(1.117)即可。

综上所述,有分支系统强迫振动递推计算步骤如下:

（1）对各分支进行递推计算，求出交点 k 的振幅系数分量（$\alpha_{k1}^i, \beta_{k1}^i, \alpha_{k3}^i, \beta_{k3}^i$）。

（2）据位移连续性条件，按式（1.125）求出分支端点的振幅系数分量（α_{11}^j, $\beta_{11}^j, \alpha_{13}^j, \beta_{13}^j$）。

（3）将上述结果重新对各分支进行递推计算，得出以主支端点为参考点的振幅力矩系数，得出各分支与 k 点相接的力矩系数（$U_{j1}, V_{j1}, U_{j3}, V_{j3}$）。

（4）按式（1.129）计算交点 k 与 $k+1$ 之间的力矩系数，进而计算出 $k+1$ 质量点的振幅系数。

（5）继续按单支递推计算至最后质量点 n，并按式（1.120）计算主支端点振幅。

1.4.4　传递矩阵法

如同自由振动计算一样，强迫振动也可用传递矩阵法进行计算。它跟自由振动不同的是，由于激励力矩和阻尼的存在，各元件的状态向量中的角位移和扭矩均应考虑其正弦分量及余弦分量。

1. 单支系统

轴系中元件均为两端元件，先分析元件的传递矩阵。

1）质量元件

如图 1.22 所示，在元件上，除了惯量 J_i 以外，尚有外阻尼 c_i 及激励力矩分量 M_{si}、M_{ci}。它的两端状态为角位移的正弦、余弦分量 X_{si}、X_{ci}，力矩的正弦、余弦分量 T_{si}、T_{ci}。

根据式（1.111）可知，左端、右端状态分量的关系为

$$X_{si}^R = X_{si}^L$$
$$X_{ci}^R = X_{ci}^L$$
$$T_{si}^R = T_{si}^L + J_i\omega^2 X_{si}^L + c_i\omega X_{si}^L + M_{si}$$
$$T_{ci}^R = T_{ci}^L + J_i\omega^2 X_{ci}^L - c_i\omega X_{ci}^L + M_{ci}$$

图 1.22　质量点状态图

记为

$$Z_i^R = T_i Z_i^L \tag{1.130}$$

式中，端点状态分量为

$$Z_i = \left\{ \begin{array}{c} X_{si} \\ X_{ci} \\ T_{si} \\ T_{ci} \\ 1 \end{array} \right\} \tag{1.131}$$

元件的传递矩阵为

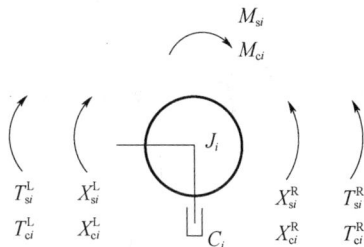

$$\boldsymbol{T}_i = \begin{bmatrix} 1 & 0 & 0 & 0 & 0 \\ 0 & 1 & 0 & 0 & 0 \\ J_i\omega^2 & +c_i\omega & 1 & 0 & M_{si} \\ -c_i\omega & J_i\omega^2 & 0 & 1 & M_{ci} \\ 0 & 0 & 0 & 0 & 1 \end{bmatrix} \qquad (1.132)$$

2）轴段元件

如图 1.23 所示，轴段视为刚度 K_k 与内阻尼系数 c_k 并联，其左右端状态分量的关系，根据式(1.114)，有

$$\begin{cases} X_{sk}^{R} = X_{sk}^{L} - (G_k T_{sk} + H_k T_{ck}) \\ X_{ck}^{R} = X_{ck}^{L} - (G_k T_{ck} - H_k T_{sk}) \\ T_{sk}^{R} = T_{sk}^{L} \\ T_{ck}^{R} = T_{ck}^{L} \end{cases}$$

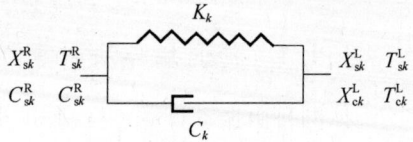

图 1.23　轴段状态图

记为

$$Z_k^{R} = T_k Z_k^{L} \qquad (1.133)$$

式中，端点状态分量为

$$Z_k = \begin{Bmatrix} X_{sk} \\ X_{ck} \\ T_{sk} \\ T_{ck} \\ 1 \end{Bmatrix} \qquad (1.134)$$

元件传递矩阵为

$$\boldsymbol{T}_k = \begin{bmatrix} 1 & 0 & -G_k & -H_k & 0 \\ 0 & 1 & +H_k & -G_k & 0 \\ 0 & 0 & 1 & 0 & 0 \\ 0 & 0 & 0 & 1 & 0 \\ 0 & 0 & 0 & 0 & 1 \end{bmatrix} \qquad (1.135)$$

式中

$$\begin{cases} G_k = \dfrac{K_k}{K_k^2 + (c_k\omega)^2} \\ H_k = \dfrac{c_k\omega}{K_k^2 + (c_k\omega)^2} \end{cases} \qquad (1.136)$$

在单支系统扭转振动计算中，第 1 质量点为自由端，其左端扭矩 $T_{c1}^{L} = T_{s1}^{L} = 0$，于是有

$$\begin{Bmatrix} X_{s1} \\ X_{c1} \\ T_{s1} \\ T_{c1} \\ 1 \end{Bmatrix}^{R} = \begin{bmatrix} 1 & 0 & 0 & 0 & 0 \\ 0 & 1 & 0 & 0 & 0 \\ J_1\omega^2 & +c_1\omega & 1 & 0 & M_{c1} \\ -c_1\omega & J_1\omega^2 & 0 & 1 & M_{s1} \\ 0 & 0 & 0 & 0 & 1 \end{bmatrix} \begin{Bmatrix} X_{s1} \\ X_{c1} \\ 0 \\ 0 \\ 1 \end{Bmatrix}^{L} = T_1 \begin{Bmatrix} X_{s1} \\ X_{c1} \\ 0 \\ 0 \\ 1 \end{Bmatrix}^{L} \tag{1.137}$$

第 2 个元件是其连接轴，有

$$\begin{Bmatrix} X_{s2} \\ X_{c2} \\ T_{s2} \\ T_{c2} \\ 1 \end{Bmatrix}^{L} = \begin{Bmatrix} X_{s1} \\ X_{c1} \\ T_{s1} \\ T_{c1} \\ 1 \end{Bmatrix}^{R} \tag{1.138}$$

$$\begin{Bmatrix} X_{s2} \\ X_{c2} \\ T_{c2} \\ T_{s2} \\ 1 \end{Bmatrix}^{R} = \begin{bmatrix} 1 & 0 & -G_2 & -H_2 & 0 \\ 0 & 1 & +H_2 & -G_2 & 0 \\ 0 & 0 & 1 & 0 & 0 \\ 0 & 0 & 0 & 1 & 0 \\ 0 & 0 & 0 & 0 & 1 \end{bmatrix} \begin{Bmatrix} X_{s2} \\ X_{c2} \\ T_{s2} \\ T_{c2} \\ 1 \end{Bmatrix}^{L} = \begin{bmatrix} 1 & 0 & -G_2 & -H_2 & 0 \\ 0 & 1 & +H_2 & -G_2 & 0 \\ 0 & 0 & 1 & 0 & 0 \\ 0 & 0 & 0 & 1 & 0 \\ 0 & 0 & 0 & 0 & 1 \end{bmatrix}$$

$$\begin{bmatrix} 1 & 0 & 0 & 0 & 0 \\ 0 & 1 & 0 & 0 & 0 \\ J_1\omega^2 & c_1\omega & 1 & 0 & M_{s1} \\ -c_1\omega & J_1\omega^2 & 0 & 1 & M_{c1} \\ 0 & 0 & 0 & 0 & 1 \end{bmatrix} \begin{Bmatrix} X_{s1} \\ X_{c1} \\ 0 \\ 0 \\ 1 \end{Bmatrix}^{L} = T_2 T_1 \begin{Bmatrix} X_{s1} \\ X_{c1} \\ 0 \\ 0 \\ 1 \end{Bmatrix}$$

$$\tag{1.139}$$

依此类推，对元件 i，有

$$\begin{Bmatrix} X_{ci} \\ X_{si} \\ T_{ci} \\ T_{si} \\ 1 \end{Bmatrix}^{R} = T_i T_{i-1} \cdots T_2 T_1 \begin{Bmatrix} X_{c1} \\ X_{s1} \\ 0 \\ 0 \\ 1 \end{Bmatrix}^{L} = A_i \begin{Bmatrix} X_{c1} \\ X_{s1} \\ 0 \\ 0 \\ 1 \end{Bmatrix}^{L} = \begin{Bmatrix} \alpha_{i1} & \alpha_{i2} & \alpha_{i3} \\ \beta_{i1} & \beta_{i2} & \beta_{i3} \\ U_{i1} & U_{i2} & U_{i3} \\ V_{i1} & V_{i2} & V_{i3} \\ 0 & 0 & 1 \end{Bmatrix} \begin{Bmatrix} X_{s1} \\ X_{c1} \\ 1 \end{Bmatrix}^{L} \tag{1.140}$$

式中　A_i——i 元件的累积矩阵，且有

$$A_i = T_i A_{i-1} \tag{1.141}$$

最后一个元件 n 的边界条件也是自由端，有联立方程：

$$\begin{cases} T_{sn}^{R} = U_{n1} X_{s1}^{L} + U_{n2} X_{c1}^{L} + U_{n3} = 0 \\ T_{cn}^{R} = V_{n1} X_{s1}^{L} + V_{n2} X_{s1}^{L} + V_{n3} = 0 \end{cases} \tag{1.142}$$

从而可解得第 1 个元件的角位移分量 X_{c1}^{L}、X_{s1}^{L},并能进一步求出各个元件的角位移和力矩。

注意到累积矩阵 $\boldsymbol{A}_i$ 中,存在对称关系:

$$\begin{cases} \alpha_{k1} = \beta_{k2} \\ \alpha_{k2} = -\beta_{k1} \\ U_{k1} = V_{k2} \\ U_{k2} = -V_{k1} \end{cases} \tag{1.143}$$

传递矩阵计算尚可简单许多。

2. 分支系统

在分支系统中,除了交点以外,其他元件仍为两端元件,交点处的质量点,则为三端或多端元件。如图 1.24 所示,交点 k 上有一个分支的情况,为三端元件。其各端角位移、力矩间关系为

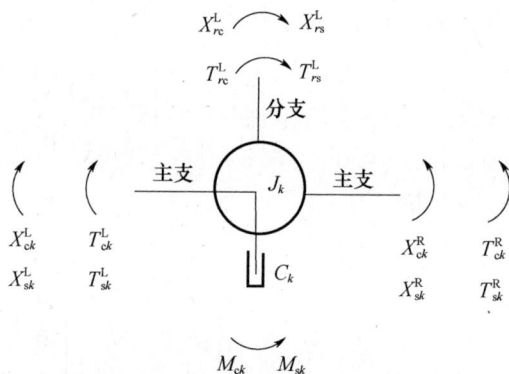

图 1.24　分支质量点状态图

$$X_{sk}^{R} = X_{sk}^{L} = X_{rs}^{L}$$
$$X_{ck}^{R} = X_{ck}^{L} = X_{rc}^{L}$$
$$T_{sk}^{R} = T_{sk}^{L} + T_{rs}^{L} + J_k\omega^2 X_{sk}^{L} + c_k\omega X_{ck}^{L} + M_{sk}$$
$$T_{ck}^{R} = T_{ck}^{L} + T_{rc}^{L} + J_k\omega^2 X_{sk}^{L} - c_k\omega X_{ck}^{L} + M_{ck}$$

于是,交点 k 的传递矩阵为

$$\begin{Bmatrix} X_{sk} \\ X_{ck} \\ T_{sk} \\ T_{ck} \\ 1 \end{Bmatrix}^{R} = \begin{bmatrix} 1 & 0 & 0 & 0 & 0 \\ 0 & 1 & 0 & 0 & 0 \\ J_k\omega^2 & c_k\omega & 1 & 0 & M_{sk} \\ -c_k\omega & J_k\omega^2 & 0 & 1 & M_{ck} \\ 0 & 0 & 0 & 0 & 1 \end{bmatrix} \begin{Bmatrix} X_{sk} \\ X_{ck} \\ T_{sk} + T_{rs} \\ T_{ck} + T_{rc} \\ 1 \end{Bmatrix}^{L} \tag{1.144}$$

分支系统时,先对各分支作传递矩阵计算至交点 k,得出交点前的累积矩阵:

主支为

$$\begin{Bmatrix} X_{sk} \\ X_{ck} \\ T_{sk} \\ T_{ck} \\ 1 \end{Bmatrix}^{L} = \begin{bmatrix} \alpha_{k-1,1} & \alpha_{k-1,2} & \alpha_{k-1,3} \\ \beta_{k-1,1} & \beta_{k-1,2} & \beta_{k-1,3} \\ U_{k-1,1} & U_{k-1,2} & U_{k-1,3} \\ V_{k-1,1} & V_{k-1,2} & V_{k-1,3} \\ 0 & 0 & 1 \end{bmatrix} \begin{Bmatrix} X_{s1} \\ X_{c1} \\ 1 \end{Bmatrix}^{L} \qquad (1.145)$$

r 分支为

$$\begin{Bmatrix} X_{rs} \\ X_{rc} \\ T_{rs} \\ T_{rc} \\ 1 \end{Bmatrix}^{L} = \begin{bmatrix} \alpha_{r1} & \alpha_{r2} & \alpha_{r3} \\ \beta_{r1} & \beta_{r2} & \beta_{r3} \\ U_{r1} & U_{r2} & U_{r3} \\ V_{r1} & V_{r2} & V_{r3} \\ 0 & 0 & 1 \end{bmatrix} \begin{Bmatrix} X_{s1}^{r} \\ X_{c1}^{r} \\ 1 \end{Bmatrix}^{L} \qquad (1.146)$$

根据位移连续性条件 $X_{sk}^{L} = X_{rs}^{L}$、$X_{ck}^{L} = X_{rc}^{L}$,有

$$\alpha_{k-1,1} X_{s1}^{L} + \alpha_{k-1,2} X_{c1}^{L} + \alpha_{k-1,3} = \alpha_{r1} X_{s1}^{r} + \alpha_{r2} X_{c1}^{r} + \alpha_{r3}$$

$$\beta_{k-1,1} X_{s1}^{L} + \beta_{k-1,2} X_{c1}^{L} + \beta_{k-1,3} = \beta_{r1} X_{s1}^{r} + \beta_{r2} X_{c1}^{r} + \beta_{r3}$$

则分支端点振幅与主支端点振幅的关系为

$$\begin{cases} X_{s1}^{r} = \alpha_{11}' X_{s1}^{L} + \alpha_{12}' X_{c1}^{L} + \alpha_{13}' \\ X_{c1}^{r} = \beta_{11}' X_{s1}^{L} + \beta_{12}' X_{c1}^{L} + \beta_{13}' \end{cases} \qquad (1.147)$$

式中

$$\begin{cases} \alpha_{11}' = \dfrac{\alpha_{k-1,1}\beta_{r2} - \beta_{k-1,1}\alpha_{r2}}{\alpha_{r1}\beta_{r2} - \alpha_{r2}\beta_{r1}} \\[3mm] \alpha_{12}' = \dfrac{\alpha_{k-1,2}\beta_{r2} - \beta_{k-1,2}\alpha_{r2}}{\alpha_{r1}\beta_{r2} - \alpha_{r2}\beta_{r1}} \\[3mm] \alpha_{13}' = \dfrac{\beta_{r2}(\alpha_{k-1,3} - \alpha_{r3}) - \alpha_{r2}(\beta_{k-1,3} - \beta_{r3})}{\alpha_{r1}\beta_{r2} - \alpha_{r2}\beta_{r1}} \\[3mm] \beta_{11}' = \dfrac{\beta_{k-1,1}\alpha_{r1} - \alpha_{k-1,1}\beta_{r1}}{\alpha_{r1}\beta_{r2} - \alpha_{r2}\beta_{r1}} \\[3mm] \beta_{12}' = \dfrac{\beta_{k-1,2}\alpha_{r1} - \alpha_{k-1,2}\beta_{r1}}{\alpha_{r1}\beta_{r2} - \alpha_{r2}\beta_{r1}} \\[3mm] \beta_{13}' = \dfrac{-\beta_{r1}(\alpha_{k-1,3} - \alpha_{r3}) + \alpha_{r1}(\beta_{k-1,3} - \beta_{r3})}{\alpha_{r1}\beta_{r2} - \alpha_{r2}\beta_{r1}} \end{cases} \qquad (1.148)$$

如果考虑式(1.143)的对称关系,将得到相当于式(1.124)和式(1.125)的结果。

这样,分支上各个元件的角位移、力矩都可用主支端点振幅 X_{c1}^{L}、X_{s1}^{L} 来表示。将 T_{rs}、T_{rc} 结果代入式(1.144),即能得到 k 元件的累积矩阵:

$$\begin{Bmatrix} X_{sk} \\ X_{ck} \\ T_{sk} \\ T_{ck} \\ 1 \end{Bmatrix}^{R} = \begin{bmatrix} \alpha_{k1} & \alpha_{k2} & \alpha_{k3} \\ \beta_{k1} & \beta_{k2} & \beta_{k3} \\ U_{k1} & U_{k2} & U_{k3} \\ V_{k1} & V_{k2} & V_{k3} \\ 0 & 0 & 1 \end{bmatrix} \begin{Bmatrix} X_{s1} \\ X_{c1} \\ 1 \end{Bmatrix}^{L} \qquad (1.149)$$

下面继续向右按单支系统传递矩阵计算。

综上所述,分支系统强迫振动传递矩阵计算步骤如下:

(1)对各分支进行传递矩阵计算,求出交点 k 前(左)端的累积矩阵。

(2)根据位移连续性条件,按式(1.147)求出分支端点振幅分量与主支端点振幅的关系。

(3)根据上述结果,重新对各分支进行传递矩阵计算,得出以主支端点振幅 X_{s1}^{L}、X_{c1}^{L} 为参考点的累积矩阵。

(4)按式(1.144)、式(1.149)计算出交点 k 的累积矩阵。

(5)继续按单支系统方法计算到最后一个元件 n,并按式(1.142)得出主支端点的振幅分量。

1.4.5 近似解法——能量法,放大系数法

近似解法,主要根据能量守恒原则和振型假设。

能量守恒是指共振时,激励力矩输入系统的能量完全消耗在克服系统所有部件的阻尼上。

振型假设认为,共振时,强迫振动形式与频率相同的自由振动振型相似,即强迫振动振幅和自由振动振型成正比。这样,多自由度系统简化为只有一个未知数,大大地简化了计算,并能基本满足工程要求,曾得到广泛应用,积累了丰富的经验及有益概念,至今仍有意义。由于引进振型假设,此法有局限性。它无法作非共振计算;只能作单谐次共振估算,不能求合成解;当系统具较大阻尼时,振型假设失效,误差较大。

设共振时,一个振动周期内,激励力矩输入轴系的功为 W_{T},轴系所有部件消耗的总阻尼功为 W_{c},依据能量守恒原则,有

$$W_{T} = W_{c} \qquad (1.150)$$

若柴油机第 k 缸曲柄排列与第 1 缸的发火间隔角为 ψ_{1k},对于 ν 谐次的激励力矩:

$$T_{k} = M_{\nu}\sin(\nu\omega t + \nu\psi_{1k}) = M_{\nu}(\sin\nu\psi_{1k}\cos\nu\omega t + \cos\nu\psi_{1k}\sin\nu\omega t)$$

设第 1 缸振幅为 $X_{1}\sin(\nu\omega t + \theta_{\nu})$,依据振型假设,第 k 缸相对振幅 α_{k},则其振动为

$$\varphi_{k} = X_{1}\alpha_{k}\sin(\nu\omega t + \theta_{\nu}) = X_{1}\alpha_{k}(\sin\theta_{\nu}\cos\nu\omega t + \cos\theta_{\nu}\sin\nu\omega t)$$

$$\frac{\mathrm{d}\varphi_k}{\mathrm{d}(\nu\omega t)} = X_1\alpha_k(\cos\theta_\nu\cos\nu\omega t - \sin\theta_\nu\sin\nu\omega t)$$

在一个振动周期内,激励功为

$$W_{Tk} = \int T_k\mathrm{d}\varphi_k = \int_0^{2\pi} T_k\frac{\mathrm{d}\varphi_k}{\mathrm{d}\nu\omega t}\mathrm{d}\nu\omega t = \pi M_\nu\alpha_k X_1(\cos\theta_\nu\sin\nu\psi_{1k} - \sin\theta_\nu\cos\nu\psi_{1k})$$

柴油机各缸激励所做的总功为

$$\sum_{k=1}^{z} W_{Tk} = \pi M_\nu X_1\left(\sum_{k=1}^{z}\alpha_k\sin\nu\psi_{1k}\cos\theta_\nu - \sum_{k=1}^{z}\alpha_k\cos\nu\psi_{1k}\sin\theta_\nu\right)$$

$$= \pi M_\nu X_1\sum\boldsymbol{\alpha}\sin(\theta_\nu - \eta_\nu)$$

式中

$$\begin{cases}
\sum\boldsymbol{\alpha} = \sqrt{\left(\sum\limits_{k=1}^{z}\alpha_k\sin\nu\psi_{1k}\right)^2 + \left(\sum\limits_{k=1}^{z}\alpha_k\cos\nu\psi_{1k}\right)^2} \\
\eta_\nu = \arctan\dfrac{-\sum\limits_{k=1}^{z}\alpha_k\sin\nu\psi_{1k}}{\sum\limits_{k=1}^{z}\alpha_k\cos\nu\psi_{1k}}
\end{cases} \tag{1.151a}$$

式中 z——汽缸数;

$\sum\boldsymbol{\alpha}$——相对振幅向量和。

从它的大小,可以知道不同谐次激励之大小程度,对轴系扭振特性的分析,具重要作用。

V 型柴油机,当每个曲柄转化成一个集中点时,其相对振幅向量和为

$$(\sum\boldsymbol{\alpha})_V = \sum\boldsymbol{\alpha}\cdot 2\cos\frac{\nu\xi_{12}}{2} \tag{1.151b}$$

式中 ξ_{12}——两列相同编号汽缸间的发火夹角,rad。

能量法计算中,考虑其最大值,即 $\sin(\theta_\nu - \eta_\nu) = 1$,则柴油机激励功为

$$W_T = \pi M_\nu\sum\boldsymbol{\alpha}X_1 \tag{1.152}$$

式中 X_1——第 1 质量点(或其他参考点)的振幅。

对于其他激励,如螺旋桨激励力矩 $M_{\nu p}$、相对振幅 α_p,则激励功为

$$W_{Tp} = \pi M_{\nu p}\alpha_p X_1 \tag{1.153}$$

对同谐次的激励功,可以跟柴油机激励功取代数和。

从式(1.151a)可见,对同一振型,相对振幅向量和 $\sum\boldsymbol{\alpha}$ 之值,随谐次 ν、发火间隔角 ψ_{1k} 或 ξ_{12} 而变,从中可看出其激励影响的大小。

轴系中,外阻尼 c_i 引起的质量点阻尼力矩:

$$M_{c_i} = c_i\dot{\varphi}_i = c_i\omega\alpha_i X_1\cos(\nu\omega t + \theta_\nu)$$

内阻尼系数 c_{ij} 引起的轴段阻尼力矩为

$$M_{c_{ij}} = c_{ij}(\dot{\varphi}_i - \dot{\varphi}_j) = c_{ij}\omega(\alpha_i - \alpha_j)X_1\cos(\nu\omega t + \theta_\nu)$$

它们在一个振动周期内消耗之阻尼功为

$$\overline{W}_c = \int M_c \mathrm{d}\varphi = \int_0^{2\pi} M_c \frac{\mathrm{d}\varphi}{\mathrm{d}\alpha}\mathrm{d}\alpha$$

于是,有

$$\begin{cases} W_{c_i} = \pi c_i \omega \alpha_i^2 X_1^2 \\ W_{c_{ij}} = \pi c_{ij}\omega(\alpha_i - \alpha_j)^2 X_1^2 \end{cases} \tag{1.154}$$

将式(1.152)和式(1.154)代入式(1.150),得

$$X_1 = \frac{M_\nu \sum \alpha}{\omega\left[\sum\limits_{i=1}^n c_i \alpha_i^2 + \sum\limits_{i=1}^n c_{ij}(\alpha_i - \alpha_j)^2\right]} \tag{1.155}$$

在轴系计算中,通常按部件计算其阻尼功,即

$$W_c = \sum W_{ck} = \sum Q_k X_1^2 \tag{1.156}$$

式中 Q_k——部件 k 的阻尼功系数。

同样,激励功可写为

$$W_T = P_\nu X_1 \tag{1.157}$$

式中 P_ν——激励功系数。

$$X_1 = \frac{P_\nu}{\sum Q_k} \tag{1.158}$$

工程中使用的放大系数法是能量法的另一表达形式,如式(1.30)所示,双质量系统扭振强迫振动振幅表达式为

$$X = \frac{X_{st}}{\sqrt{\left[\left(1 - \frac{\omega}{\omega_1}\right)^2 + \left(2\xi\frac{\omega}{\omega_1}\right)^2\right]}} = mX_{st}$$

式中 m——放大系数,当共振时 $\omega = \omega_1$ 代入上式,得 $m = \dfrac{1}{2\xi}$;

X_{st}——静位移,$X_{st} = \dfrac{M_1}{\omega^2 J_1}$。

对于多质量系统,也可引用与静振幅相应的概念:"平衡振幅"。当系统以某一振型的固有频率 ω_n 振动时,在振型假设下,激励力矩输入系统的能量为

$$W_T = \frac{1}{2}\sum_{i=1}^z M_i X_i = \frac{1}{2}\left(\sum_{i=1}^z M_i \alpha_i\right)X_{st}$$

轴系惯性力矩具有的最大能量,即

$$W_d = \frac{1}{2}\omega_n^2 \sum_{i=1}^{n} J_i X_i^2 = \frac{1}{2}\omega_n^2 (\sum_{i=1}^{n} J_i \alpha_i^2) X_1^2$$

令：$W_T = W_d$，可得平衡振幅为

$$X_{st} = \frac{\sum_{i=1}^{z} M_i \alpha_i}{\omega_n^2 \sum_{i=1}^{z} J_i \alpha_i^2} \tag{1.159}$$

对于柴油机，均匀发火时各缸激励视为相同，则第 ν 次激励时，有

$$X_{st} = \frac{M_\nu \sum \alpha}{\omega_n^2 \sum_{i=1}^{n} J_i \alpha_i^2} \tag{1.160}$$

引进"平衡振幅"后，式(1.155)可写为

$$\begin{cases} X_1 = m X_{st} \\ \\ m = \dfrac{\omega_n \sum_{i=1}^{n} J_i \alpha_i^2}{\sum_{i=1}^{n} c_i \alpha_i^2 + \sum_{i=1}^{n} c_{ij}(\alpha_i - \alpha_j)^2} \end{cases} \tag{1.161}$$

放大系数写成倒数形式：

$$\begin{cases} \dfrac{1}{m} = \sum_{i=1}^{n} \dfrac{1}{m_i} + \sum_{i=1}^{n} \dfrac{1}{m_{ij}} \\ \\ \dfrac{1}{m_i} = \dfrac{c_i \alpha_i^2}{\omega_n \sum_{i=1}^{n} J_i \alpha_i^2} \\ \\ \dfrac{1}{m_{ij}} = \dfrac{c_{ij}(\alpha_i - \alpha_j)^2}{\omega_n \sum_{i=1}^{n} J_i \alpha_i^2} \end{cases} \tag{1.162}$$

如前所述，按部件计算放大系数时，有

$$\frac{1}{m} = \sum_{k} \frac{1}{m_k} \tag{1.163}$$

式中　m_k——k 部件的放大系数。

第2章 轴系扭转振动计算

船舶柴油机轴系扭转振动是在柴油机、螺旋桨等周期性扭转力矩激励下,轴系产生的周向交变运动及其相应变形。

复杂轴系通常简化成图 1.14 所示的离散的多质量系统。其计算方法已在第 1 章中叙述,是经典的数学问题,在计算机高度发达的今天已无困难。现在的问题是,建立符合实际轴系的计算模型,正确计算惯量、刚度、阻尼和激励扭矩四大参数,以获得正确的结果。

2.1 当量系统

2.1.1 当量转化原则

(1)当量系统应能代表实际轴系的扭转特性,其自由振动计算所得的固有频率应与实际值基本相同,振型也基本相似。通常,当在共振点测到的频率与计算的固有频率相差大于 5% 时,应对当量参数进行修正。

(2)具有较大质量的部件,如飞轮、法兰、弹性联轴器及离合器的主动盘和从动盘等,以它们的回转中心作为惯量的集中点。它们之间弹性件的惯量平分加到两端集中点上。

(3)柴油机、弹性联轴器、离合器、变速齿轮装置、减振器等部件,制造厂应提供经实验验证的扭振参数。

(4)当液力耦合器缺乏刚度、阻尼参数时,耦合器前后部分可分别作为两个独立的扭振系统处理。

2.1.2 当量转化方法

1. 柴油机

(1)以每一曲柄平面的中心作为单位汽缸转动惯量的集中点。对并列连杆 V 型发动机,也可以每个汽缸中心线与轴线交点作为集中点,将每个曲柄转化为两个集中质量。

(2)单位汽缸惯量取整个周期内的平均值,并且是由所有旋转部件(曲轴销、主轴颈、曲臂、平衡块、部分连杆)的转动惯量,以及转化到曲柄半径处往复运动部件(活塞组、十字头、连杆的往复运动部分)的转动惯量组成。

2. 扭振减振器、弹性联轴器

(1)弹性扭振减振器,其主、从动惯性轮应分作两个质量点,而弹性值应取其弹性件的动态刚度值。

(2)硅油减振器,一般可简化为一个由壳体惯量与惯性轮惯量的 1/2 组成的当量惯量,也可转化成两个质量点。

(3)弹性联轴器的主、从动惯性轮应分作两个质量点,其弹性值应取弹性件的动态刚度值。

3. 变速系统

(1)从动系统应转化为与柴油机转速相同的当量系统,其当量值按下式计算:

$$\begin{cases} J_1 = J_2/i^2 \\ K_1 = K_2/i^2 \end{cases} \tag{2.1}$$

式中　J_1——转化后转动惯量,kg·m^2;

　　　J_2——转化前转动惯量,kg·m^2;

　　　K_1——转化后刚度,(N·m)/rad;

　　　K_2——转化前刚度,(N·m)/rad;

　　　i——传动比,$i = n_1/n_2$;

　　　n_1——柴油机转速,r/min;

　　　n_2——从动轴转速,r/min。

(2)根据传动比,可将齿轮的从动轮惯量转化到主动轮上,作为一个质量点;也可将主、从动轮转化为两个质量点,并假设两者之间的刚度很大,一般可取系统中最大刚度 1000 倍以上。

(3)皮带传动的推进装置,可将从动部分转化为与柴油机相同转速的当量系统,而皮带本身只计其刚度。

4. 吸收功率部件

(1)推进器惯量应考虑附水,附水量与推进器形式、参数有关。

① 固定螺距螺旋桨,附水系数一般为空气中惯量的 1.25 ~ 1.30,装有导流管的,可取 1.35。

② 可调螺距螺旋桨,附水系数在满螺距时取空气中惯量的 1.50 ~ 1.55,零螺距时,取 1.02 左右。

③ 对于大螺距比、盘面比的固定螺旋桨,附水系数可按下式计算:

$$k_B = 20x^2 - 0.5x + 1.1 \tag{2.2}$$

$$x = \frac{1}{z_p + 1}\left(\frac{H}{D_p}\right)^{1.2}\left(\frac{A}{A_d}\right) \tag{2.3}$$

式中　z_p——桨叶数;

　　　$\dfrac{H}{D_p}$——螺距比;

$\dfrac{A}{A_{\mathrm{d}}}$——盘面比。

（2）发电机转子作为一个惯量质点。

（3）垫升风机，不论双进风机还是单进风机，都作为一个惯量质点。

（4）水力测功器惯量应计及附水影响。附水量与其所吸收负荷有关，缺乏资料时，可取净惯量的 35%。

（5）皮带传动的泵和电机设备，由于皮带刚度小且可能产生微量滑移，可以认为这部分设备与原系统扭振特性无关。

2.2 惯量计算

2.2.1 基本公式

一个物体对于某一轴线的转动惯量为

$$J = \int_0^m r^2 \mathrm{d}m \quad (\mathrm{kg \cdot m^2}) \tag{2.4}$$

式中 r——物体上任一微元到轴线的距离，m；

$\mathrm{d}m$——物体上任一微元的质量，kg。

根据力学原理，中心至轴线距离为 R 的物体，对轴线的惯性为

$$J = J_0 + mR^2 \quad (\mathrm{kg \cdot m^2}) \tag{2.5}$$

式中 J_0——物体对通过重心且平行于回转轴线的惯量，$\mathrm{kg \cdot m^2}$；

m——物体质量，kg；

R——物体重心至回转轴的距离，m。

圆盘（轴）、圆锥台的惯量是最基本的，许多形状复杂物体均可由它们组合构成。圆盘（轴）惯量（图 2.1）为

$$J = \frac{\pi}{32}\rho(D^4 - d^4)L \quad (\mathrm{kg \cdot m^2}) \tag{2.6}$$

式中 D——外径，m；

d——内径，m；

L——长度，m；

ρ——材料密度，$\mathrm{kg/m^3}$。

圆锥台惯量（图 2.2）为

$$J = \frac{\pi}{160}\rho \frac{D^5 - d^5}{D - d}L \quad (\mathrm{kg \cdot m^2}) \tag{2.7}$$

式中 D——大端直径，m；

d——小端直径，m；

L——长度，m；

ρ——材料密度，$\mathrm{kg/m^3}$。

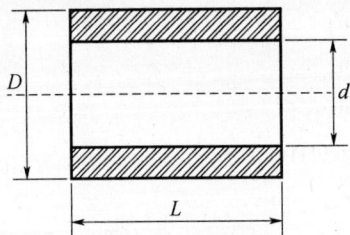

图 2.1　圆盘惯量

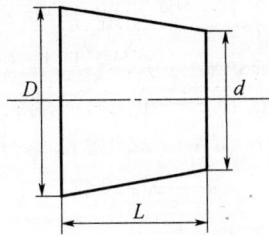

图 2.2　圆锥盘惯量

2.2.2　常用部件惯量

具体计算应按图纸进行。

1. 飞轮（图 2.3）

$$J = \frac{\pi}{32}\rho \{ (D_1^4 - D_0^4)L_1 + (D_2^4 - D_1^4)L_2 + (D_3^4 - D_2^4)L_3 - n(d^4 + d^2R^2)L_2 \} \ (\text{kg} \cdot \text{m}^2)$$

(2.8)

式中　n——减轻孔 d 的个数，其他符号意义如图 2.3 所示。

2. 可拆刚性联轴器（图 2.4）

$$J = \frac{\pi\rho}{32} \sum D_i^4 L_i - \frac{\pi\rho}{160} \frac{d_2^5 - d_1^5}{d_2 - d_1} L \quad (\text{kg} \cdot \text{m}^2)$$

(2.9)

式中　D_i、L_i——各圆盘外径、长度，m；

d_2、d_1、L——锥孔大端、小端外径、长度，m。

符号意义如图 2.4 所示。

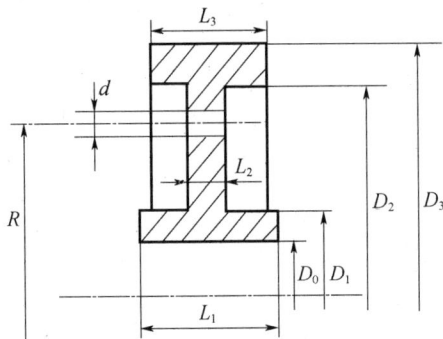

图 2.3　飞轮

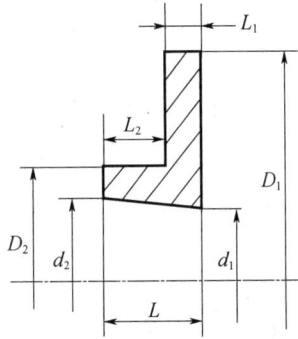

图 2.4　可拆刚性联轴器

3. 两端法兰传动轴的前后端惯量（图 2.5）

传动轴只考虑刚度，其惯量平分到两端法兰上。

$$\begin{cases} J_1 = \frac{\pi\rho}{32} \left[h_1(D_{10}^4 - d_{10}^4) + \frac{1}{2}\sum_{i=1}^{n} L_i(D_i^4 - d_i^4) \right] \\ \\ J_2 = \frac{\pi\rho}{32} \left[h_2(D_{20}^4 - d_{20}^4) + \frac{1}{2}\sum_{i=1}^{n} L_i(D_i^4 - d_i^4) \right] \end{cases}$$

(2.10)

式中　D_{10}、D_{20}——前端、后端法兰外径，m；

$\quad\quad d_{10}$、d_{20}——前端、后端法兰内径，m；

$\quad\quad\quad h_1$、h_2——前端、后端法兰厚度，m；

$\quad L_i$、D_i、d_i——i 轴段长度、外径、内径，m；

$\quad\quad\quad\quad n$——轴段数。

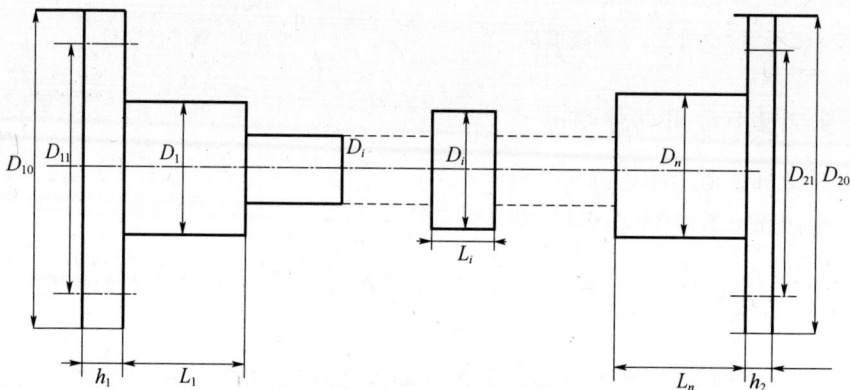

图 2.5　两端法兰传动轴的前后端惯量

4. 一端法兰，一端锥台传动轴的前后端惯量（图 2.6）

$$\begin{cases} J_1 = \dfrac{\pi\rho}{32}\Big[h_1(D_{10}^4 - d_{10}^4) + \dfrac{1}{2}\sum_{i=1}^{n} L_i(D_i^4 - d_i^4) \Big] \\[2mm] J_2 = \dfrac{\pi\rho}{32}\Big[L_{20}(D_{20}^4 - d_{20}^4) + \dfrac{1}{2}\sum_{i=1}^{n} L_i(D_i^4 - d_i^4) \Big] + \\[2mm] \quad \dfrac{\pi\rho}{160}\dfrac{D_n^5 - D_{n1}^5}{D_n - D_{n1}}L_{n1} - \dfrac{\pi\rho}{32}L_{n1}d_{n1}^4 \end{cases} \quad (2.11)$$

式中　L_{n1}——锥台长度，m；

D_n、D_{n1}、d_{n1}——锥台前后端外径及内径，m。

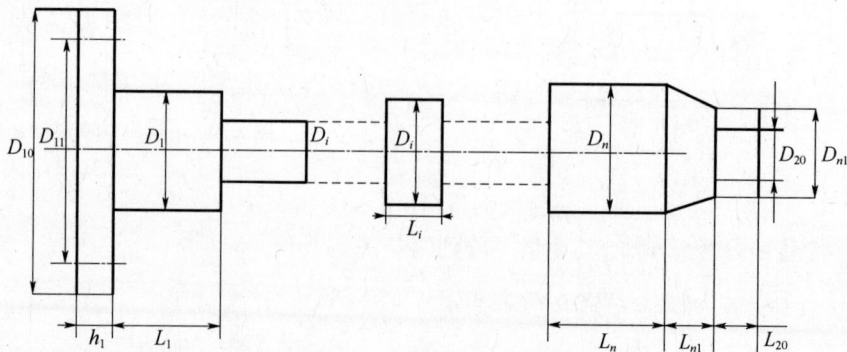

图 2.6　一端法兰，一端锥台传动轴的前后端惯量

5. 艉轴(两端锥台)的前后端惯量(图 2.7)

$$\begin{cases} J_1 = \dfrac{\pi\rho}{32}\Big[L_{10}(D_{10}^4 - d_{10}^4) + \dfrac{1}{2}\sum_{i=1}^{n} L_i(D_i^4 - d_i^4) \Big] + \\[2mm] \qquad \dfrac{\pi\rho}{160}\dfrac{D_1^5 - D_{11}^5}{D_1 - D_{11}}L_{11} - \dfrac{\pi\rho}{32}d_{11}^4 L_{11} \\[4mm] J_2 = \dfrac{\pi\rho}{32}\Big[L_{20}(D_{20}^4 - d_{20}^4) + \dfrac{1}{2}\sum_{i=1}^{n} L_i(D_i^4 - d_i^4) \Big] + \\[2mm] \qquad \dfrac{\pi\rho}{160}\dfrac{D_n^5 - D_{n1}^5}{D_n - D_{n1}}L_{n1} - \dfrac{\pi\rho}{32}d_{n1}^4 L_{n1} \end{cases} \qquad (2.12)$$

式中　L_{11}、D_1、D_{11}、d_{11}——前锥台长度、两端外径及内孔直径,m;

$\qquad$ L_{n1}、D_n、D_{n1}、d_{n1}——后锥台长度、两端外径及内孔直径,m。

其他符号如图 2.7 所示。

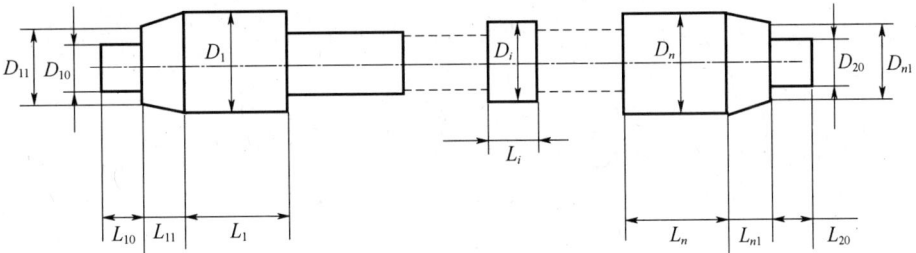

图 2.7　艉轴(两端锥台)的前后端惯量

2.2.3　柴油机单位汽缸转动惯量

柴油机单位汽缸转动惯量,应由制造厂提供经实验验证的数值。下面简要介绍其组成及计算方法。

1. 单位汽缸惯量

$$J_e = J_b + J_r + J_c \qquad (2.13)$$

式中　J_b——往复运动件的等效惯量,kg·m²;

$\qquad$ J_r——连杆大端惯量,kg·m²;

$\qquad$ J_c——单位曲柄转动惯量,kg·m²;

2. 连杆大端惯量

$$J_r = m_r R^2 \qquad (2.14)$$

式中　m_r——连杆大端质量,kg;

$\qquad$ R——曲柄半径,m。

3. 往复运动件惯量

活塞连杆机构中,由于连杆的长度有限,当曲轴转过相同角度时,活塞的位移在不同曲柄位置是不同的。于是,往复运动件的惯量作用,在曲轴转角范围内是变化的:在上、下止点处最小,在曲柄转角为 90°、270° 附近时最大,并可能引起二次激励。在一般情况下,常将其惯量用一等效的、不变的惯量代替。等效遵循"动能相等原则",即等效惯量的动能与一循环内往复运动件的平均动能相等。

活塞等往复运动件速度为

$$\dot{x} = R\omega\left(\sin\alpha + \frac{\lambda}{2}\sin^2\alpha\right) \tag{2.15}$$

式中　　R——曲柄半径,m;

　　　　ω——曲轴角速度,rad/s;

　　$\lambda = \dfrac{R}{L}$——曲柄半径与连杆长度之比;

　　　　α——曲轴转角(从上止点算起),$\alpha = \omega t$。

设往复运动件质量为 m_b,它在曲轴一转内的平均动能为

$$\frac{1}{2\pi}\int_0^{2\pi}\frac{1}{2}m_b\dot{x}\mathrm{d}\alpha = \frac{1}{2}m_b R^2\alpha^2\left(\frac{1}{2} + \frac{1}{8}\lambda^2\right)$$

令平均动能与等效惯量 J_b 的动能相等:

$$\frac{1}{2}J_b\omega^2 = \frac{1}{2}m_b R^2\omega^2\left(\frac{1}{2} + \frac{1}{8}\lambda^2\right)$$

有

$$J_b = m_b R^2\left(\frac{1}{2} + \frac{1}{8}\lambda^2\right) \tag{2.16}$$

忽略 λ^2 项,可得

$$J_b = \frac{1}{2}m_b R^2 \tag{2.17}$$

即等效惯量等于 1/2 往复运动件质量集中在曲柄销中心时的惯量。

4. 单位曲柄惯量

单位曲柄惯量包括主轴颈、曲柄销、曲臂和平衡块的惯量。其中,主轴颈、曲柄销均属圆轴,易于计算,而曲臂为截面复杂的物体,可用"当量圆盘法"来求其惯量。

如图 2-8 所示曲臂,以旋转轴为中心的同心圆环细分之,则

$$J = \frac{\pi\rho}{32}\left[(D_0^4 - d_0^4)h_o + \sum_{i=1}^n (D_i^4 - D_{i-1}^4)h_i\frac{\alpha_i}{2\pi}\right] \tag{2.18}$$

式中　D_0、d_0——曲柄可画出整圆的外径、内孔直径,m;

　　　　D_i——各圆环直径,m;

　　　　h_i——各圆环厚度,m;

　　　　α_i——各圆环的扇形夹角,rad。

式(2.18)表示,复杂物体可视为当量厚度是 $\dfrac{h_i\alpha_i}{2\pi}$ 的许多连续圆盘组成。

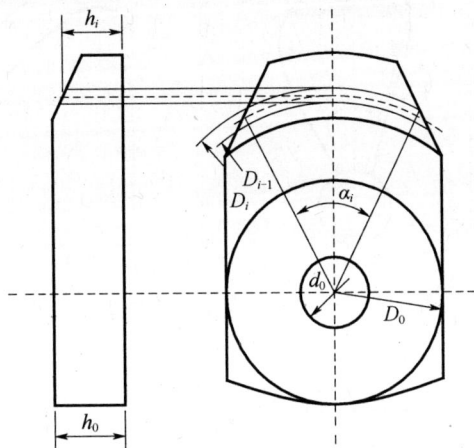

图 2.8　曲臂

2.2.4　螺旋桨惯量

螺旋桨惯量可表示为

$$J_p = K_B(z_p J_1 + J_0) \tag{2.19}$$

式中　K_B——附水系数,按2.1.2中4的规定及式(2.2)选取、计算;

　　　　z_p——桨叶数;

　　　　J_1——桨叶惯量,$kg \cdot m^2$;

　　　　J_0——轮毂惯量,$kg \cdot m^2$。

桨叶是非矩形截面的复杂物体,也可用"当量圆盘法"求其惯量。如图 2.9 所示桨叶,其截面积 A 与直径比 d/D 的关系如图 2.10 所示,设:i 截面的截面积为 A_i,弦长为 b_i,令:$h_i = \dfrac{A_i}{b_i}$,$\alpha_i = \dfrac{b_i}{d_{i0}/2}$,则可得当量厚度为 $\dfrac{\alpha_i h_i}{2\pi} = \dfrac{A_i}{\pi d_{i0}}$ 的许多连续环形圆盘组成的"当量圆盘",于是桨叶惯量为

$$J_1 = \frac{\pi\rho}{32}D^4 \sum_{i=1}^{n}\left[\left(\frac{D_i}{D}\right)^4 - \left(\frac{D_{i-1}}{D}\right)^4\right]\frac{A_i}{\pi d_{i0}} \tag{2.20}$$

式中　D——螺旋桨直径,m;

　　　　D_i——分段处直径,m;

　　　　$d_{i0} = \dfrac{D_i + D_{i-1}}{2}$,m;

　　　　A_i——i 分段 d_i 处桨叶截面积,m^2。

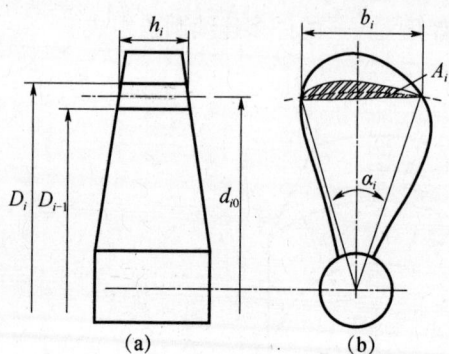

图 2.9 桨叶

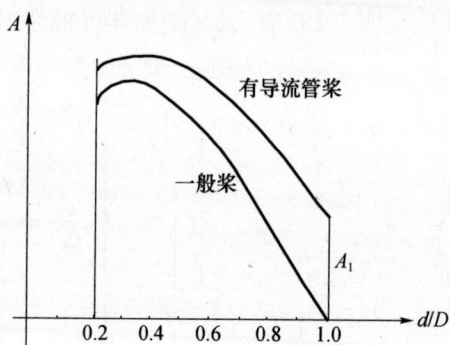

图 2.10 桨叶的截面积 A 与
直径比 d/D 的关系

经数值计算归纳,桨叶惯量近似公式为

$$J_1 = \frac{\pi\rho}{32}D_p^3(0.166289A_1 + 0.255A_{0.6}) \qquad (2.21)$$

式中　D_p——螺桨直径,m;

　　　A_1——叶梢处桨叶截面积,m;

　　　$A_{0.6}$——$\dfrac{d}{D_p} = 0.6$ 处桨叶截面积,m^2。

2.3　刚度计算

2.3.1　基本公式

简单轴段的刚度为

$$K = \frac{GJ_{p0}}{L} \qquad (2.22)$$

式中　G——材料剪切弹性模量,Pa;

　　　J_{p0}——截面极惯性矩,m^4;

　　　L——轴段长度,m。

图 2.1 所示圆轴刚度为

$$K = \frac{\pi}{32}G\frac{D^4 - d^4}{L} \qquad (2.23)$$

$$\begin{cases} \dfrac{1}{K} = \displaystyle\sum_{i=1}^{n}\dfrac{1}{K_i} & (\text{轴段串联工作时,总刚度}) \\[3mm] K = \displaystyle\sum_{i=1}^{n}K_i & (\text{并联时,总刚度}) \end{cases} \qquad (2.24)$$

工程中,还有采用柔度和当量长度的。柔度 e 是刚度的倒数,即

$$e = \frac{1}{K} \tag{2.25}$$

而当量长度 L_e 是表示轴段按参考轴的标准截面直径 D_e 所对应的长度,即

$$L_e = \frac{D_e^4 L}{D^4} \tag{2.26}$$

式中　D、L——原轴的直径、长度,m。

2.3.2　常见部件刚度

(1)两端法兰传动轴(图2.5)刚度为

$$K = \frac{\pi G}{32} \bigg/ \left[\frac{h_1}{D_{11}^4 - d_{10}^4} + \frac{h_2}{D_{21}^4 - d_{20}^4} + \sum_{i=1}^{n} \frac{L_i}{D_i^4 - d_i^4} \right] \tag{2.27}$$

式中　D_{11}、D_{21}——前后法兰连接孔中心圆直径,m。

其他符号,详见式(2.10)注解。

(2)一端法兰,一端锥台传动轴(图2.6),锥形轴刚度考虑到锥台长度的 $1/3$,即

$$K = \frac{\pi G}{32} \bigg/ \left[\frac{h_1}{D_{11}^4 - d_{10}^4} + \sum_{i=1}^{n} \frac{L_i}{D_i^4 - d_i^4} + \frac{L_{n0}}{3(D_n^4 - d_n^4)} \right] \tag{2.28}$$

式中　L_{n0}——锥形轴长度,m;

D_n、d_n——锥形轴前轴段 n 的外径、内径,m。

(3)艉轴(两端锥台)(图2.7)刚度为

$$K = \frac{\pi G}{32} \bigg/ \left[\sum_{i=1}^{n} \frac{L_i}{D_i^4 - d_i^4} + \frac{L_{10}}{3(D_1^4 - d_1^4)} + \frac{L_{n0}}{3(D_n^4 - d_n^4)} \right] \tag{2.29}$$

式中　L_{10}、L_{n0}——两端锥形轴长度,m。

2.3.3　单位曲柄刚度

柴油机单位曲柄刚度,由于其形状复杂、影响因素众多,应采用制造厂提供经试验验证的刚度值。

如图2.11所示,单位曲柄由主轴颈、曲柄销和曲臂组成,在无确切资料时,下面几个经验公式可供选择。由于这些公式多依据特定机型总结而得,故所得结果有时相差较大。通常,可根据柴油机台架或实船轴系扭转振动测量试验,按测到相应于柴油机轴系的固有频率来验证、修正单位曲柄刚度。

(1)我国船检局公式:

$$K = \frac{\pi G}{32} \bigg/ \left[\frac{L_j + 0.7L_w}{D_j^4 - d_j^4} + \frac{L_c + 0.7L_w}{D_c^4 - d_c^4} + \frac{bR}{L_w B^3} \right] \tag{2.30}$$

式中有关符号如图2.11所示。

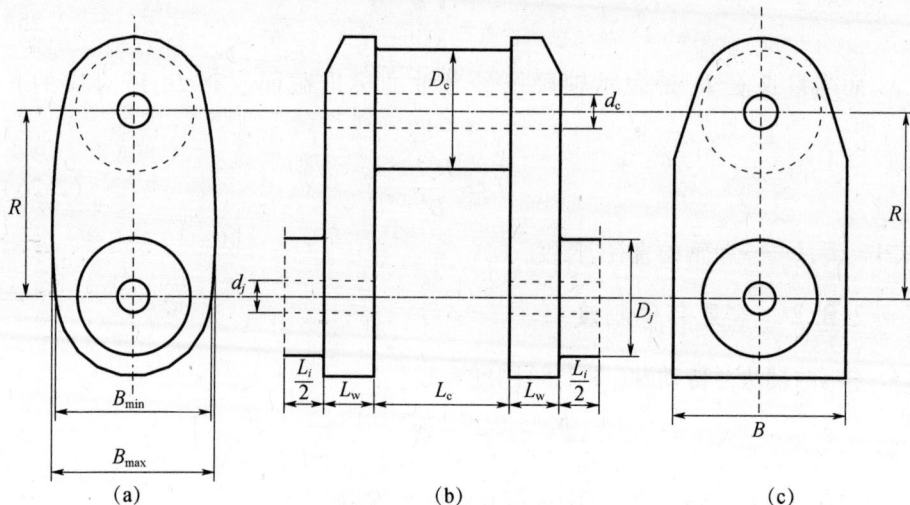

图 2.11　单位曲柄的组成

系数 b 由主轴颈与曲柄销重叠度 ζ 决定。

当 $\zeta \geq 0$ 时，$b = 0.8$；$\zeta < 0$ 时，$b = 0.7$。

大型低速柴油机为

$$B^3 = \frac{B_{max}^3 + B_{min}^3}{2}$$

中高速柴油机为

$$B^3 = \frac{2B_{max}^3 B_{min}^3}{B_{max}^3 + B_{min}^3}$$

(2)克·威尔逊(Ker Wilson)公式：

$$K = \frac{\pi G}{32} \Bigg/ \left[\frac{L_j + 0.4D_j}{D_j^4 - d_j^4} + \frac{L_c + 0.4D_c}{D_c^4 - d_c^4} + \frac{R - 0.2(D_j + D_c)}{L_w B^3} \right] \quad (2.31)$$

(3)西马年柯(Zimanenko)公式：

$$K = \frac{\pi G}{32} \Bigg/ \left[\frac{L_j + 0.6L_w\left(\dfrac{D_j}{L_j}\right)}{D_j^4 - d_j^4} + \frac{0.8L_c + 0.2D_j\left(\dfrac{B}{R}\right)}{D_c^4 - d_c^4} + \frac{R}{L_w B^3}\sqrt{\frac{R}{D_c}} \right] \quad (2.32)$$

(4)苏尔寿(Sulzer)公式：

$$K = \frac{\pi G}{32} \Bigg/ \left[\frac{L_j + 0.4D_j}{D_j^4 - d_j^4} + \frac{L_c + 0.4D_c}{D_c^4 - d_c^4} + \frac{0.8}{L_w B^3}\left(R - \frac{4}{3\pi} \cdot \frac{D_j^2 - d_j^2}{D_c^2 - d_c^2}\right) \right] \quad (2.33)$$

(5)卡特尔(Carter)公式：

$$K = \frac{\pi G}{32} \Bigg/ \left[\frac{L_j + 0.8L_w}{D_j^4 - d_j^4} + \frac{0.75L_c}{D_c^4 - d_c^4} + \frac{1.5R}{L_w B^3} \right] \quad (2.34)$$

2.3.4　橡胶联轴器刚度

弹性联轴器在材料构成上分钢簧和橡胶弹性件。比较两者,橡胶件具有较高弹性、良好阻尼及多样形状,随着橡胶跟金属粘结技术的解决,橡胶联轴器得到广泛应用。

橡胶的力学特性复杂,其弹性模量 G、E 的影响因素较多,并存在动态刚度与静态刚度的差异,且形状多样。为避免应力集中,与金属黏结处采用较大过渡圆弧等,其刚度难于用经典公式计算。因此,橡胶联轴器的刚度应由制造厂提供经实验验证的数值。

1. 橡胶力学特性

(1)弹性模量。在剪切、扭转时,用剪切弹性模量 G;在拉伸、压缩时,用弹性模量 E。但应注意的是,剪切弹性模量 G 是橡胶的材料特征值。受材料配比、加硫条件变化的影响,剪切弹性模量主要是硬度的函数,G-α 关系如图 2.12 所示,横坐标是橡胶邵氏硬度 α,纵坐标是剪切弹性模量 G。

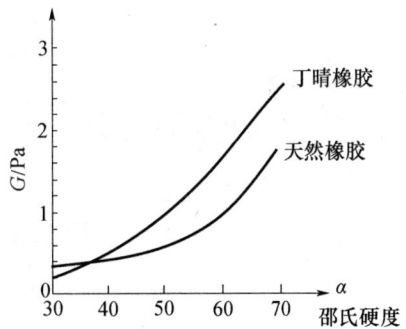

图 2.12　G-α 关系曲线

(2)橡胶的压缩弹性模量 E 随元件的形状、受载情况而变化。如图 2-13 所示,两端与金属接触的圆柱橡胶轴向受压时,其形状系数为

$$\xi = \frac{\text{受压面积}}{\text{自由面积}} = \frac{d}{h} \qquad (2.35)$$

式中　d——圆柱橡胶直径,m;

　　　h——圆柱橡胶高度,m。

压缩弹性模量 E 与 ξ 的关系如图 2-14 所示。

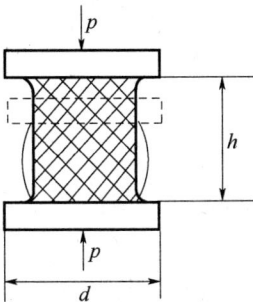

图 2.13　两端与金属接触的
　　　圆柱橡胶轴向受压

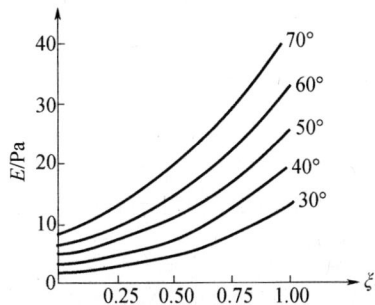

图 2.14　压缩弹性模量 E 与 ξ 的关系

如图 2.15 所示的筒形橡胶径向受压时,其形状系数 ξ 与 L/S 的关系如图 2-16所示,L 为橡胶件平均厚度。此时,E、G 与 ξ 之间关系为

$$E = G(1 + 0.75\xi) \tag{2.36}$$

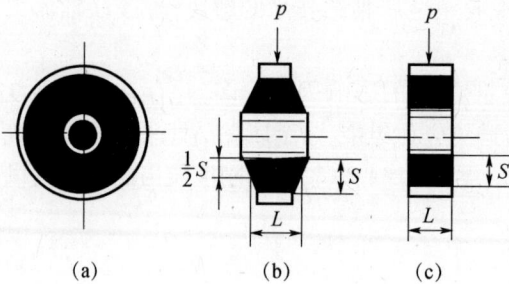

图 2.15　筒形橡胶径向受压时,其形状
系统 ξ 与 L/S 的关系

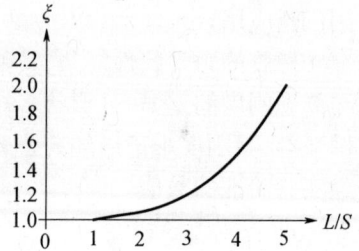

图 2.16　筒形橡胶压缩
形状系数

图 2.15、图 2.16 中截面为梯形时,L 是其平均厚度。

(3)橡胶在动负荷作用下,其刚度应采用动态值,动态系数 d 可按下式计算:

$$d = \frac{G_d}{G_s} = \frac{E_d}{E_s} \approx 0.03(\alpha + 10) \tag{2.37}$$

式中　G_d、E_d——动剪切、压缩弹性模量,Pa;

　　　G_s、E_s——静剪切、压缩弹性模量,Pa;

　　　α——橡胶邵氏硬度。

橡胶弹性联轴器的刚度计算,应按动弹性模量进行。

2. 简单形状的橡胶联轴器刚度公式

下述简单公式是理论上的,实际上,为避免应力集中,形状上都存在较大的过渡部分。

(1)等厚度端面胶合圆筒形(图 2.17):

$$K = \frac{\pi G_d}{32} \frac{D^4 - d^4}{L} \tag{2.38}$$

式中　G_d——橡胶动剪切模量,Pa;

　　　D——圆筒外径,m;

　　　d——圆筒内径,m;

　　　L——圆筒长度(厚度),m。

(2)等强度端面胶合圆筒形(图 2.18)。此时,橡胶形状应满足:

$$\frac{l}{r} = 常数 \tag{2.39}$$

式中　l——半径 r 处的长度,m。

刚度为

$$K = \frac{\pi G_{d} D (D^{3} - d^{3})}{24 \quad L_{0}}$$ (2.40)

式中　D——圆筒外径,m;

　　　d——圆筒内径,m;

　　　L_{0}——圆筒外周长度,m。

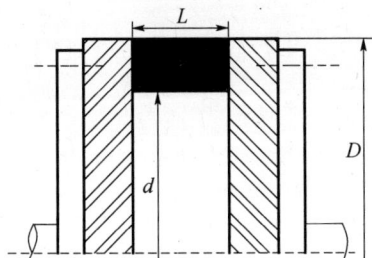

图 2.17　等厚度端面胶合圆筒型

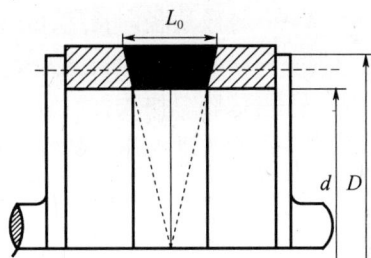

图 2.18　等强度端面胶合圆筒型

（3）等厚度周向胶合圆盘（图 2.19）刚度为

$$K = \frac{\pi G_{d} L D^{2} d^{2}}{D^{2} - d^{2}}$$ (2.41)

式中　D——圆盘外径,m;

　　　d——圆盘内径,m;

　　　L——圆盘厚度,m。

（4）等强度周向胶合圆盘（图 2.20）。此时,橡胶形状满足:

$$r^{2} l = 常数$$ (2.42)

式中　l——半径 r 处的厚度,m。

　　　刚度为

$$K = \frac{\pi G_{d} L_{1} d^{2}}{2 \ln (D/d)}$$ (2.43)

式中　D——圆盘外径,m;

　　　d——圆盘内径,m;

　　　L_{1}——圆盘内径处厚度,m。

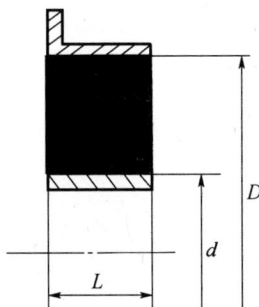

图 2.19　等厚度周向胶合圆盘

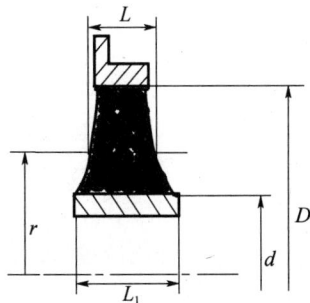

图 2.20　等强度周向胶合圆盘

（5）压块式橡胶联轴器（图2.21）刚度为

$$K = \frac{nE_\mathrm{d}bLD^2}{8\ a}$$ (2.44)

式中　D——橡胶中线直径，m；

　　　a——橡胶块中线弧长，m；

　　　b——橡胶块径向长度，m；

　　　L——橡胶块轴向长度，m；

　　　n——橡胶总块数；

　　　E_d——橡胶动态压缩弹性模量，Pa。

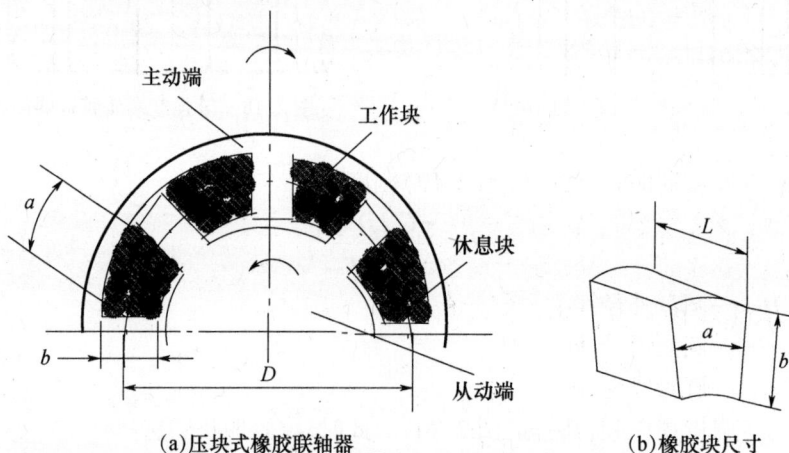

（a）压块式橡胶联轴器　　　　（b）橡胶块尺寸

图2.21　压块式橡胶联轴器和橡胶块尺寸

（6）塞销式橡胶联轴器（图2.22）：

圆柱环元件刚度为

$$K = \frac{\pi(E_\mathrm{d} + G_\mathrm{d})nLR^2}{\ln(D/d)}$$ (2.45)

梯形环元件刚度为

$$K = \frac{\pi(E_\mathrm{d} + G_\mathrm{d})mnlR^2}{D - d}$$ (2.46)

式中　R——塞销中心线半径，m；

　　　D——圆环外径，m；

　　　d——圆环内径，m；

　　　L——环的总厚度，m；

　　　l——梯形环外周厚度，m；

　　　n——圆柱数；

　　　m——单柱上梯形环数。

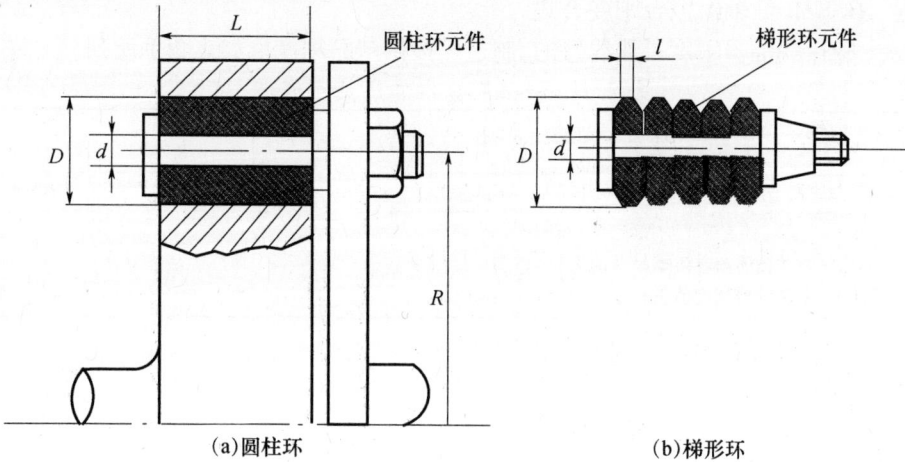

(a)圆柱环　　　　　　　　　　　　(b)梯形环

图 2.22　塞销式橡胶联轴器

2.3.5　变参数部件刚度

轴系中,有变参数部件时,其自由振动计算应按试算法迭代进行,其刚度计算公式及相关参数,应由制造厂提供。

下面是常见的几个变参数部件。

1. TBD 柴油机减振器刚度

TBD 柴油机减振器刚度为

$$K_{\mathrm{D}} = K_0 \left(\frac{\omega}{2\pi} \right)^{E_K} = K_0 \left(\frac{\nu n}{60} \right)^{E_K} \tag{2.47}$$

式中　K_0——静刚度,$(\mathrm{N} \cdot \mathrm{m})/\mathrm{rad}$,制造厂提供;

　　　E_K——刚度指数,制造厂提供;

　　　ω——振动圆频率,$\mathrm{rad/s}$;

　　　n——运转转速,$\mathrm{r/min}$;

　　　ν——振动谐次。

2. 盖斯林格联轴器刚度

盖斯林格联轴器刚度为

$$K = \begin{cases} K_{\mathrm{s}} \left(1 + 0.37 \dfrac{\omega}{\omega_0} \right) & (0 \leqslant \omega \leqslant \omega_0) \\[3mm] K_{\mathrm{s}} \left(1.1 + 0.27 \dfrac{\omega}{\omega_0} \right) & (\omega \geqslant \omega_0) \end{cases} \tag{2.48}$$

式中　K_{s}——静刚度,$(\mathrm{N} \cdot \mathrm{m})/\mathrm{rad}$,制造厂提供;

　　　ω_0——联轴器特征圆频率,$\mathrm{rad/s}$,制造厂提供;

　　　ω——振动圆频率,$\mathrm{rad/s}$。

3. EZR 联轴器拟合刚度公式

EZR 联轴器刚度是非线性的,制造厂提供产品刚度值如表 2.1 所列。

表 2.1   制造厂提供的产品刚度值

$x = \dfrac{M_0}{M_{ec}}$	0.1	0.25	0.5	0.75	1
K	KC_1	KC_2	KC_3	KC_4	KC_5

注:M_0——运转转速下平均扭矩,N·m;

M_{ec}——联轴器额定扭矩,N·m;

KC_i——联轴器刚度值,$i = 1,2,3,4,5$(N·m)/rad

根据表 2.1,其拟合刚度公式如下:

当 $x \leqslant 0.5$ 时,有

$$K = a(x - 0.1)^2 + b(x - 0.1) + c \tag{2.49a}$$

$$\begin{cases} a = 10(KC_3 - KC_1) + 26\dfrac{2}{3}(KC_2 - KC_1) \\ b = 1\dfrac{1}{1.5}(KC_2 - KC_1) - 1.5(KC_3 - KC_1) \\ c = KC_1 \end{cases} \tag{2.49b}$$

当 $0.5 \leqslant x \leqslant 1$ 时,有

$$K = a(x - 0.5)^2 + b(x - 0.5) + c \tag{2.50a}$$

$$\begin{cases} a = 8(KC_5 - KC_3) - 16(KC_4 - KC_3) \\ b = 8(KC_4 - KC_3) - 2(KC_5 - KC_3) \\ c = KC_3 \end{cases} \tag{2.50b}$$

4. AS2×143F 齿轮液力耦合器

AS2×143F 齿轮液力耦合器拟合刚度公式:

$$\begin{cases} \dfrac{K}{M_0} = 5.827 & (f \geqslant 100\text{Hz}) \\[2mm] \dfrac{K}{M_0} = \left[-29.282\left(1 - \dfrac{f}{100}\right)^{0.05} + 28.457\left(1 - \dfrac{f}{100}\right)^{0.01}\right]\dfrac{M_0}{50234} + 5.827 & (10\text{Hz} \leqslant f \leqslant 100\text{Hz}) \\[2mm] \dfrac{K}{M_0} = A\left(1 - \dfrac{f}{10}\right)^2 + B\left(1 - \dfrac{f}{10}\right) + c = C & (1\text{Hz} \leqslant f \leqslant 10\text{Hz}) \end{cases}$$

$$\tag{2.51}$$

式中 M_0——运转转速下平均扭矩,N·m。

系数 A、B、C 的表达式为

$$\begin{cases} A = -6.1224\left(\dfrac{50234}{M_0}\right)^{\frac{1}{6}} \\[2mm] B = 0.2277\left(\dfrac{50234}{M_0}\right)^{2.5} \\[2mm] C = 5.827 - 0.6214\dfrac{M_0}{50234} \end{cases} \tag{2.52}$$

2.4　阻尼计算

2.4.1　简述

阻尼在振动时消耗能量,抑制振动增大,是振动问题中四大要素之一,有以下几种阻尼:

(1)干摩擦阻尼,即库仑阻尼。它是近乎常数的阻尼力,对于强迫振动并不重要,仅在自由振动中起作用。

(2)液体阻尼,物体在流体中运动时,流体介质所产生的阻尼。其阻尼力矩是运动速度的函数,当与运动速度成正比时,为线性阻尼,也称黏性阻尼。对于非黏性阻尼,工程上将它折算成等效黏性阻尼,折算原则:在一个振动周期内,由非黏性阻尼所消耗能量,等于黏性阻尼所消耗的能量。

(3)结构阻尼,又称滞后阻尼,是材料内部摩擦所产生的。试验表明,材料反复加载和卸载时,荷重与变形的关系如图 2.23 所示,形成一滞后回线。回线所围面积表示一个振动循环内,材料所消耗能量。

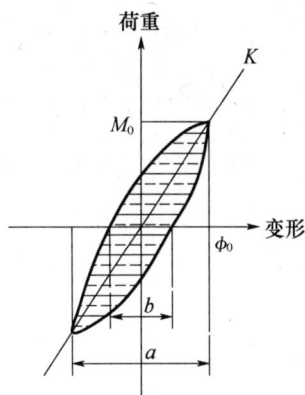

图 2.23　荷重与变形的关系

设在力矩 $M = M_0 \sin\omega t$ 作用下,引起的响应 $\varphi = \Phi_0 \sin(\omega t - \alpha)$,则在一个振动周期内,外力矩所作功为

$$W_1 = \int_0^{2\pi/\omega} M_0 \sin\omega t \, \mathrm{d}\varphi = \int_0^{2\pi/\omega} M_0 \sin\omega t \, \frac{\mathrm{d}\varphi}{\mathrm{d}t} \mathrm{d}t$$

$$= \omega M_0 \Phi_0 \int_0^{2\pi/\omega} \sin\omega t \cos(\omega t - \alpha) \mathrm{d}t = \pi M_0 \Phi_0 \sin\alpha$$

而阻尼力矩所消耗功为

$$W_2 = \int_0^{2\pi/\omega} c_{\mathrm{eq}} \frac{\mathrm{d}\varphi}{\mathrm{d}t} \mathrm{d}\varphi = \int_0^{2\pi/\omega} c_{\mathrm{eq}} \left(\frac{\mathrm{d}\varphi}{\mathrm{d}t}\right)^2 \mathrm{d}t$$

$$= c_{\mathrm{eq}} \omega^2 \Phi_0^2 \int_0^{2\pi/\omega} \cos^2(\omega t - \alpha) \mathrm{d}t = \pi c_{\mathrm{eq}} \omega \Phi_0^2$$

由 $W_1 = W_2$,得等效阻尼系数为

$$c_{\mathrm{eq}} = \frac{M_0 \sin\alpha}{\omega \Phi_0}$$

令:$K = \dfrac{M_0}{\Phi_0}$,且如图 2.23 中所示,$M_0 = 0$ 时,$\varphi = \Phi_0 \sin\alpha = \dfrac{b}{2}$,而 $\Phi_0 = \dfrac{a}{2}$,最后得

$$c_{eq} = \frac{Kb}{\omega a} \tag{2.53}$$

在轴系扭转振动的计算中,除非部件生产厂提供更准确的资料与公式,一般均采用等效线性(黏性)阻尼。通常考虑两种阻尼形式:

(1)外阻尼。部件(质量)与外界摩擦产生的阻尼力矩、发电机转子受到磁场阻尼力矩等均属于外阻尼。此时,阻尼力矩为

$$M_c = -c_k \dot{\varphi}_k \tag{2.54}$$

式中 c_k——阻尼系数,$(\mathrm{N} \cdot \mathrm{m} \cdot \mathrm{s}) / \mathrm{rad}$。

外阻尼常以阻尼因子 μ 给出,两者关系为

$$c_k = \mu J_k \omega \tag{2.55}$$

式中 J_k——质量 k 转动惯量,$\mathrm{kg} \cdot \mathrm{m}^2$。

(2)内阻尼。材料内部扭转变形产生的滞后阻尼。此时,阻尼力矩为

$$M_c = c_{ij}(\dot{\varphi}_i - \dot{\varphi}_j) \tag{2.56}$$

式中 c_{ij}——轴段 ij 的阻尼系数,$(\mathrm{N} \cdot \mathrm{m} \cdot \mathrm{s}) / \mathrm{rad}$。

内阻尼常以损失系数 ψ 给出,两者关系为

$$c_{ij} = \frac{\psi K_{ij}}{2\pi\omega} \tag{2.57}$$

式中 K_{ij}——轴段(部件)ij 的刚度,$(\mathrm{N} \cdot \mathrm{m}) / \mathrm{rad}$。

2.4.2　轴系主要部件阻尼

1. 柴油机阻尼

柴油机阻尼是一个十分复杂的问题,它既与活塞、活塞环跟汽缸之间的摩擦有关,又与曲柄销连杆大端轴承间相对运动影响密切,同时主轴颈与轴承间相对运动、曲轴结构阻尼也是应考虑的。目前,工程上常以单缸的阻尼因子 μ_e 等效地描述。单缸阻尼系数为

$$c_e = \mu_e J_e \omega \tag{2.58}$$

式中 J_e——单位汽缸惯量,$\mathrm{kg} \cdot \mathrm{m}^2$;

μ_e——单缸阻尼因子,由柴油机制造厂提供。

在无确切资料时,一般取 $\mu_e = 0.04$;对直列式柴油机轴系的双结点和三结点振动,取 $\mu_e = 0.025$。

2. 减振器阻尼

弹性阻尼减振器阻尼系数为

$$c_d = \frac{\psi_d K_d}{2\pi\omega} \tag{2.59}$$

式中 K_d——减振器刚度,$(\mathrm{N} \cdot \mathrm{m}) / \mathrm{rad}$;

ψ_d——减振器损失系数,由制造厂提供。

硅油减振器阻尼系数,当它简化为一个质量点时为

$$c_d = \mu_d J_d \omega \tag{2.60}$$

式中　J_d——减振器当量惯量,kg·m^2;

　　　μ_d——减振器阻尼因子,由制造厂提供。

其最佳谐调时,$u_e = 0.5$。硅油减振器简化为两个质量点时,按式(2.59)计算,其中 K_d、ψ_d 由制造厂提供。

3. 弹性联轴器阻尼系数

弹性联轴器阻尼系数为

$$c_c = \frac{\psi_c K_c}{2\pi\omega} \tag{2.61}$$

式中　K_c——联轴器动刚度,(N·m)/rad,由制造厂提供;

　　　ψ_c——联轴器损失系数,由制造厂提供。

4. 传动轴阻尼系数

传动轴阻尼系数为

$$c = \frac{\Psi_r K}{2\pi\omega} \tag{2.62}$$

式中　K——传动轴刚度,(N·m)/rad;

　　　Ψ_r——传动轴损失系数,$\Psi_r = 0.064$。

5. 螺旋桨阻尼系数

螺旋桨阻尼系数为

$$c_p = 9550 a N_p n / n_e^3 \tag{2.63}$$

式中　N_p——螺旋桨额定吸收功率,kW;

　　　n_e——柴油机额定转速,r/min;

　　　n——柴油机运转转速,r/min;

　　　D_p——螺旋桨直径,cm;

　　　a——系数,其取值根据盘面比 A/A_d、螺距比 H/D、桨叶数 Z_p 及力矩系数 A_g 计算:

$$A_g = 33.986 \times 10^{16} \frac{N_p}{\left(\dfrac{n_e}{i}\right)^3 D_p^5} \tag{2.64}$$

$$a = 5 \frac{A}{A_d} \frac{H}{D_p} \left[\frac{\dfrac{H}{D_p} + 0.5}{0.0066 \left(A_g + 2\dfrac{A}{A_d}\right)\left(\dfrac{A}{A_d} + \dfrac{1}{2Z_p}\right)} V \right] \tag{2.65}$$

式中　Z_p——桨叶数;

　　　D_p——螺桨直径,m;

　　　A/A_d——盘面比;

H/D_p——螺距比；

i——传动比。

当 $Z_p = 4$ 时，$V = 1$；当 $Z_p = 3$ 或 5 时，$V = 4/3$。

上述公式依据 Archer 系数图表值归纳而得，考虑因素详尽，使用也较方便。当资料缺乏时，定距桨可取平均值 $a \approx 30$，对可调螺距桨，满螺距时 $a \approx 30$，零螺距时 $a \approx 9$。

分转速段工作的可调螺距桨，设在 $n_1 \sim n_2$ 转速范围内，螺距比为 H_2/D_p，且转速 n_2 时，吸收功率为 N_2，则在 $n_1 \sim n_2$ 转速范围内，阻尼系数可写成

$$c_p = 9550 a_2 N_2 n / n_2^3 \tag{2.66}$$

式中：a_2 系数之取值尚未成熟，建议暂取

$$a_2 = (a - 9)\frac{H_2}{H} + 9 \tag{2.67}$$

式中　a——满螺距时，系数取值，无确切资料时取 $a = 30$；

　　　H_2——n_2 转速对应的螺距，m；

　　　H——满螺距值。

6. 喷水推进器阻尼系数

喷水推进器阻尼系数，无确切资料时近似地取

$$C_p = 78000 N_p n / n_e^3 \tag{2.68}$$

7. 发电机阻尼

发电机阻尼系数应由制造厂提供。在缺乏资料时，交流发电机阻尼可以忽略不计，直流发电机阻尼系数为

$$c_g = \xi_g T_g / n_g \tag{2.69}$$

式中　T_g——发电机轴负荷，N·m；

　　　n_g——发电机转速，r/min；

　　　$\xi_g = 124 \sim 135$——系数。

8. 水力测功器阻尼系数

水力测功器阻尼系数为

$$c_w = 9550 b N_p n / n_e^3 \tag{2.70}$$

式中　b——系数，一般情况下 $b = 5$。

2.4.3　变参数部件阻尼

1. TBD 柴油机减振器阻尼系数

TBD 柴油机减振器阻尼系数为

$$c_d = c_0 \left(\frac{\omega}{2\pi}\right)^{E_c} = c_0 \left(\frac{vn}{60}\right)^{E_c} \tag{2.71}$$

式中　c_0——静阻尼系数，(N·m·s)/rad，工厂提供；

E_c——阻尼指数,工厂提供;

ω——振动圆频率,rad/s;

n——运转转速,r/min;

ν——振动谐次。

2. 盖斯林格联轴器损失系数

盖斯林格联轴器损失系数为

$$\psi_c = \begin{cases} 2\pi(0.2 + 0.5\omega/\omega_0) & (0 \leq \omega \leq \omega_0) \\ 2\pi \cdot 0.7 & (\omega \geq \omega_0) \end{cases} \tag{2.72}$$

式中　ω_0——联轴器特征圆频率,rad/s;

ω——振动圆频率 rad/s。

3. AS2×143F 齿轮液力偶合器阻尼系数(回归公式)

AS2×143F 齿轮液力偶合器阻尼系数为

$$\begin{cases} \dfrac{c}{M_0} = \left[0.02664\left(\dfrac{f}{100} - 0.2\right)^{\frac{1}{5}} + 0.03135\left(\dfrac{f}{100} - 0.2\right) \right]\sqrt{\dfrac{M_0}{50234}} + 0.01461 & (20 \leq f \leq 100) \\[3mm] \dfrac{c}{M_0} = 0.17122\left(\dfrac{M_0}{50234}\right)^{\frac{1}{5}}\left(1 - \dfrac{f}{20}\right)^2 - 0.04156\left(1 - \dfrac{f}{20}\right) + 0.01481 & (7.5 \leq f \leq 20) \\[3mm] \dfrac{c}{M_0} = A\left(1.5 - \dfrac{f}{5}\right)^2 + B\left(1.5 - \dfrac{f}{5}\right) + 0.066883\left(\dfrac{M_0}{50234}\right)^{\frac{1}{5}} - 0.011178 & (1 \leq f \leq 7.5) \end{cases}$$

$$\tag{2.73}$$

式中　M_0——运转转速 n 时的平均扭矩,N·m。

系数 A、B 为

$$\begin{cases} A = 0.06403\left(1 - \dfrac{M_0}{50234}\right)^2 + 0.09271\left(1 - \dfrac{M_0}{50234}\right) + 0.86168 \\[3mm] B = -0.041779\left(1 - \dfrac{M_0}{50234}\right)^2 - 0.04421\left(1 - \dfrac{M_0}{50234}\right) + 0.03585 \end{cases} \tag{2.74}$$

2.5　激励计算

2.5.1　简述

轴系运转中,受到的周向力和力矩,即为轴系扭转振动的激励源。

(1)柴油机汽缸内气体变化产生的激励力矩。

(2)柴油机曲柄连杆机构往复运动部件产生的惯性力矩。

(3)低速大型柴油机,其运动部件质量大,会形成不可忽略的二次简谐激励。对一般柴油机,常忽略其影响。

(4)螺旋桨、发电机等吸收功率部件，不能均匀吸收扭矩而产生的激励力矩。

(5)燃油泵凸轮轴、传动齿轮敲击、万向联轴器安装不良等也会产生扭转激励力矩。

实际扭振计算中，主要考虑柴油机气体压力和曲柄连杆机构往复运动部件产生的激励，并对螺旋桨激励作近似估算，其他激励常予忽略。

2.5.2 汽缸内气体压力产生的激励力矩

柴油机汽缸内气体，存在压缩、燃烧、膨胀、换气等过程，它是柴油机动力之源，也是扭振最主要的激励源。

从柴油机动力学可知，作用在曲柄上的切向力（图2.24）为

$$P_c = p\,\frac{\sin(\alpha + \beta)}{\cos\beta} = p\sin\alpha\left(1 + \frac{\lambda\cos\alpha}{\sqrt{1 - \lambda^2\sin^2\alpha}}\right) \tag{2.75}$$

式中　p——作用于活塞上的气体压力；

　　　α——曲柄转角，$\alpha = \omega t$；

　　　ω——曲轴角速度；

　　　β——连杆摆角；

　　　λ——曲柄半径 R 与连杆长度 L 之比，$\lambda = R/L$。

根据柴油机示功图 $p - \alpha$ 关系曲线及式(2.75)，可得到切向力 $P_c - \alpha$ 关系曲线如图2.25所示。

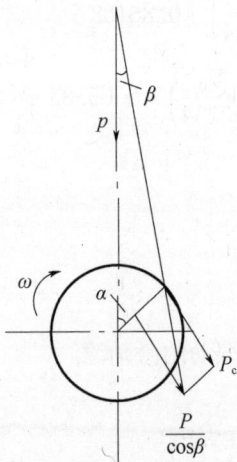

图2.24　作用在曲柄上的切向力

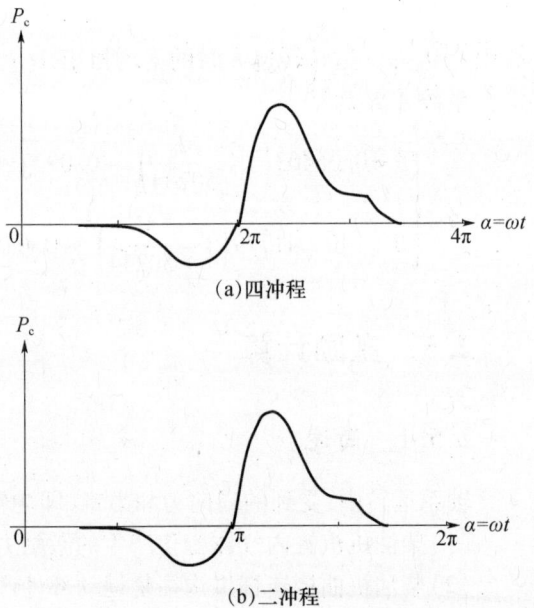

(a)四冲程

(b)二冲程

图2.25　切向力 $P_c - \alpha$ 关系曲线

周期函数 $P_c(\omega t)$ 展开成三角级数：

$$P_c = C_0 + \sum_{\nu=1}^{\infty}(a_\nu \cos\nu\omega t + b_\nu \sin\nu\omega t) = C_0 + \sum_{\nu=1}^{\infty}C_\nu \sin(\nu\omega t + \psi_\nu)$$

$$(2.76)$$

式中

$$\begin{cases} C_0 = \dfrac{1}{\tau}\int_0^\tau P_c(\omega t)\mathrm{d}\omega t \\[2mm] a_\nu = \dfrac{1}{\tau}\int_0^\tau P_c(\omega t)\cos\nu\omega t\mathrm{d}\omega t \\[2mm] b_\nu = \dfrac{1}{\tau}\int_0^\tau P_c(\omega t)\sin\nu\omega t\mathrm{d}\omega t \\[2mm] C_\nu = \sqrt{a_\nu^2 + b_\nu^2} \\[2mm] \psi_\nu = \arctan\dfrac{a_\nu}{b_\nu} \end{cases}$$

$$(2.77)$$

式中　τ——周期，二冲程机 $\tau = 2\pi$，四冲程机 $\tau = 4\pi$；

　　　ν——简谐次数，对二冲程，$\nu = 1,2,3,\cdots$；对四冲程 $\nu = 0.5,1,1.5,2,\cdots$。

于是，ν 谐次激励力矩之幅值与分量为

$$\begin{cases} M_\nu = \dfrac{\pi RD^2}{4}C_\nu \\[2mm] M_{\nu s} = \dfrac{\pi RD^2}{4}a_\nu \\[2mm] M_{\nu c} = \dfrac{\pi RD^2}{4}b_\nu \end{cases}$$

$$(2.78)$$

式中　D——活塞直径，m；

　　　R——曲柄半径，m。

鉴于柴油机机型繁多，性能各异，气体压力引起的切向力的简谐系数 C_ν、ψ_ν 或 a_ν、b_ν 应由制造厂提供。通常给出与平均指示压力 p_i（或有效压力 p_e）关系的表值、曲线或计算公式。有下列四种类型：

（1）C_ν、$\psi_\nu - p_i$ 的关系表（如 B&W 公司）：

表 2.2 和表 2.3 给出 S26MC K160 柴油机气体激励简谐分量幅值 $C_\nu - p_i$ 及相位角 $\Psi_\nu - p_i$ 关系。

根据表可用插值法求出平均指示压力 p_i 所对应的 C_ν、Ψ_ν 值。

（2）a_ν、$b_\nu - p_i$ 的关系表（如 B&W 公司）：

表 2.4 和表 2.5 给出 S26MC K160 柴油机气体激励简谐分量 $a_\nu - p_i$ 关系及 $b_\nu - p_i$ 关系。

根据表可用插值法求出平均指示压力 p_i 所对应的 a_ν、b_ν 值。

表 2.2 B&W S26MC K160 机简谐系数 C_v （单位:MPa）

p_i \ v	0.0000	2.0000	4.0000	6.0000	8.0000	10.000	12.000	14.000	16.000	18.000	20.000
1	0.9094	1.1260	1.3434	1.5614	1.7798	2.1349	2.5010	2.9202	3.3644	3.8121	4.3263
2	0.7945	0.7031	1.1775	1.3754	1.5754	1.8860	2.2056	2.5749	2.9507	3.3226	3.7512
3	0.6229	0.7512	0.8917	1.0400	1.1927	1.4134	1.6394	1.8967	2.1561	2.3797	2.6401
4	0.4520	0.5332	0.6291	0.7342	0.8450	0.9879	1.1332	1.2944	1.4546	1.5562	1.6844
5	0.3229	0.3762	0.4482	0.5314	0.6212	0.7157	0.8104	0.9093	1.0047	1.0302	1.0794
6	0.2300	0.2581	0.3093	0.3742	0.4468	0.5020	0.5557	0.6041	0.6474	0.6102	0.5967
7	0.1609	0.1728	0.2093	0.2603	0.3189	0.3479	0.3748	0.3906	0.4002	0.3267	0.2895
8	0.1119	0.1166	0.1492	0.1963	0.2497	0.2665	0.2811	0.2807	0.2732	0.1797	0.1275
9	0.0700	0.0762	0.1069	0.1516	0.2010	0.2098	0.2172	0.2077	0.1913	0.0923	0.0244
10	0.0535	0.0492	0.0709	0.1194	0.1629	0.1674	0.1716	0.1599	0.1434	0.0714	0.0756
11	0.0363	0.0344	0.0662	0.1047	0.1445	0.1483	0.1531	0.1435	0.1312	0.0831	0.0871
12	0.0231	0.0258	0.0586	0.0945	0.1310	0.1342	0.1396	0.1325	0.1247	0.0958	0.0993
13	0.0163	0.0212	0.0515	0.0830	0.1148	0.1170	0.1216	0.1154	0.1094	0.0894	0.0937
14	0.0113	0.0199	0.0479	0.0764	0.1049	0.1064	0.1106	0.1048	0.0994	0.0808	0.0795
15	0.0076	0.0192	0.0443	0.0701	0.0861	0.0966	0.0999	0.0940	0.0889	0.0728	0.0693
16	0.0049	0.0179	0.0403	0.0627	0.0851	0.0846	0.0867	0.0803	0.0749	0.0601	0.0556

注:p_i 单位为 bar

表 2.3　B&W S26MC K160 机简谐系数相位角 Ψ_v　　　　　　　　　（单位:(°)）

p_i v	0.0000	2.0000	4.0000	6.0000	8.0000	10.000	12.000	14.000	16.000	18.000	20.000
1	89.96	87.96	86.61	83.64	84.91	81.86	84.87	85.04	85.21	85.62	86.16
2	89.98	84.57	80.92	78.32	76.37	75.99	75.80	76.03	76.28	76.94	77.87
3	89.90	81.12	74.99	70.57	67.27	66.61	66.25	66.66	67.09	68.23	69.97
4	89.82	78.51	70.41	64.54	60.17	59.45	59.83	59.83	60.61	62.94	66.47
5	89.80	74.87	64.17	56.62	51.18	50.13	49.53	50.45	51.54	55.17	61.17
6	89.58	70.00	55.56	45.66	38.82	37.16	36.07	37.03	38.45	43.83	54.56
7	89.42	65.32	47.02	35.00	27.14	24.82	23.07	24.09	25.76	34.46	56.85
8	89.42	58.24	35.40	22.07	14.14	10.43	7.25	6.93	7.41	15.61	58.51
9	89.04	47.76	19.00	5.02	-2.37	-8.21	-13.76	-17.12	-20.34	-30.94	139.14
10	88.80	35.73	2.93	-9.77	-14.10	-23.81	-31.45	-37.96	-45.53	-85.14	-179.18
11	88.87	18.34	-13.00	-22.84	-27.33	-36.43	-45.65	-54.46	-64.76	-108.04	-174.35
12	88.26	-4.87	-30.17	-36.37	-39.86	-50.32	-60.99	-71.74	-84.03	-125.34	-173.75
13	87.93	-25.62	-43.06	-47.45	-49.42	-60.66	-72.25	-84.17	-97.61	-138.91	177.93
14	88.23	-42.02	-52.37	-55.06	-56.29	-68.07	-80.31	-92.64	-106.33	-145.02	174.72
15	87.42	-56.29	-62.05	-63.62	-64.35	-76.52	-89.38	-102.13	-116.19	-152.90	170.56
16	87.09	-66.28	-69.42	-70.32	-70.74	-83.11	-90.46	-109.50	-123.95	-160.24	164.33

注:p_i 单位为 bar

表 2.4 B&W S26MC K160 机余弦分量 a_ν

（单位：MPa）

ν \ p_i	0.0000	2.0000	4.0000	6.0000	8.0000	10.000	12.000	14.000	16.000	18.000	20.000
1	0.9094	1.1252	1.3411	1.5569	1.7720	2.1263	2.4910	2.9173	3.3526	3.8010	4.3166
2	0.7945	0.9787	1.1628	1.3469	1.5310	1.8300	2.1382	2.4988	2.8666	3.2366	3.6674
3	0.6229	0.7422	0.8615	0.9800	1.1001	1.2972	1.5006	1.7414	1.9861	2.2100	2.4804
4	0.4524	0.5226	0.5927	0.6629	0.7331	0.8507	0.9723	1.1191	1.2677	1.3859	1.5443
5	0.3229	0.3632	0.4034	0.4437	0.4840	0.5493	0.6166	0.7012	0.7869	0.8456	0.9456
6	0.2300	0.2425	0.2551	0.2676	0.2801	0.3032	0.3272	0.3642	0.4025	0.4226	0.4861
7	0.1609	0.1570	0.1532	0.1493	0.1455	0.1461	0.1470	0.1594	0.1740	0.1848	0.2424
8	0.1119	0.0992	0.0865	0.0737	0.0610	0.0483	0.0355	0.0339	0.0354	0.0484	0.1087
9	0.0779	0.0564	0.0348	0.0133	-0.0083	-0.0300	-0.0516	-0.0611	-0.0665	-0.0475	0.0159
10	0.0535	0.0287	0.0040	-0.0209	-0.0454	-0.0676	-0.0895	-0.0984	-0.1023	-0.0711	-0.0011
11	0.0365	0.0108	-0.0149	-0.0406	-0.0664	-0.0881	-0.1095	-0.1168	-0.1186	-0.0790	-0.0086
12	0.0251	-0.0022	-0.0294	-0.0567	-0.0839	-0.1033	-0.1221	-0.1258	-0.1240	-0.0782	-0.0108
13	0.0168	-0.0092	-0.0352	-0.0612	-0.0872	-0.1020	-0.1150	-0.1148	-0.1085	-0.0588	0.0034
14	0.0113	-0.0133	-0.0380	-0.0626	-0.0872	-0.0987	-0.1091	-0.1046	-0.0954	-0.0463	0.0070
15	0.0076	-0.0160	-0.0395	-0.0631	-0.0867	-0.0940	-0.0999	-0.0919	-0.0797	-0.0332	0.0114
16	0.0049	-0.0164	-0.0377	-0.0590	-0.0803	-0.0840	-0.0862	-0.0757	-0.0621	-0.0203	0.0150

注：p_i 单位为 bar

表 2.5　B&W S26MC K160 机正弦分量 b_v

（单位：MPa）

v \ p_i	0.0000	2.0000	4.0000	6.0000	8.0000	10.000	12.000	14.000	16.000	18.000	20.000
1	0.0006	0.0400	0.0794	0.1187	0.1581	0.1911	0.2236	0.2531	0.2809	0.2908	0.2900
2	0.0003	0.0930	0.1857	0.2785	0.3712	0.4565	0.5411	0.6215	0.6996	0.7510	0.7805
3	0.0011	0.1160	0.2310	0.3459	0.4609	0.5611	0.6601	0.7516	0.8392	0.8824	0.9043
4	0.0015	0.1062	0.2109	0.3156	0.4201	0.5022	0.5021	0.6506	0.7133	0.7080	0.6725
5	0.0011	0.0902	0.1953	0.2923	0.3894	0.4588	0.5260	0.5790	0.6250	0.5883	0.5205
6	0.0017	0.0883	0.1749	0.2615	0.3481	0.4000	0.4492	0.4820	0.5070	0.4402	0.3460
7	0.0016	0.0722	0.1427	0.2132	0.2838	0.3158	0.3447	0.3566	0.3605	0.2624	0.1583
8	0.0011	0.0614	0.1216	0.1819	0.2422	0.2621	0.2788	0.2786	0.2709	0.1731	0.0666
9	0.0013	0.0512	0.1011	0.1510	0.2009	0.2076	0.2109	0.1985	0.1794	0.0792	-0.0184
10	0.0011	0.0400	0.0788	0.1176	0.1565	0.1531	0.1464	0.1261	0.1004	0.0060	-0.0756
11	0.0007	0.0324	0.0645	0.0965	0.1224	0.1193	0.1070	0.0834	0.0557	-0.0257	-0.0867
12	0.0008	0.0257	0.0506	0.0756	0.1005	0.0857	0.0677	0.0415	0.0130	-0.0554	-0.0907
13	0.0006	0.0191	0.0376	0.0561	0.0747	0.0573	0.0371	0.0117	-0.0146	-0.0674	-0.0936
14	0.0003	0.0149	0.0293	0.0437	0.0382	0.0397	0.0106	-0.0040	-0.0280	-0.0662	-0.0792
15	0.0003	0.0107	0.0210	0.0313	0.0416	0.0225	0.0011	-0.0108	-0.0392	-0.0648	-0.0684
16	0.0003	0.0072	0.0142	0.0211	0.0201	0.0102	0.0008	-0.0268	-0.0418	-0.0565	-0.0536

注：p_i 单位为 bar

(3)二次关系公式(如 SULZER 公司):

$$C_\nu = A_\nu p_i^2 + B_\nu p_i + D_\nu \tag{2.79}$$

式中　p_i——平均指示压力,bar(1bar=100kPa);

　　A_ν、B_ν、D_ν——系数,由厂方提供。

表 2.6 给出四冲程机的系数。

表 2.6　SULZER 公司四冲程柴油机简谐系数 C_ν　（单位:MPa）

谐次 ν	$A_\nu 10^{-3}$	$B_\nu 10^{-3}$	$D_\nu 10^{-3}$
0.5	0.682	19.67	111.4
1.0	1.497	16.35	205.1
1.5	1.200	14.02	217.1
2.0	1.081	12.01	217.1
2.5	0.813	10.15	188.4
3.0	0.678	8.532	160.4
3.5	0.544	7.552	136.8
4.0	0.376	6.753	110.8
4.5	0.300	5.288	92.8
5.0	0.199	4.910	73.4
5.5	0.143	3.957	61.7
6.0	0.0996	3.621	48.8
6.5	0.0514	3.029	39.9
7.0	0.0440	2.371	32.1
7.5	0.0096	2.181	24.9
8.0	−0.0049	1.89	20.8
8.5	−0.015	1.72	15.8
9.0	−0.025	1.44	13.7
9.5	−0.020	1.26	10.6
10.0	−0.045	1.41	8.3
10.5	−0.029	1.05	6.6
11.0	−0.029	0.92	5.7
11.5	−0.023	0.79	4.0
12.0	−0.0052	0.43	3.9
12.5	−0.0105	0.46	3.7
13.0	−0.0102	0.45	2.8
13.5	−0.0006	0.29	2.3
14.0	−0.0212	0.66	1.4
14.5	−0.0022	0.31	1.9
15.0	−0.0072	0.43	1.1
15.5	−0.0052	0.31	1.4
16.0	−0.0044	0.34	1.1

注:p_i 单位为 bar

(4) 三次关系式(如 PA6 型柴油机等):

$$\begin{cases} a_\nu = A_{\nu s}p_e^3 + B_{\nu s}p_e^2 + C_{\nu s}p_e + D_{\nu s} \\ b_\nu = A_{\nu c}p_e^3 + B_{\nu c}p_e^2 + C_{\nu c}p_e + D_{\nu c} \end{cases} \tag{2.80}$$

一缸熄火时,有

$$b_\nu = HHp_e + D_{\nu s}$$

式中　p_e——平均有效压力,bar;

$A_{\nu c}$、$A_{\nu s}$、$B_{\nu c}$、$B_{\nu s}$、$C_{\nu c}$、$C_{\nu s}$、$D_{\nu c}$、$D_{\nu s}$、HH——系数,由厂方提供。

表 2.7 及表 2.8 给出 PA6 柴油机的上述系数值。

表 2.7　PA6 柴油机余弦项气体激励系数

谐次 ν	$A_{c\nu}$	$B_{c\nu}$	$C_{c\nu}$	$D_{c\nu}$	$HH_{c\nu}$
0.5	1.30985	−49.6358	3047.923	5170.68	0
1.0	0.13948	−5.3798	1364.561	2477.94	0
1.5	0.06657	−12.5076	464.507	233.02	0
2.0	0.45137	−27.2930	−56.113	−251.10	0
2.5	−0.29784	2.8800	−424.542	−995.33	0
3.0	0.19889	−19.0706	−319.398	−923.62	0
3.5	−0.04071	−6.0301	−543.612	−1095.55	0
4.0	0.03840	−8.4225	−454.010	−1035..71	0
4.5	−0.06605	−0.2908	−536.885	−894.83	0
5.0	0.15789	−8.1134	−350.145	−671.38	0
5.5	−0.12211	5.2532	−494.688	−613.38	0
6.0	0.11755	−1.9598	−344.001	−498.07	0
6.5	−0.06153	5.1593	−335.437	−422.02	0
7.0	0.04825	3.3603	−312.105	−318.06	0
7.5	0.01046	5.584	−275.779	−263.94	0
8.0	−0.03833	7.990	−287.06	−191.34	0
8.5	−0.01179	5.6716	−205.261	−152.38	0
9.0	−0.12390	10.0279	−238.855	−126.40	0
9.5	−0.03739	6.1538	−162.642	−77.42	0
10.0	−0.16981	10.7604	−193.67	−42.43	0
注:平均有效压力 $0 \leqslant p_e \leqslant 24\text{bar}$					

表 2.8　PA6 柴油机正弦项气体激励系数

谐次 ν	$A_{s\nu}$	$B_{s\nu}$	$C_{s\nu}$	$D_{s\nu}$	$HH_{s\nu}$
0.5	3.54807	−142.7085	3915.187	9449.91	829.89
1.0	15.20425	−604.9375	11537.709	12891.85	3323.39
1.5	7.05900	−285.7695	7024.111	17371.33	1784.2
2.0	9.06679	−373.2711	7447.479	15607.36	2043.74

（续）

谐次 ν	$A_{s\nu}$	$B_{s\nu}$	$C_{s\nu}$	$D_{s\nu}$	$HH_{s\nu}$
2.5	6.1242	−252.9998	3363.761	13394.84	1622.43
3.0	5.4909	−231.0773	4680.017	10979.88	1366.57
3.5	4.35396	−186.1249	3666.330	8706.38	1133.12
4.0	3.57452	−154.5235	2934.461	6840.08	930.07
4.5	2.92094	−129.4134	2345.377	5234.65	760.32
5.0	2.11038	−94.8587	1723.924	4137.30	612.61
5.5	1.99420	−91.1879	1509.130	3313.57	496.14
6.0	1.36124	−63.1748	1031.977	2367.87	400.03
6.5	1.29328	−59.3471	897.451	1604.52	320.14
7.0	0.93751	−43.4544	609.709	1303.96	258.10
7.5	0.80647	−36.8034	497.307	1031.45	202.87
8.0	0.67487	−27.9983	339.482	715.07	164.05
8.5	0.56082	−24.1334	267.677	547.42	129.45
9.0	0.40270	−17.4453	174.265	392.47	103.03
9.5	0.36906	−14.545	119.305	303.32	80.71
10.0	0.25395	−10.3198	77.245	214.14	64.20
注:平均有效压力 $0 \leqslant p_e \leqslant 24\text{bar}$					

（5）船检局（CCS）推荐公式：

$$C_\nu = a_\nu p_i + b_\nu \qquad (2.81)$$

式中 p_i——平均指示压力，MPa

a_ν、b_ν——气体压力系数，四冲机型由表2.9查取，对二冲程机，应将 C_ν 值加倍。

表2.9 CCS 气体压力系数

ν	a_ν	b_ν
0.5	0.31625	0.06127
1	0.30705	0.13353
1.5	0.26875	0.15686
2	0.21125	0.14583
2.5	0.17250	0.12868
3	0.14000	0.11029
3.5	0.11050	0.09314
4	0.08500	0.07598
4.5	0.06750	0.05882
5	0.04850	0.04902
5.5	0.03450	0.03970
6	0.02625	0.03309

（续）

ν	a_ν	b_ν
6.5	0.02075	0.02598
7	0.01675	0.02047
7.5	0.01433	0.01598
8	0.01138	0.01263
8.5	0.00963	0.01029
9	0.00875	0.00833
9.5	0.00820	0.00688
10	0.00770	0.00544
10.5	0.00713	0.00441
11	0.00650	0.00335
11.5	0.00600	0.00282
12	0.00550	0.00221
12.5	0.00510	0.00182
13	0.00470	0.00142
13.5	0.00440	0.00117
14	0.00410	0.00091
14.5	0.00380	0.00075
15	0.00360	0.00058
15.5	0.00340	0.00048
16	0.00320	0.00037

在无确切资料时,式(2.81)得到广泛应用。

应注意的是,式(2.81)及其相应表2.9的气体压力系数值,是20世纪70年代机型为基础归纳的,随着参数的提高,所计算的激励值往往偏低。为此,在上述基础上,虑及活塞行程 S 与缸径 D 之比 S/D,额定转速下最高爆发压力 p_{ze} 与平均指示压力 p_{ie} 之比 $\dfrac{p_{ze}}{p_{ie}}$,以及连杆长度比 $\lambda = R/L$ 等因素,给出修正计算公式,供无确切资料时估算:

$$\begin{cases} C_\nu = a_\nu' p_i + b_\nu' \\ a_\nu' = K_\lambda K_{as} a_\nu \\ b_\nu' = K_\lambda K_{bs} K_{bp} b_\nu \end{cases} \qquad (2.82)$$

式中,修正系数为

$$K_\lambda = \begin{cases} 1 & (\nu \leqslant 4) \\ 1 + \dfrac{\lambda - 0.25}{0.75}\left(\dfrac{\nu}{9}\right)^2 & (5 \leqslant \nu \leqslant 9) \\ 1 + \dfrac{\lambda - 0.25}{0.75} & (\nu \geqslant 9) \end{cases} \qquad (2.83)$$

当 $R/L \leq 0.25$ 时，$K_\lambda = 1$；当 $S/D \leq 2$ 时，$K_{as} = 1$；当 $S/D > 2$ 时，按表 2.10 计算。

表 2.10　修正系数 K_{as}

ν	K_{as}	ν	K_{as}	ν	K_{as}
1	1	5	$1.45(S/2D)$	9	$1.4(S/2D)$
2	$S/2D$	6	$1.6(S/2D)$	10	$1.2(S/2D)$
3	$1.15(S/2D)$	7	$1.75(S/2D)$	11	$1.1(S/2D)$
4	$1.3(S/2D)$	8	$1.75(S/2D)$	12～16	$S/2D$

K_{bs} 的表达式为

$$K_{bs} = \begin{cases} 1 & (\nu \leq 3) \\ 1 + \left(\dfrac{S}{2D} - 1.25 \right)\left(\dfrac{\nu}{9} \right) & (\nu \geq 4) \end{cases} \tag{2.84}$$

当 $S/D \leq 2.5$ 时，$K_{bs} = 1$。

K_{bp} 的表达式为

$$K_{bp} = \begin{cases} 1 & (\nu \leq 2) \\ 1 + \left(\dfrac{p_{ze}}{7.5 p_{ie}} - 1 \right)\left(\dfrac{v}{9} \right)^2 & (\nu \geq 3) \end{cases} \tag{2.85}$$

当 $\dfrac{p_{ze}}{p_{ie}} \leq 7.5$ 时，$K_{bp} = 1$。

2.5.3　平均指示压力

气体压力系数是平均指示压力 p_i 的函数，而 p_i 则据柴油机工况而定。

1. 推进用柴油机

推进用柴油机的平均指示压力为

$$p_i = \frac{19100 N_e m_s}{Z D^2 R n_e}\left[\frac{1 - \eta_m}{\eta_m} + \left(\frac{n}{n_e} \right)^2 \right] \tag{2.86}$$

式中　N_e——柴油机额定功率，kW；

$\quad\quad n_e$——柴油机额定转速，r/min；

$\quad\quad n$——柴油机运转转速，r/min；

$\quad\quad Z$——汽缸数；

$\quad\quad D$——汽缸直径，cm；

$\quad\quad R$——曲柄半径 cm；

$\quad\quad m_s$——冲程数（二冲程机，$m_s = 2$；四冲程，$m_s = 4$）；

$\quad\quad \eta_m$——柴油机额定工况时机械效率。

2. 发电机用柴油机（$0.95 \leq n/n_e \leq 1.1$）

发电机用柴油机的平均指示压力为

$$p_i = \frac{19100 N_e m_s}{ZD^2 R n_e \eta_m \eta_g} \tag{2.87}$$

式中　η_g——发电机效率,无确切数据时,取 $\eta_g = 0.9$。

3. 空负荷运转柴油机

如离合器脱开空转、柴油发电机组 $n/n_e < 0.95$ 运转工况、螺旋桨零螺距工作情况等,则

$$p_i = \frac{19100 N_e m_s}{ZD^2 R n_e}\left(\frac{1}{\eta_m \eta_d} - 1\right) \tag{2.88}$$

式中　η_d——从动部件效率。

4. 可调螺距螺旋桨情况

(1)满螺距时,使用式(2.86)。

(2)零螺距时,应用式(2.88)。

(3)分段螺距工作:

设在 $n_1 \sim n_2$ 转速范围内,螺距比为 $\dfrac{H_2}{D_p}$,且 n_2 转速时,螺旋桨吸收功率为 N_2,则在此转速范围内,有

$$p_i = \frac{19100 N_2 m_s}{ZD^2 R n_2}\left[\frac{1 - \eta_m}{\eta_m} + \left(\frac{n}{n_2}\right)^2\right] \tag{2.89}$$

5. 一缸熄火工况

除了柴油机生产厂给定具体资料以外,一般情况下,取熄火缸 $p_i = 0$ 其他缸为正常点火时 p_i 之 $Z/(Z-1)$ 倍,即

$$p_{i\mathrm{mis}} = \frac{Z}{Z - 1} p_i \tag{2.90}$$

柴油机一缸熄火会影响激励源的平衡性,其低谐次激励常导致弹性联轴器或减速齿轮装置的有害振动,其影响程度可用下述方法估算:

一缸熄火时柴油机相对振幅向量和为

$$\sum \boldsymbol{\alpha}_{\mathrm{mis}} = \sqrt{\left(\sum_{k=1}^{z} \beta_k \alpha_k \sin\nu\theta_{1k}\right)^2 + \sum_{k=1}^{z} \beta_k \alpha_k \cos\nu\theta_{1k})^2} \tag{2.91}$$

式中　β_k——系数,发火缸 $\beta_k = 1$,不发火缸为

$$\beta_k = \bar{c}_{\nu\mathrm{mis}}/c_{\nu\mathrm{mis}} \tag{2.92}$$

式中　$\bar{c}_{\nu\mathrm{mis}}$——按式(2.90)确定 p_i 算出的 c_ν 值;

　　　$c_{\nu\mathrm{mis}}$——按 $p_i = 0$ 算出的 c_ν 值。

于是,一缸熄火影响系数为

$$\gamma = \frac{c_{\nu\mathrm{mis}} \sum \boldsymbol{\alpha}_{\mathrm{mis}}}{c_\nu \sum \boldsymbol{\alpha}} \tag{2.93}$$

式中　c_ν——正常点火时简谐系数;

$\sum \alpha$——正常点火时相对振幅向量和,按式(1.151a)计算。

2.5.4 柴油机运动部件产生的激励及合成简谐系数

柴油机曲柄连杆机构存在活塞等的往复运动、曲柄等的旋转及连杆的摆动。如图 2.26 所示,连杆用两个等效质量代替,即将连杆质量 m_c 用集中于连杆小端的质量 m_{c1} 和集中于连杆大端的质量 m_{c2} 取代,不再考虑复杂的连杆摆动。等效转化应满足:

$$\begin{cases} m_{c1} + m_{c2} = m_c \\ m_{c1} = \dfrac{L_B}{L} m_c \\ m_{c2} = \dfrac{L_A}{L} m_c \end{cases} \quad (2.94)$$

式中　L——连杆长度;

　　L_A——连杆质心到小端中心距离;

　　L_B——连杆质心到大端中心距离。

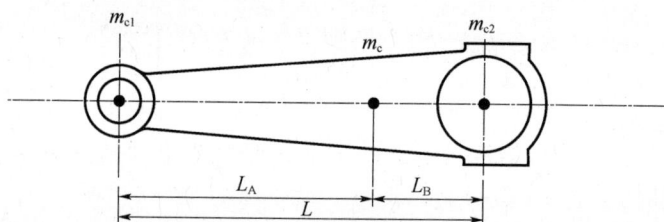

图 2.26　柴油机曲柄连杆

于是,连杆曲柄机构运动部件,考虑其往复运动部件(活塞、十字头,连杆小端等)质量 m_b 和旋转运动部件(曲轴柄、连杆大端、平衡重等)质量 m_r,所产生的惯量力矩和重力激励。

1. 旋转运动部件惯性力产生的激励

等效旋转偏心质量 m_r,产生离心惯性力:

$$P_r = - m_r R \omega^2 \quad (2.95)$$

式中　m_r——等效偏心质量,kg;

　　R——曲柄半径,m;

　　ω——旋转圆频率,rad/s。

由式(2.95)可见,当曲轴等速旋转时,离心力大小不变,其方向随曲轴旋转且沿曲柄半径向外,总是通过旋转中心,它不会激励扭转振动。

2. 往复运动部件 m_b 惯性力产生的激励力矩

依据曲柄连杆机构运动学,其活塞位移(图 2.27)为

$$x = R(1 - \cos\alpha) + L(1 - \cos\beta)$$

$$= R(1 - \cos\alpha) + L(1 - \sqrt{1 - \lambda^2 \sin^2\alpha})$$

$$\approx R(1 - \cos\alpha) + \frac{R\lambda}{4}(1 - \cos2\alpha)$$

$$\approx R\left[\left(1 + \frac{\lambda}{4}\right) - \cos\omega t + \frac{\lambda}{4}\cos2\omega t\right]$$

速度为

$$\dot{x} = R\omega\left(\sin\omega t + \frac{\lambda}{2}\sin2\omega t\right)$$

加速度为

$$\ddot{x} = R\omega^2(\cos\omega t + \lambda\cos2\omega t)$$

于是，往复运动惯性力为

$$P_j = -m_b R\omega^2(\cos\omega t + \lambda\cos2\omega t) \quad (2.96)$$

引起的切向力为

$$T_j = P_j \frac{\sin(\alpha + \beta)}{\cos\beta}$$

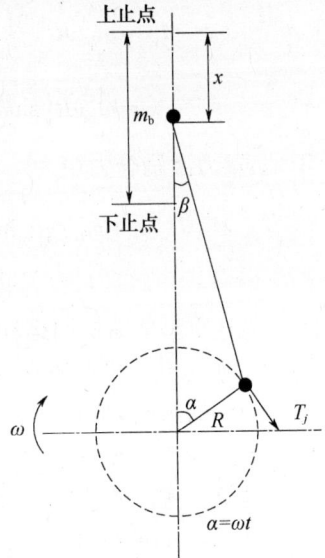

图 2.27　活塞位移

$$= m_b R\omega^2(\cos\omega t + \lambda\cos2\omega t)\sin\omega t\left(1 + \frac{\lambda\cos\omega t}{\sqrt{1 - \lambda^2\sin^2\omega t}}\right)$$

将其展开并取前五项（$\nu > 5$ 时，可以忽略），有

$$T_j = m_b R\omega^2\left[\frac{\lambda}{4}\sin\omega t - \frac{1}{2}\sin2\omega t - \frac{3\lambda}{4}\sin3\omega t - \frac{\lambda^2}{4}\sin4\omega t + \frac{5\lambda^3}{32}\sin5\omega t\right] \quad (2.97)$$

为方便起见，以单位活塞面积上往复惯性的剪切力 C_j 来表示，$C_j = T_j\big/\dfrac{\pi D^2}{4}$，

并注意到 $\omega = \dfrac{2\pi n}{60}$，则有

$$C_j = \frac{m_b R n^2}{D^2}\sum_{\nu=1}^{5} d_\nu \sin\nu\omega t \quad (2.98)$$

式中　d_ν——系数。

$$d_1 = 0.35320\lambda \times 10^{-6}, d_2 = -0.72581 \times 10^{-6}, d_3 = -1.10902\lambda \times 10^{-6}$$

$$d_4 = -0.37238\lambda^2 \times 10^{-6}, d_5 = 0.24650\lambda^3 \times 10^{-6}$$

3. 运动部件重力产生的激励

运动部件重力包括往复运动等效重力 $m_b g$ 和旋转运动作用于曲柄销中心的等效重力 $m_r g$，其方向都垂直向下。

旋转重力产生力矩（图 2.28）为

$$M_{g1} = m_r g R\sin\omega t$$

往复重力产生力矩为

$$M_{g2} = m_b g R \frac{\sin(\alpha + \beta)}{\cos\beta}$$

$$\approx m_b g R \left(\sin\omega t + \frac{\lambda}{2}\sin2\omega t \right)$$

于是,重力激励合力矩为

$$M_g = (m_r + m_b) g R \sin\omega t + \frac{m_b g R \lambda}{2}\sin2\omega t$$

$$(2.99)$$

图 2.28　旋转重力产生力矩

低速重型柴油机因运动件质量较大,需考虑重力引起激励外,其他机型通常可忽略不计。据式(2.99),重力产生的激励力矩,只考虑 1、2 谐次,而重型低速机的 1、2 谐次共振转速远高于额定转速,所以实际上也是很少考虑的。

4. 合成简谐系数

对 $\nu = 1,2,3,4,5$ 谐次的气体压力激励,应与往复部件惯性力引起的激励合成,合成系数为

$$c_\nu' = \sqrt{c_\nu^2 + \left(\frac{m_b R n^2}{D^2}d_\nu\right)^2 + 2c_\nu\left(\frac{m_b R n^2}{D^2}d_\nu\right)\cos\psi_\nu} \qquad (2.100)$$

式中　ψ_ν——气体激励与惯性激励的相位角,rad。

其他符号同前。

2.5.5　螺旋桨激励

螺旋桨引起的激励力矩可按桨轴回转角速度 ω_p(rad/s),展开成三角函数级数,即

$$M_p = M_{p0} + \sum_{k=1}^{\infty} M_{pkz}\sin(kz\omega_p t + \psi_{kz}) \qquad (2.101)$$

式中　z——螺旋桨叶片数;

M_{p0}——平均扭矩,$M_{p0} = 9550\dfrac{N_p}{n_p}\left(\dfrac{n}{n_p}\right)^2$,N·m;

N_p——螺旋桨额定功率,kW;

n_p——螺旋桨额定转速,r/min;

n——桨轴运转转速,r/min;

M_{pkz}——kz 谐次激励力矩幅,N·m;

ψ_{kz}——kz 谐次激励力矩相位角,rad。

依据拟定常方法,以 $0.7R$(螺桨半径)处伴流系数 W_a 及螺旋桨敞水特征试验得出的力矩系数 K_q 及 K_q' 确定:

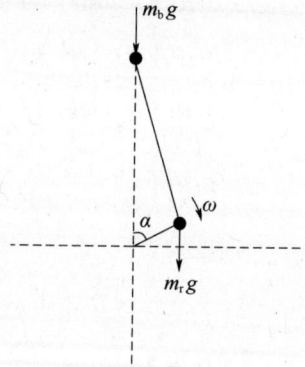

$$
\begin{cases}
M_{pkz} = M_{p0} \dfrac{K'_q J_0}{K_q W_0} \sqrt{W_{pkzc}^2 + W_{pkzs}^2} \\[3mm]
\psi_{kz} = \arctan \dfrac{W_{pkzs}}{W_{pkzc}}
\end{cases}
\tag{2.102}
$$

式中　K_q——前进系数 J_0 时扭矩系数；

$$
K'_q = -\left(\frac{\mathrm{d}K_q}{\mathrm{d}j}\right)_{j=J_0} ;
$$

$$
J_0 = \frac{6V}{n_p D_p}(1 - W_0)——前进系数；
$$

　　V——船速，$\mathrm{m/s}$；

$D_p = 2R$——螺桨直径，m。

伴流系数为

$$
W_a = W_0 + \sum_{k=1}^{\infty}(W_{pkzc}\cos kz\omega t + W_{pkzs}\sin kz\omega t)
$$

当缺乏伴流场资料时，通常仅考虑螺桨叶片次的激励，近似地取

$$
\begin{cases}
M_{pz} = 9550\beta \dfrac{N_e}{n_e}\left(\dfrac{n}{n_e}\right)^2 \\[3mm]
\omega = \dfrac{\pi Z_p n}{30 i} & \text{（激励频率）} \\[3mm]
\nu = \dfrac{Z_p}{i} & \text{（谐次）}
\end{cases}
\tag{2.103}
$$

式中　N_e——柴油机额定功率，kW；

　　n_e——柴油机额定转速，$\mathrm{r/min}$；

　　n——柴油机运转转速，$\mathrm{r/min}$；

　　Z_p——叶片数；

$i = n/n_p$——减速比；

　　n_p——桨轴转速，$\mathrm{r/min}$；

　　β——系数，$\beta = 0.05 \sim 0.10$，其大小与叶片数、螺距比有关。叶片数少时 β 值大，螺距比大时 β 值大，一般可取 $\beta = 0.075$。

2.5.6　振动允许值

扭振计算得出的轴段应力、传动部件扭矩、电机转子振幅（电角）等振动量，应当满足船舶工作水域的相关规范（最新版）的规定，及传动部件制造厂给出的允许值。

以下是我国船级社内河及海船规范中有关规定。

1. 内河规范（2002）

（1）柴油机推进系统的曲轴、螺旋桨轴：

持续许用应力为

$$[\tau_c] = \pm[(51.5 - 0.044d) - (31.9 - 0.025d)\gamma^2] \quad (0 \leq \gamma \leq 1)$$

瞬时许用应力为

$$[\tau_t] = 2[\tau_c] \quad (0 \leq \gamma \leq 0.8)$$

超速许用应力为

$$[\tau_g] = \pm[(19.6 - 0.02d) + (82.6 - 0.064)\sqrt{\gamma^2 - 1}] \quad (1 \leq \gamma \leq 1.15)$$

式中　$[\tau]$——许用应力，MPa；

$\qquad d$——轴段最小直径，mm；

$\qquad \gamma = \dfrac{n}{n_e}$——速比；

$\qquad n_e$——额定转速，r/min；

$\qquad n$——运转转速，r/min。

（2）推进轴系推力轴、中间轴：

持续许用应力为

$$[\tau_c] = \pm[(72.6 - 0.04d) - (45.1 - 0.02d)\gamma^2] \quad (0 \leq \gamma \leq 1)$$

瞬时许用应力为

$$[\tau_t] = 1.7[\tau_c] \quad (0 \leq \gamma \leq 0.8)$$

超速许用应力为

$$[\tau_g] = \pm[(27.5 - 0.02d) + (116.2 - 0.05d)\sqrt{\gamma^2 - 1}] \quad (1 \leq \gamma \leq 1.15)$$

（3）柴油发电机轴系的曲轴、传动轴：

曲轴为

$$[\tau_c] = \pm(21.5 - 0.0132d) \quad (0.95 \leq \gamma \leq 1.10)$$

传动轴为

$$[\tau_t] = 5.5[\tau_c] \quad (0 \leq \gamma \leq 0.95)$$

（4）轴的抗拉强度高于410MPa时，其许用值可按下式修正：

$$[\tau'] = \frac{\sigma_b + 157}{570}[\tau]$$

式中　σ_b——轴的最小抗拉强度，MPa

$\quad [\tau]$——一般材料许用值。

（5）齿轮啮合振动扭矩，在 $\gamma = 0.9 \sim 1.03$ 范围内，不超过全负荷平均扭矩的40%，其他转速，不超过相应转速的平均扭矩。

（6）额定转速下，发电机转子处合成振幅不大于 2.5°（电角），转子处许用扭矩：

$$[M_c] = \pm 2M_e \quad (0,95 \leq \gamma \leq 1.10)$$

$$[M_t] = \pm 6M_e \quad (\gamma < 0.95)$$

(7)弹性联轴器等部件,许用值不超过生产厂的给定值。

附:盖斯林格允许振动扭矩,厂家给定许用值可以用下式计算:

$$[M] = 0.6M_e - 0.3M_0 \qquad \left(\frac{M_0}{M_e} \leqslant 1\right)$$

$$[M] = \left[0.3 - \left(\frac{M_0}{M_e} - 1\right)\right]M_e \qquad \left(1 \leqslant \frac{M_0}{M_e} \leqslant 1.13\right)$$

式中　M_e——联轴器额定扭矩,N·m;

　　　M_0——使用工况平均扭矩,N·m。

2. 海船规范(2001)

(1)推进轴系:

曲轴的许用应力为

$$[\tau_c] = \pm[(52 - 0.031d) - (33.8 - 0.02d)\gamma^2] \qquad (0 \leqslant \gamma \leqslant 1)$$

$$[\tau_t] = \pm 2[\tau_c] \qquad (0 \leqslant \gamma \leqslant 0.8)$$

$$[\tau_g] = \pm[(18.1 - 0.011d) + (87.3 - 0.052d)\sqrt{\gamma^2 - 1}] \qquad (1 \leqslant \gamma \leqslant 1.15)$$

推力轴中间轴、桨轴、尾轴的许用应力为

$$[\tau_c] = \pm C_w C_k C_d (3 - 2\gamma^2) \qquad (0 \leqslant \gamma \leqslant 0.9)$$

$$[\tau_c] = \pm 1.38 C_w C_k C_d \qquad (0.9 \leqslant \gamma \leqslant 1.15)$$

$$[\tau_t] = 1.7[\tau_c]/\sqrt{C_k}$$

式中　d——最小直径,mm;

$\gamma = \dfrac{n}{n_e}$——转速比;

　　　n——运转转速,r/min;

　　　n_e——额定转速,r/min;

　　　$C_w = (\sigma_b + 160)/18$——材料系数;

　　　σ_b——材料抗拉强度,对中间轴,若 $\sigma_b > 800\text{N/mm}^2$,取 800N/mm^2;对桨轴、尾轴,若 $\sigma_b > 600\text{N/mm}^2$,取 600N/mm^2;

　　　C_d——尺寸系数,$C_d = 0.35 + 0.93d^{-0.2}$;

　　　C_k——形状系数,见表2.11。

表2.11　形状系数

中间轴	中间轴	推力轴	推力轴	尾轴、桨轴
整体连接法兰 过盈配合联轴器	键槽	推力环两侧	滚珠轴承用作 推力轴承	
1.0	0.8	0.85	0.85	0.55

(2)柴油发电机轴系及其他恒速轴系:

曲轴、传动轴的许用应力为

$$[\tau_c] = \pm(21.59 - 0.6132d) \quad (0.95 \leqslant \gamma \leqslant 1.1)$$

$$[\tau_t] = \pm 5.5[\tau_c] \quad (0 < \gamma < 0.95)$$

(3)当 $\sigma_b > 430$MPa 时,其许用应力可按下式计算:

$$[\tau'] = \frac{\sigma_b + 184}{614}[\tau]$$

式中 σ_b——抗拉强度;

$[\tau]$——一般材料的许用应力($\sigma_b \leqslant 430$MPa)。

(4)齿轮啮合扭矩,$\gamma = 0.5 \sim 1.03$ 范围内,应不超过全负荷平均扭矩的1/3。

(5)弹性联轴器等传动部件的允许值不超过生产厂的给定值。

(6)额定转速下,发电机转子处合成振幅应不大于±2.50 电角,转子输出扭矩:

$$[M] = \pm 2M_e \quad (0.95 \leqslant \gamma \leqslant 1.05)$$

$$[M] = \pm 6M_e \quad (\gamma < 0.95)$$

2.6 轴系扭振计算书

2.6.1 轴系扭振计算书

轴系扭振计算书一般包括原始资料、当量系统、自由振动计算、强迫振动计算、计算小结等内容。

1. 原始资料

(1)轴系布置简图。

(2)柴油机:型号,额定功率,额定转速,冲程数,缸数,缸径,曲柄半径,连杆长度,往复运动部件质量,发火顺序,V 型机二列间发火间隔角。

(3)减振器:型号,主动端惯量,从动端惯量,刚度,阻尼系数(或损失系数)。

(4)弹性联轴器:型号,额定扭矩,主动端惯量,从动端惯量,刚度,损失系数,允许振动扭矩,允许功率损失。对盖斯林格联轴器则提供型号,额定扭矩,主动端惯量,从动端惯量,静刚度,特征圆频率。EZR 型橡胶联轴器的刚度,则提供负荷比 $\frac{M_0}{M_e} = 0.1, 0.25, 0.5, 0.75, 1$ 时相应的刚度值。

(5)减速齿轮箱:型号,额定扭矩,减速比,惯量、刚度系统参数。

(6)螺旋桨:型号,叶片数,直径,螺距比,盘面比,空气中惯量。

(7)发电机:型号,额定功率,转子惯量,输入轴刚度,磁极对数。

2. 当量系统

(1)当量系统图。

(2)当量参数表(表2.12)。

表 2.12　当量参数

序号	质量名称	惯量/kg·m²	刚度/((N·m)/rad)	外阻尼(阻尼因子)	内阻尼(损失系数)	发火角	轴外径	轴内径

3. 自由振动计算

(1)提供四冲程机频率在 14.4 倍额定转速,二冲程机频率在 19.2 倍定额转速范围内的各结点共振频率及 Holzer 表(表 2.13)。

表 2.13　Holzer 表

结点数 n　圆频率 ω_n　频率 $F_n = \dfrac{\omega_n}{2\pi}$

序号	质量名称	相对振幅	相对力矩

(2)最好能提供 0.8 最低稳定转速至 1.2 额定转速范围内,各结点的不同谐次共振转速及相应的相对振幅向量和,以利轴系扭振特性的分析(表 2.14)。

表 2.14　相对振幅向量和

结点数 n

序号	谐次	共振转速	相对振幅向量和
	ν	n_ν	$\sum \alpha_\nu$

4. 强迫振动计算

应提供轴系使用时的各种工况,如推进轴系应提供正常发火工况、一缸熄火工况及齿轮离合器脱开工况,以及所对应的结果,绘出曲轴、中间轴、桨轴等轴段各谐次应力—转速响应曲线及合成响应曲线,以及扭振应力允许值曲线;绘出弹性联轴器、减速齿轮等部件的各谐次及合成扭矩—转速响应曲线与相应的允许值曲线。

5. 计算小结

对轴系扭振特性、运行安全性提出意见。

2.6.2　实例

106m 货船轴系扭转振动计算

(录自伏尔康公司计算书)

1. 原始资料

1)轴系布置简图(图 2.29)

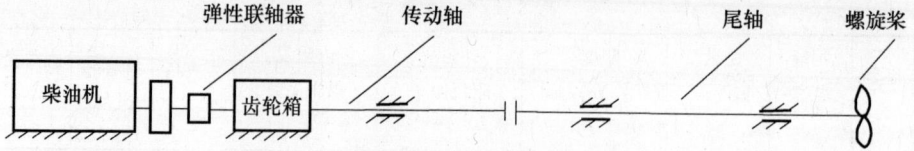

图2.29 轴系布置简图

2)柴油机

型　号	6300ZC6B/7B	六缸四冲程直列式
额定功率	662kW	
额定转速	500r/min	
最低稳定转速	200r/min	
缸　径	300mm	
冲　程	380mm	
曲柄/连杆比	0.264	
单缸往复质量	125.8kg	
机械效率	0.8	
发火次序	1－5－3－6－2－4	

3)联轴器

型　号	RATO－R2121
额定扭矩	16kN·m
动扭转刚度	128(kN·m)/rad
损失系数	1.13
许用变动扭矩	4.8kN·m
许用最大扭矩	24kN·m
许用功率损失	0.98kW

4)齿轮箱

型　号	GWC36.39
速　比	1.9735∶1

5)螺旋桨

直　径	2340mm
螺距比	0.625
盘面比	0.436
叶片数	4
转动惯量(空气中)	234.4kg·m^2

2. 当量系统　当量参数

当量系统如图2.30所示,当量参数见表2.15。

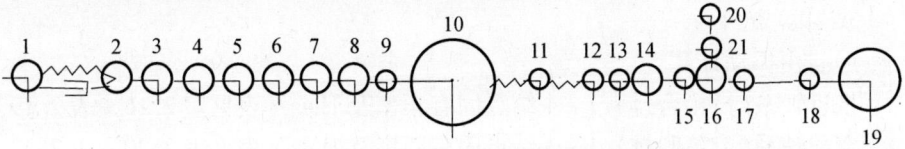

图 2.30　当量系统

1—减振器;2—减振器;3 ~ 8—汽缸;9—齿轮;10—飞轮 + 联轴器 1;11—联轴器 2;

12—联轴器 3 + 齿箱输入法兰;13—主动齿轮;14—从动齿轮 + 离合器;15—次级主动齿轮;

16—次级从动齿轮;17—齿箱输出法兰 + 传动轴法兰;18—传动轴法兰 + 尾轴法兰;

19—螺旋桨;20—离合器;21—倒车齿轮。

表 2.15　当量参数

序号	名称	惯量 J /(kg·m²)	刚度 K /((MN·m)/rad)	外阻尼	内阻尼	发火角 /(°)	速比
1	减振器 R	6.2500	∞	0	1800		1
2	减振器 H + 自由端	4.0330	6.90320	0	0		1
3	汽缸 1	7.5489	19.1450	0.04	0	0	1
4	汽缸 2	7.5489	19.1450	0.04	0	480	1
5	汽缸 3	7.5489	19.1450	0.04	0	240	1
6	汽缸 4	7.5489	19.1450	0.04	0	600	1
7	汽缸 5	7.5489	19.1450	0.04	0	120	1
8	汽缸 6	7.5489	31.2640	0.04	0	360	1
9	齿轮	0.6280	49.0380	0	0		1
10	飞轮 + 联轴器 1	84.8766	0.128	0	1.13		1
11	联轴器 2	1.8000	0.128	0	1.13		1
12	联轴器 3 + 齿轮输入法兰	4.64	10.3900	0	0.064		1
13	初级主动齿轮	5.30	∞	0	0		1
14	从动轮组 + 离合器	24.1320	10.6800	0	0.064		2
15	次级主动齿轮	0.5880	∞	0	0		2
16[①]	从动轮	5.5945	9.0374	0	0.064		0.5067
17	齿轮输出盘 + 传动轴法兰	0.3411	1.8767	0	0.064		0.5067
18	传动轴法兰	1.7664	0.73943	0	0.064		0.5067
19	螺旋桨	74.5844	0	a	0		0.5067
	分支						
20	离合器	1.1680	10.6800	0	0.064		2
21	倒车齿轮	0.5880	∞	0	0		2

① 分支交点;除了减振器阻尼为 1800(kN·m)/rad 以外,其余阻尼为相对值;螺旋桨阻尼系数 a 值由程序算出

3. 计算资料

1）自由振动计算

推进轴系（齿箱合排），1 – 4 结点固有频率及 Holzer 表见表 2.16 ～ 表 2.19。

空载轴系（齿箱脱排），1 – 3 结点固有频率及 Holzer 表见表 2.20 ～ 表 2.22。

表 2.16　推进轴系（齿箱合排）

1 结点频率 f = 291.64 次／min　ω^2 = 932.73633 rad／s^2

序号	名称	惯量 J /(kg · m^2)	刚度 K /((MN · m)/rad)	相对振幅 α /rad	相对力矩 U /(MN · m)
1	减振器 R	6.180	∞	1.0010	-5.773×10^{-3}
2	减振器 H + 自由端	4.033	6.90320	1.0010	-9.540×10^{-3}
3	汽缸 1	7.5489	19.1450	1.0000	-1.658×10^{-2}
4	汽缸 2	7.5489	19.1450	0.9991	-2.362×10^{-2}
5	汽缸 3	7.5489	19.1450	0.9979	-3.064×10^{-2}
6	汽缸 4	7.5489	19.1450	0.9963	-3.766×10^{-2}
7	汽缸 5	7.5489	19.1450	0.9943	-4.466×10^{-2}
8	汽缸 6	7.5489	31.2640	0.9920	-5.164×10^{-2}
9	齿轮	0.6280	49.0380	0.9904	-5.222×10^{-2}
10	飞轮 + 联轴器 1	84.8766	0.128	0.9893	-1.305×10^{-1}
11	联轴器 2	1.8000	0.128	− 0.03057	-1.305×10^{-1}
12	联轴器 3 + 齿轮输入法兰	4.64	10.3900	− 1.0500	-1.259×10^{-1}
13	初级主动齿轮	5.30	∞	− 1.0620	-9.795×10^{-2}
14	从动轮组 + 离合器	24.1320	10.6800	− 1.0620	-9.679×10^{-2}
15	次级主动齿轮	0.5880	∞	− 1.0710	-9.620×10^{-2}
16	从动轮	5.5945	9.0374	− 1.0710	-8.886×10^{-2}
17	齿轮输出盘 + 传动轴法兰	0.3411	1.8767	− 1.0810	-8.851×10^{-2}
18	传动轴法兰	1.7664	0.73943	− 1.1280	-8.665×10^{-2}
19	螺旋桨	74.5844	0	− 1.2460	-8.775×10^{-17}
分支					
20	离合器	1.1680	10.6800	− 1.0700	1.167×10^{-3}
21	倒车齿轮	0.5880	∞	− 1.0710	1.755×10^{-3}

表2.17 推进轴系(齿箱合排)

2 结点频率 $f = 1308.06$ 次/min $\omega^2 = 18763.41309 \text{rad/s}^2$

序号	名称	惯量 J /(kg·m²)	刚度 K /((MN·m)/rad)	相对振幅 α /rad	相对力矩 U /(MN·m)
1	减振器 R	5.097	∞	1.0250	−0.0981
2	减振器 H + 自由端	4.033	6.90320	1.0250	−0.1757
3	汽缸1	7.5489	19.1450	1.0000	−0.3173
4	汽缸2	7.5489	19.1450	0.9834	−0.4566
5	汽缸3	7.5489	19.1450	0.9596	−0.5925
6	汽缸4	7.5489	19.1450	0.9286	−0.7241
7	汽缸5	7.5489	19.1450	0.8908	−0.8502
8	汽缸6	7.5489	31.2640	0.8464	−0.9701
9	齿轮	0.6280	49.0380	0.8150	−0.9797
10	飞轮 + 联轴器1	84.8766	0.128	0.7957	−2.2470
11	联轴器2	1.8000	0.128	−16.76	−1.6810
12	联轴器3 + 齿轮输人法兰	4.64	10.3900	−29.89	0.9215
13	初级主动齿轮	5.30	∞	−29.80	3.8850
14	从动轮组 + 离合器	24.1320	10.6800	−29.80	17.3800
15	次级主动齿轮	0.5880	∞	−28.18	17.6900
16	从动轮	5.5945	9.0374	−28.18	21.5800
17	齿轮输出盘 + 传动轴法兰	0.3411	1.8767	−25.79	21.7500
18	传动轴法兰	1.7664	0.73943	−14.17	22.2200
19	螺旋桨	74.5844	0	15.87	2.058×10^{-3}
分支					
20	离合器	1.1680	10.6800	−28.23	0.6188
21	倒车齿轮	0.5880	∞	−28.18	0.9260

表2.18 推进轴系(齿箱合排)

3 结点频率 $f = 3602.92$ 次/min $\omega^2 = 14253.86438 \text{rad/s}^2$

序号	名称	惯量 J /(kg·m²)	刚度 K /((MN·m)/rad)	相对振幅 α /rad	相对力矩 U /(MN·m)
1	减振器 R	2.301	∞	1.1500	−0.3768
2	减振器 H + 自由端	4.033	6.90320	1.1500	−1.037
3	汽缸1	7.5489	19.1450	1.0000	−2.112
4	汽缸2	7.5489	19.1450	0.8890	−3.068

（续）

序号	名称	惯量 J /(kg·m²)	刚度 K /((MN·m)/rad)	相对振幅 α /rad	相对力矩 U /(MN·m)
5	汽缸3	7.5489	19.1450	0.7295	-3.852
6	汽缸4	7.5489	19.1450	0.5283	-4.419
7	汽缸5	7.5489	19.1450	0.2974	-4.739
8	汽缸6	7.5489	31.2640	0.0499	-4.793
9	齿轮	0.6280	49.0380	-0.1017	-4.784
10	飞轮+联轴器1	84.8766	0.128	-0.1992	-2.377
11	联轴器2	1.8000	0.128	-18.7700	2.432
12	联轴器3+ 齿轮输入法兰	4.64	10.3900	0.2339	2.278
13	初级主动齿轮	5.30	∞	0.4532	1.936
14	从动轮组+离合器	24.1320	10.6800	0.4532	0.379
15	次级主动齿轮	0.5880	∞	0.4886	0.381
16	从动轮	5.5945	9.0374	0.4886	-0.1745
17	齿轮输出盘+ 传动轴法兰	0.3411	1.8767	0.4693	-0.1976
18	传动轴法兰	1.7664	0.73943	0.3637	-2.891
19	螺旋桨	74.5844	0	-0.02723	2.232×10^{12}
分支					
20	离合器	1.1680	10.6800	0.4964	-0.0825
21	倒车齿轮	0.5880	∞	0.4886	-0.1234

表2.19 推进轴系(齿箱合排)

4结点频率 $f = 3945.29$ r/min $\omega^2 = 170692.80451$ rad/s²

序号	名称	惯量 J /(kg·m²)	刚度 K /((MN·m)/rad)	相对振幅 α /rad	相对力矩 U /(MN·m)
1	减振器R	2.044	∞	1.1770	-0.4106
2	减振器H+自由端	4.033	6.90320	1.1770	-1.221
3	汽缸1	7.5489	19.1450	1.0000	-2.509
4	汽缸2	7.5489	19.1450	0.8689	-3.629
5	汽缸3	7.5489	19.1450	0.6794	-4.504
6	汽缸4	7.5489	19.1450	0.4441	-5.077
7	汽缸5	7.5489	19.1450	0.1789	-5.307
8	汽缸6	7.5489	31.2640	-0.09826	-5.181

（续）

序号	名称	惯量 J /(kg·m²)	刚度 K /((MN·m)/rad)	相对振幅 α /rad	相对力矩 U /(MN·m)
9	齿轮	0.6280	49.0380	−0.2621	−5.152
10	飞轮＋联轴器1	84.8766	0.128	−0.3672	1.668×10^{-1}
11	联轴器2	1.8000	0.128	0.9358	-1.207×10^{-1}
12	联轴器3＋齿轮输入法兰	4.64	10.3900	−0.00752	-1.148×10^{-1}
13	初级主动齿轮	5.30	∞	−0.01857	-9.799×10^{-2}
14	从动轮组＋离合器	24.1320	10.6800	−0.01857	-2.151×10^{-2}
15	次级主动齿轮	0.5880	∞	−0.02058	-1.944×10^{-2}
16	从动轮	5.5945	9.0374	−0.02058	6.460×10^{-3}
17	齿轮输出盘＋传动轴法兰	0.3411	1.8767	−0.01987	7.634×10^{-3}
18	传动轴法兰	1.7664	0.73943	−0.01579	1.239×10^{-2}
19	螺旋桨	74.5844	0	9.736×10^{-4}	6.454×10^{-11}
分支					
20	离合器	1.1680	10.6800	−0.02097	4.182×10^{-3}
21	倒车齿轮	0.5880	∞	−0.02058	6.247×10^{-3}

表 2.20　空载轴系（齿箱脱排）

1 结点频率 $f = 464.81$ 次/min　$\omega^2 = 2369.23341 \text{rad/s}^2$

序号	名称	惯量 J /(kg·m²)	刚度 K /((MN·m)/rad)	相对振幅 α /rad	相对力矩 U /(MN·m)
1	减振器 R	6.076	∞	1.0030	-1.445×10^{-2}
2	减振器 H＋自由端	4.033	6.90320	1.0030	-2.403×10^{-2}
3	汽缸1	7.5489	19.1450	1.0000	-4.192×10^{-2}
4	汽缸2	7.5489	19.1450	0.9978	-5.977×10^{-2}
5	汽缸3	7.5489	19.1450	0.9947	-7.756×10^{-2}
6	汽缸4	7.5489	19.1450	0.9906	-9.527×10^{-2}
7	汽缸5	7.5489	19.1450	0.9857	-1.129×10^{-1}
8	汽缸6	7.5489	31.2640	0.9798	-1.304×10^{-1}
9	齿轮	0.6280	49.0380	0.9756	-1.319×10^{-1}
10	飞轮＋联轴器1	84.8766	0.128	0.9730	-3.275×10^{-1}
11	联轴器2	1.8000	0.128	−1.5860	-3.208×10^{-1}
12	联轴器3＋齿轮输入法兰	4.64	10.3900	−4.0920	-2.758×10^{-1}
13	初级主动齿轮	5.30	∞	−4.1180	-2.241×10^{-1}
14	从动轮组	22.96	0	−4.1180	-5.735×10^{-17}

表 2.21 空载轴系(齿箱脱排)

2 结点频率 $f = 3607$ 次/min $\qquad \omega^2 = 142726.3241 \, rad/s^2$

序号	名称	惯量 J /(kg·m²)	刚度 K /((MN·m)/rad)	相对振幅 α /rad	相对力矩 U /(MN·m)
1	减振器 R	2.297	∞	1.1510	-3.772×10^{-1}
2	减振器 H + 自由端	4.033	6.90320	1.1510	-1.040
3	汽缸 1	7.5489	19.1450	1.0000	-2.117
4	汽缸 2	7.5489	19.1450	0.8894	-3.075
5	汽缸 3	7.5489	19.1450	0.7288	-3.860
6	汽缸 4	7.5489	19.1450	0.5272	-4.428
7	汽缸 5	7.5489	19.1450	0.2958	-4.747
8	汽缸 6	7.5489	31.2640	0.0479	-4.799
9	齿轮	0.6280	49.0380	-0.1039	-4.789
10	飞轮 + 联轴器 1	84.8766	0.128	-0.2015	-2.348
11	联轴器 2	1.8000	0.128	-18.5500	2.416
12	联轴器 3 + 齿轮输入法兰	4.64	10.3900	0.3330	2.196
13	初级主动齿轮	5.30	∞	0.5444	1.184
14	从动轮组	22.96	0	0.5444	-4.352×10^{-13}

表 2.22 空载轴系(齿箱脱排)

3 结点频率 $f = 3945.41$ 次/min $\qquad \omega^2 = 170708.28547 \, rad/s^2$

序号	名称	惯量 J /(kg·m²)	刚度 K /((MN·m)/rad)	相对振幅 α /rad	相对力矩 U /(MN·m)
1	减振器 R	2.297	∞	1.1770	-4.106×10^{-1}
2	减振器 H + 自由端	4.033	6.90320	1.1770	-1.221
3	汽缸 1	7.5489	19.1450	1.0000	-2.509
4	汽缸 2	7.5489	19.1450	0.8689	-3.629
5	汽缸 3	7.5489	19.1450	0.6794	-4.505
6	汽缸 4	7.5489	19.1450	0.4441	-5.077
7	汽缸 5	7.5489	19.1450	0.1789	-5.307
8	汽缸 6	7.5489	31.2640	-0.0983	-5.181
9	齿轮	0.6280	49.0380	-0.2622	-5.153
10	飞轮 + 联轴器 1	84.8766	0.128	-0.3672	0.1684
11	联轴器 2	1.8000	0.128	0.9481	-0.123
12	联轴器 3 + 齿轮输入法兰	4.64	10.3900	-0.0126	-0.113
13	初级主动齿轮	5.30	∞	-0.0234	-0.0918
14	从动轮组	22.96	0	-0.0234	-5.012×10^{-12}

2）强迫振动计算

（1）推进轴系（齿箱合排），正常发火、一缸熄火计算结果：

联轴器变动扭矩、功率损失如图 2.31、图 2.32 所示；

齿论啮合扭矩如图 2.33、图 2.34 所示；

中间轴扭振应力如图 2.35、图 2.36 所示；

尾轴扭振应力如图 2.37、图 2.38 所示；

曲轴扭振应力如图 2.39、图 2.40 所示。

（2）空载轴系（齿箱脱排），正常发火、一缸熄火计算结果：

联轴器变动扭矩、功率损失如图 2.41、图 2.42 所示；

齿论啮合扭矩如图 2.43、图 2.44 所示。

说明：

① 正常发火（NI）用第 1 缸产生 90% 的有效压力模拟各缸固有的不平衡。一缸熄火（MI）时，第 1 缸不燃烧但考虑有气体压缩过程，其他各缸处于理想工作状态。

② 对于伏尔康联轴器，由于所处环境温度很高，同时会产生很大的功率损失（动态），因此轴系中的联轴器承受着很高的热负荷。伏尔康公司建议对 70% 的动刚度（Ct）和 70% 的阻尼（PSI）进行校核计算。

考虑到低激振幅对联轴器的影响，推荐对 135% 动刚度作补充计算，即

Normal（N）值：100% Ct + 100% PSI；

Limiting（H）值：70% Ct + 70% PSI；

Low Amplitude（n）值：135% Ct + 100% PSI。

③ 齿轮啮合扭矩许用值（Lin），静态传递扭矩 + 动态扭矩：0.9～1.05 额定转速时，为 1.3333T（额定扭矩），其他转速，出现负扭矩处，存在啮合点齿击。

④ 考虑螺旋桨激励的第 1 谐次（相对发动机：4 × 0.5067 次），其激励力矩幅取螺旋桨传递扭矩的 6%。

⑤ 响应合成值（SYNTH）是螺旋桨与发动机单独激励时系统扭振响应的代数和。

4．计算小结

（1）经扭振计算分析，联轴器 RATO - R2121 可用于该推进装置。

（2）发动机正常发火时，低于 230 r/min 的转速范围内，可能存在齿击现象。

一缸熄火时，低于 310 r/min 的转速范围内，可能存在齿击现象，且最高转速应低于 400r/min。实际可运行转速应通过试航测定，并快速通过。

（3）发动机最低转速应高于 220 r/min。

（4）齿轮箱倒车时，扭振特性不变。

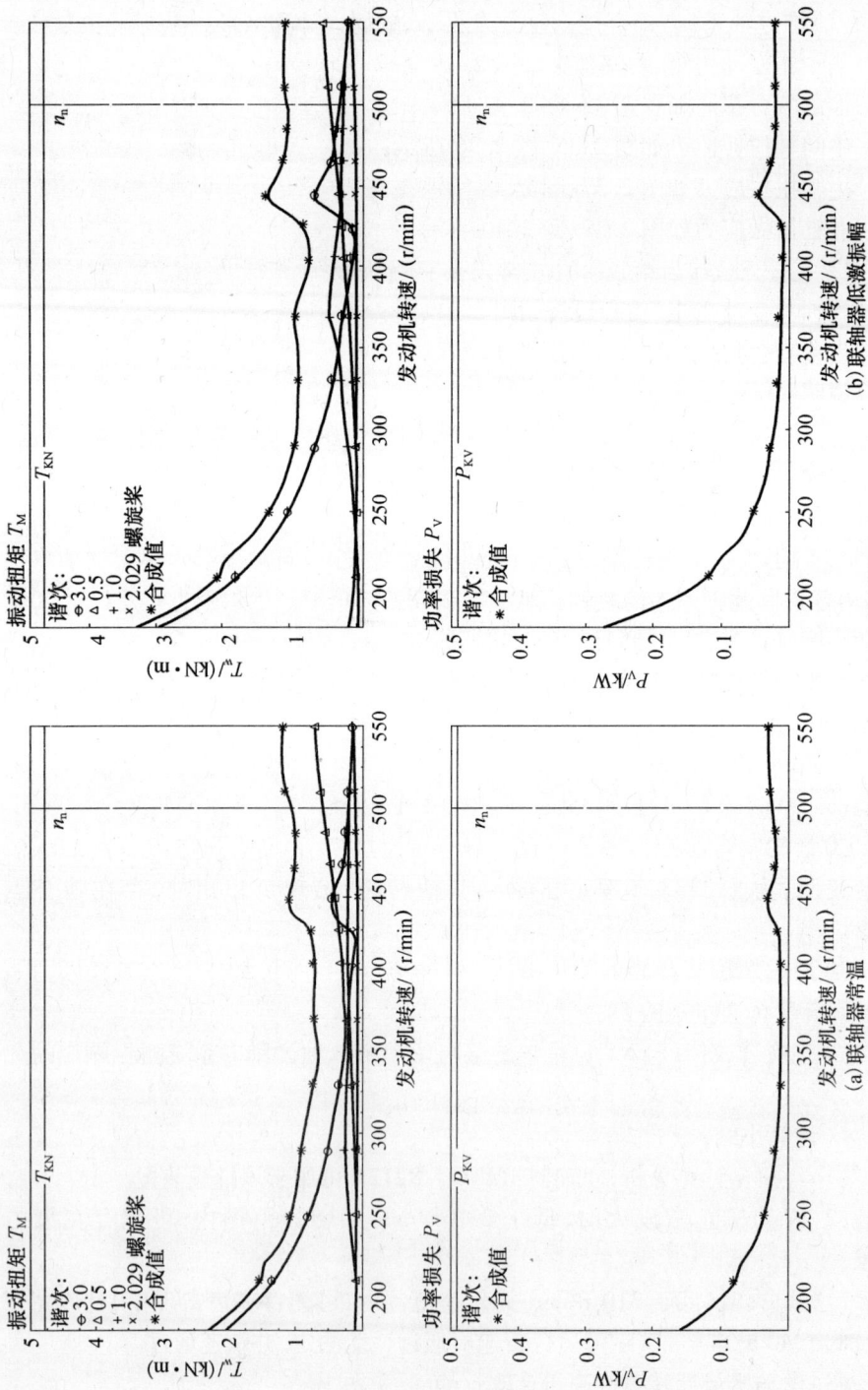

图 2.31 推进轴系（齿箱合排）正常发火时，联轴器变动扭矩、功率损失
(a) 联轴器常温
(b) 联轴器低温激振幅

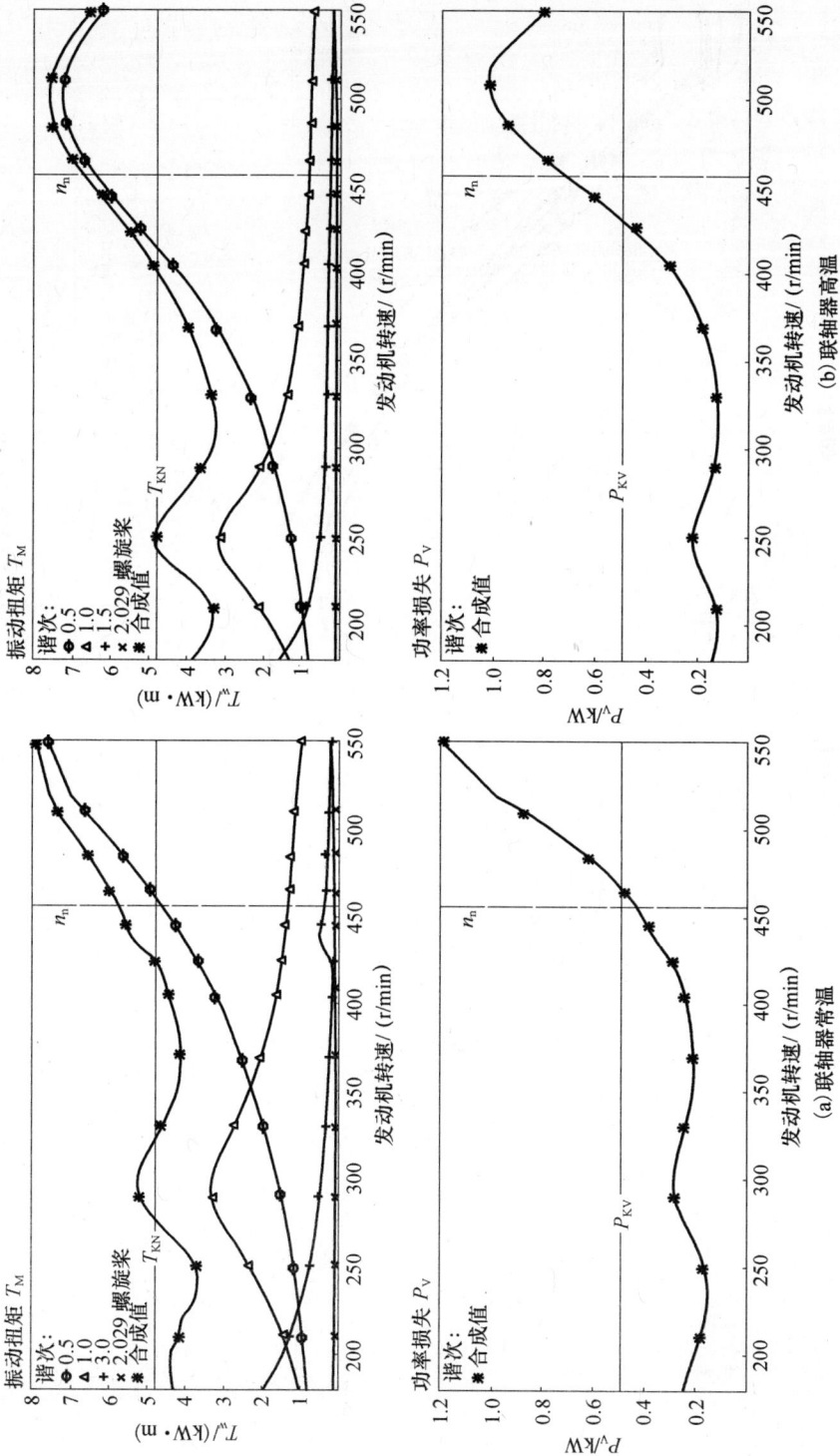

图 2.32　推进轴系（齿箱合排）—缸熄火时联轴器变动扭矩、功率损失

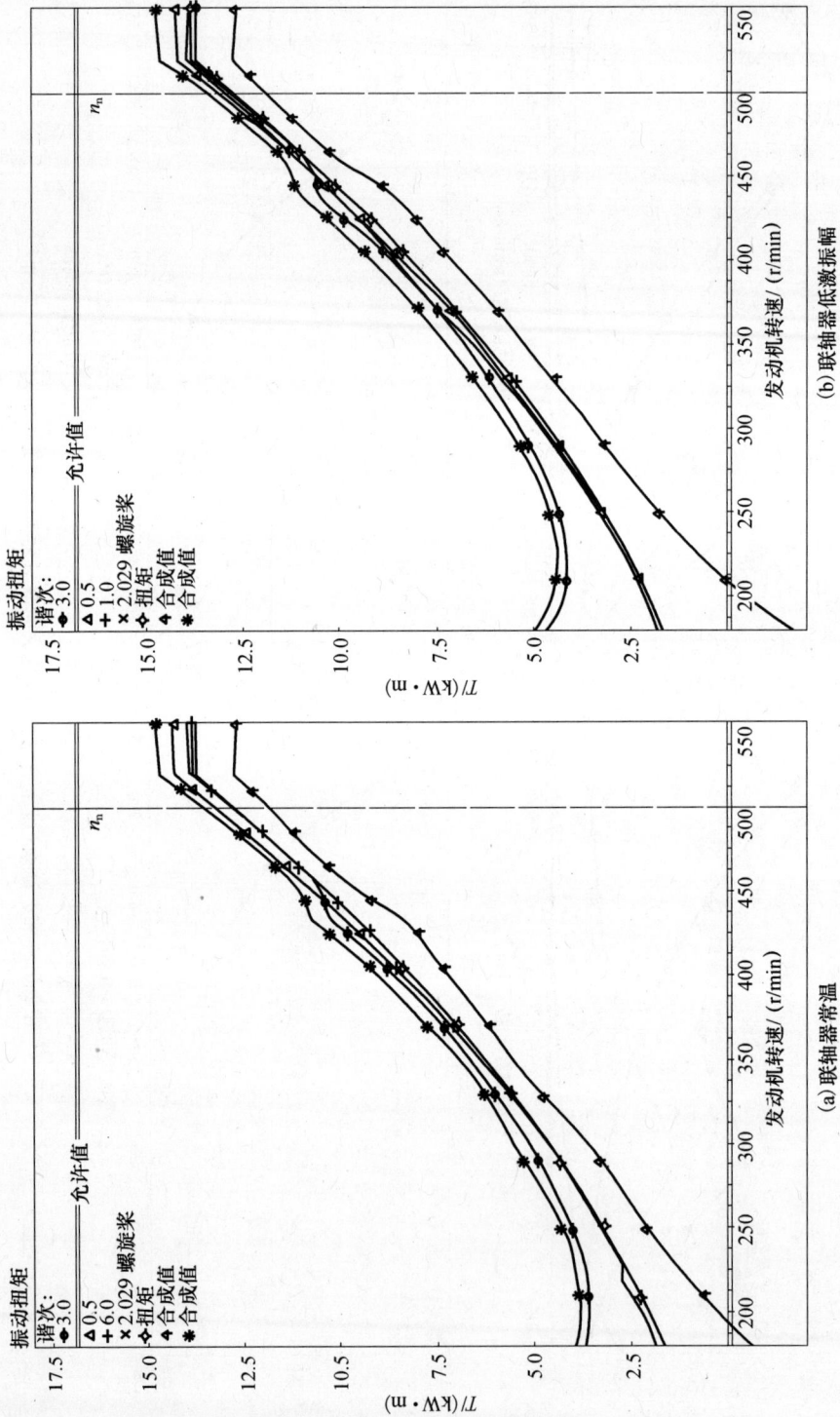

(b) 联轴器低激振幅

(a) 联轴器常温

图 2.33 推进轴系（齿箱合排）正常发火齿轮啮合扭矩

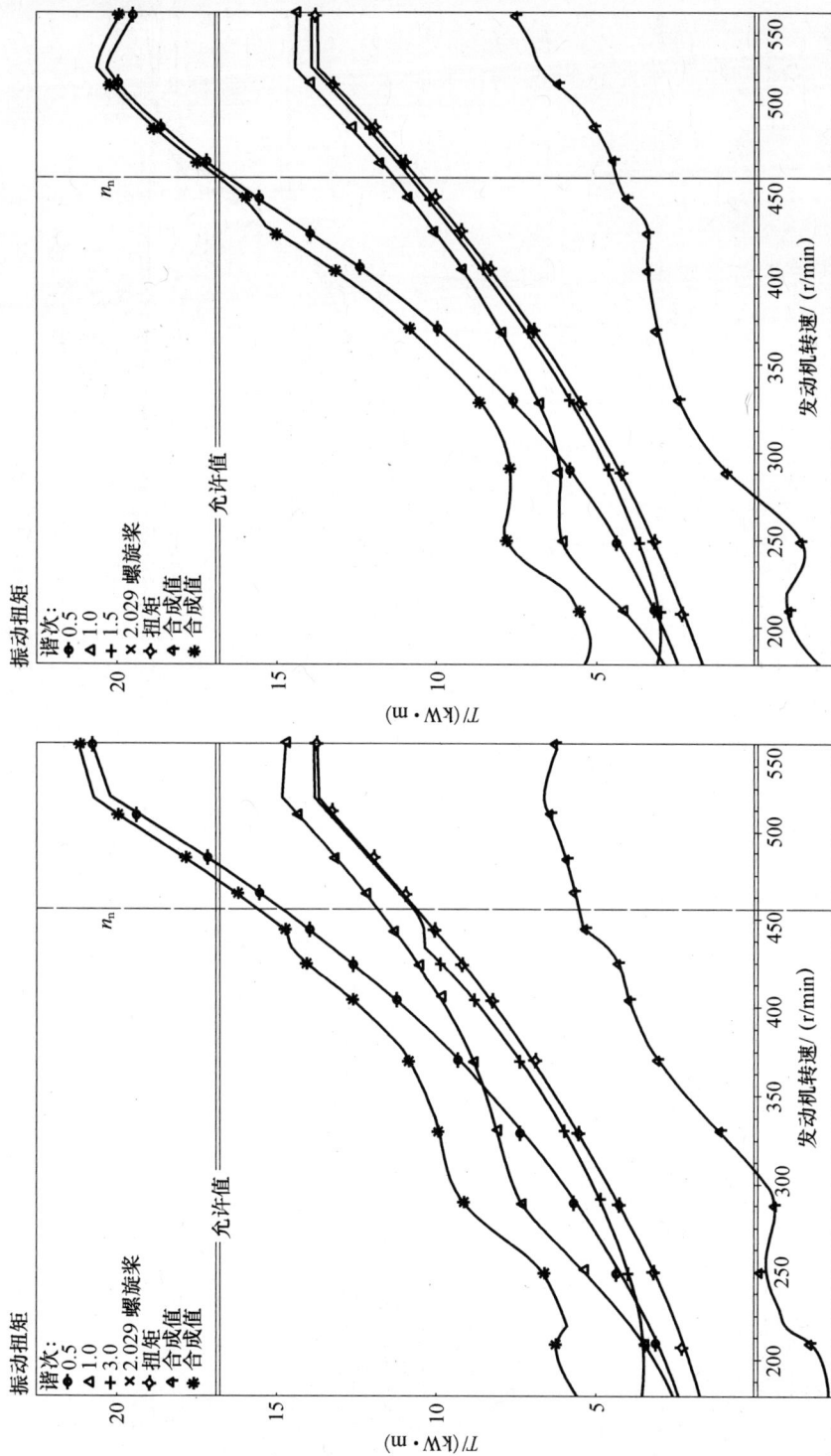

(a) 联轴器常温

(b) 联轴器高温

图 2.34　推进轴系一缸熄火时齿轮啮合扭矩

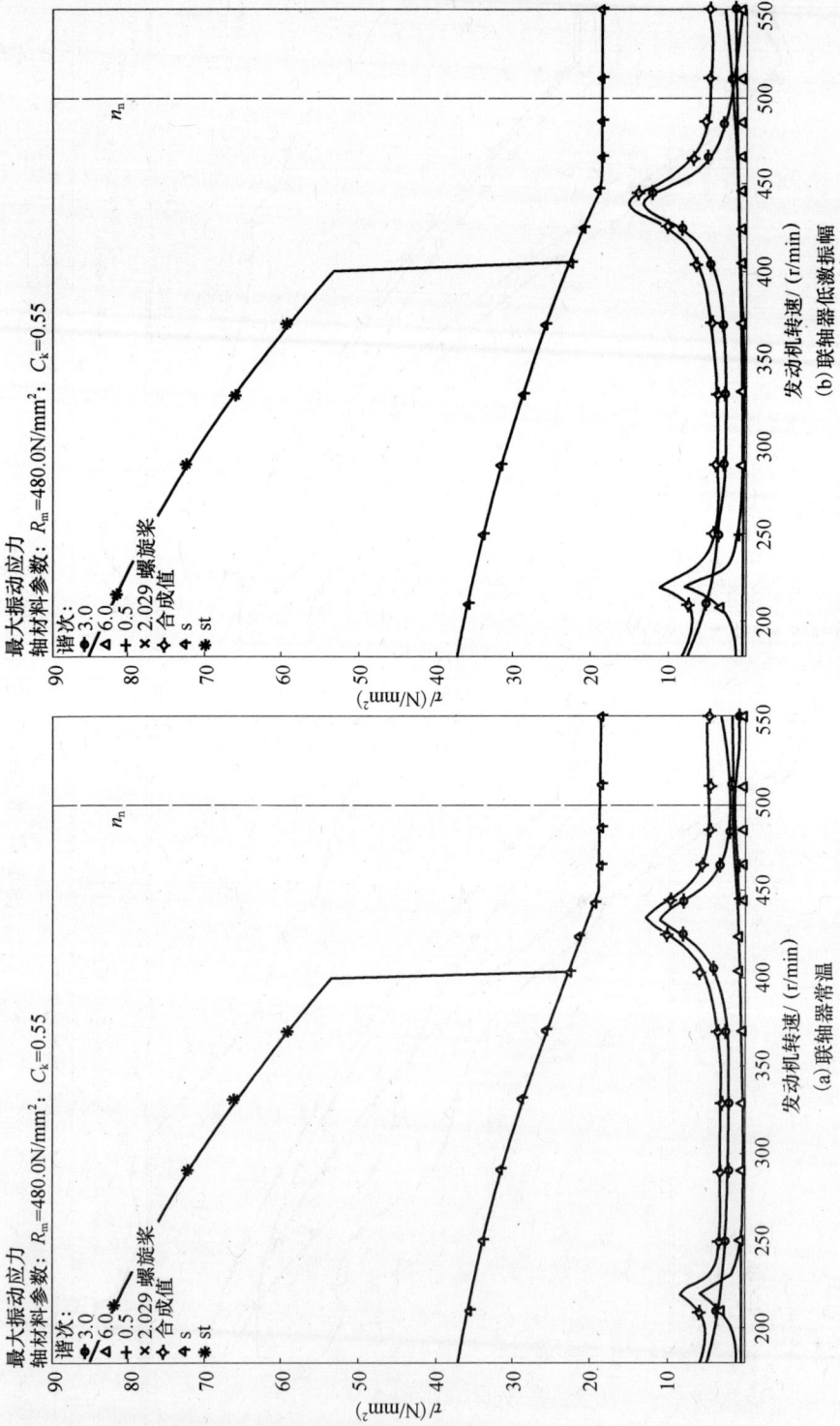

图 2.35 推进轴系（齿箱合排）正常发火时中间轴扭振应力

(a) 联轴器常温

(b) 联轴器低激振幅

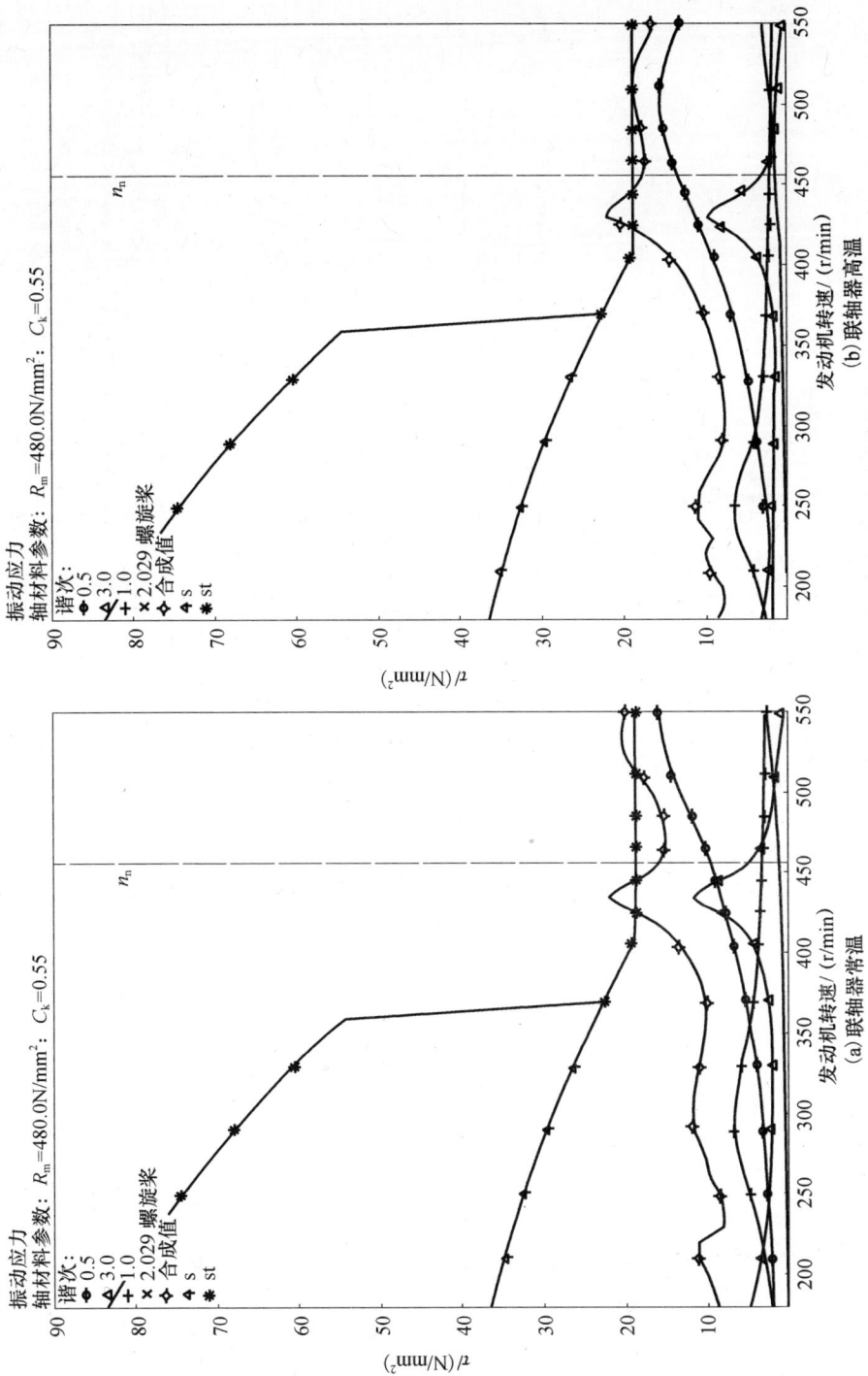

图 2.36　推进轴系（齿箱合排）一缸熄火时中间轴扭振应力

(a) 联轴器常温

(b) 联轴器高温

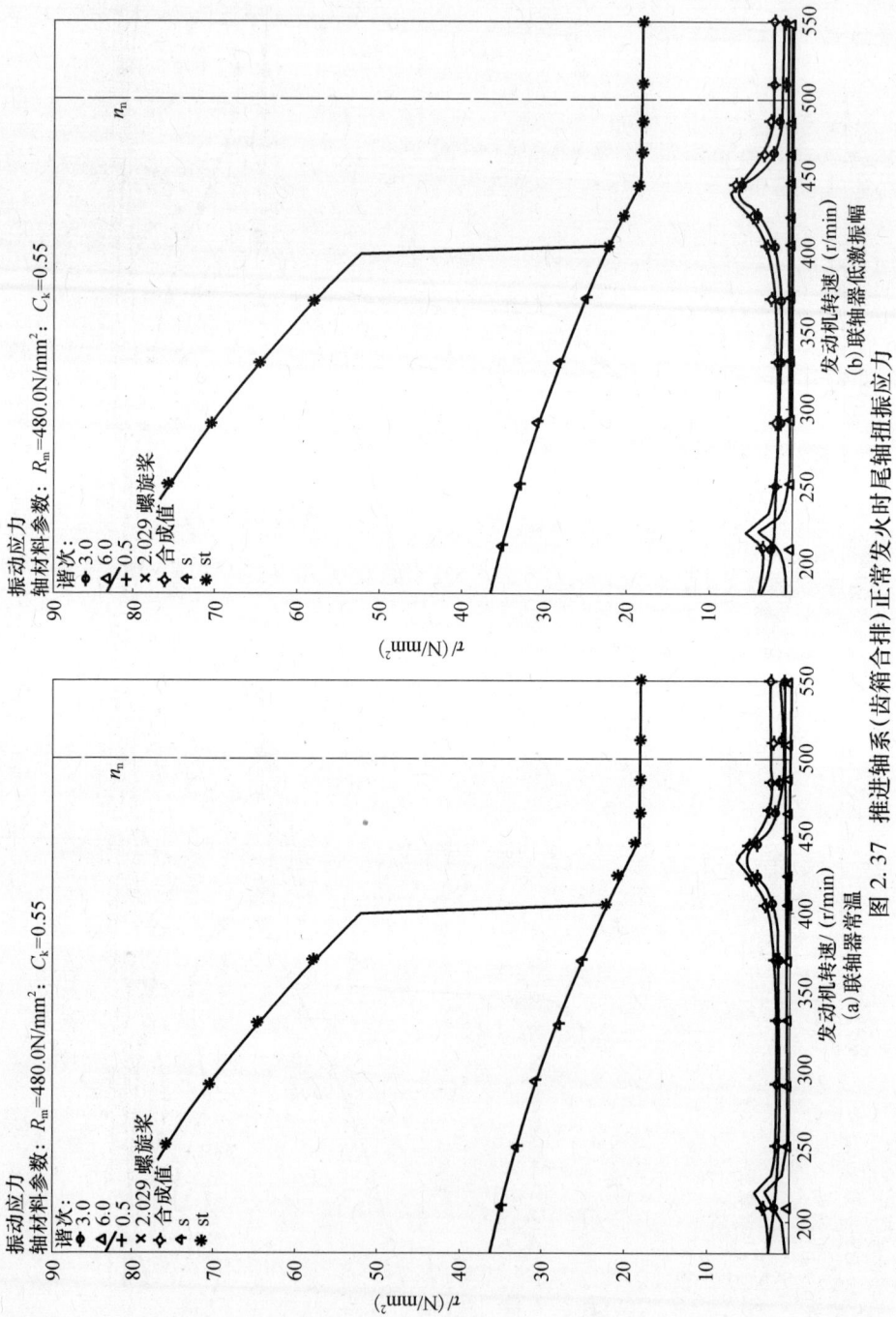

图 2.37 推进轴系（齿箱合排）正常发火时尾轴扭振应力

(a) 联轴器常温

(b) 联轴器低激振振幅

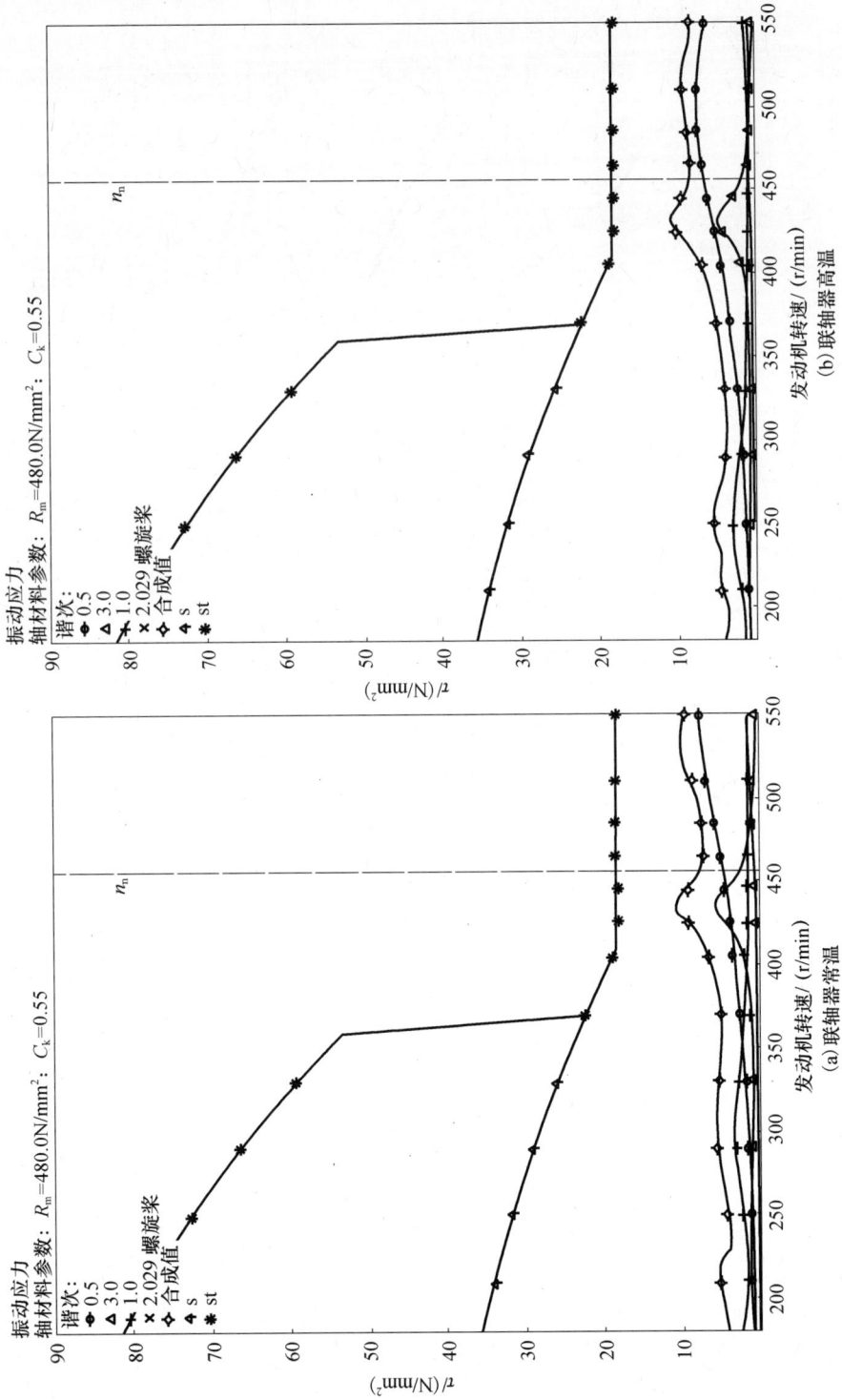

图 2.38　推进轴系（齿箱合排）—缸熄火时尾轴扭振应力

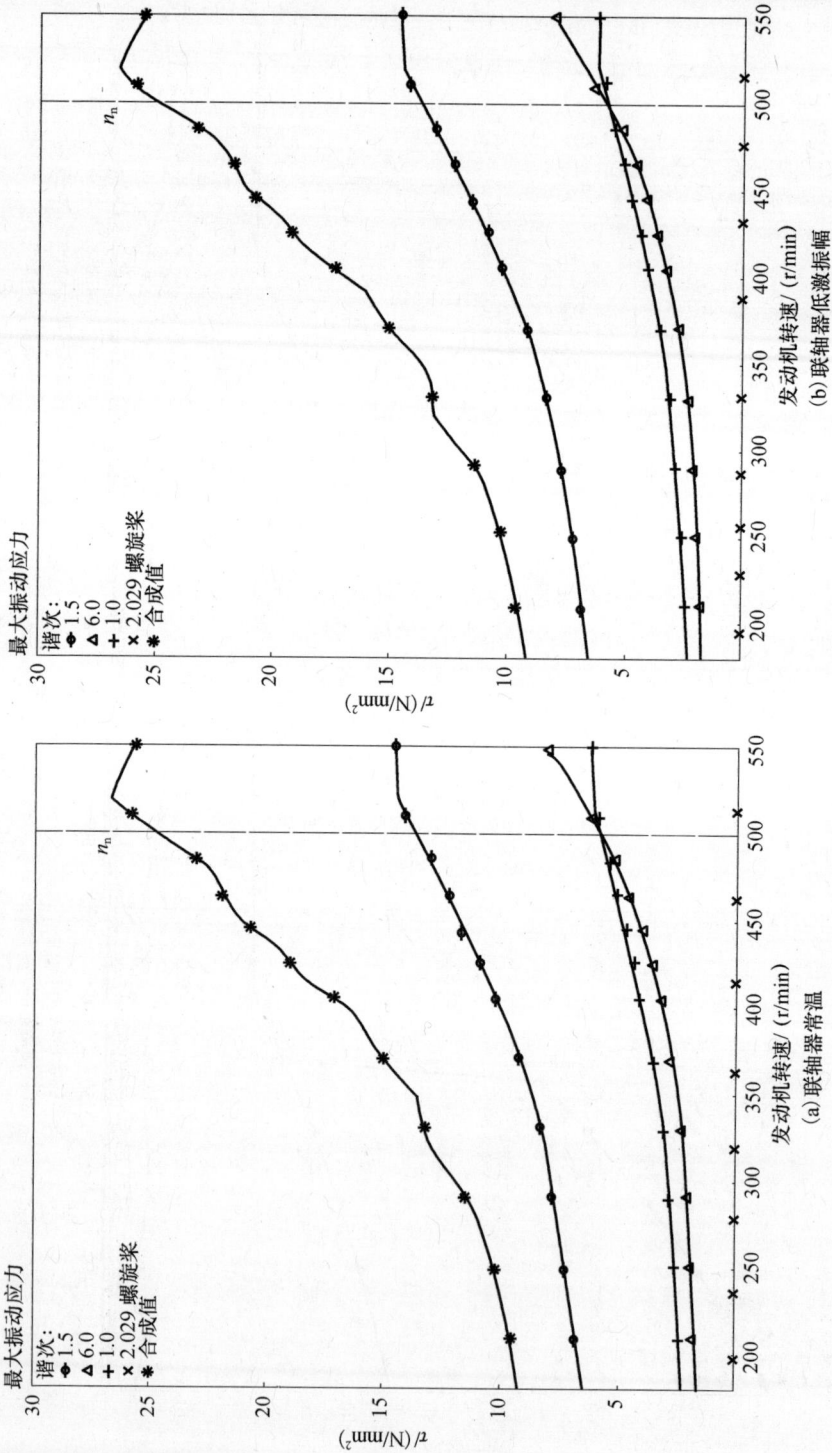

图 2.39 推进轴系（齿箱合排）正常发火时曲轴扭振应力

(a) 联轴器常温

(b) 联轴器低激振幅

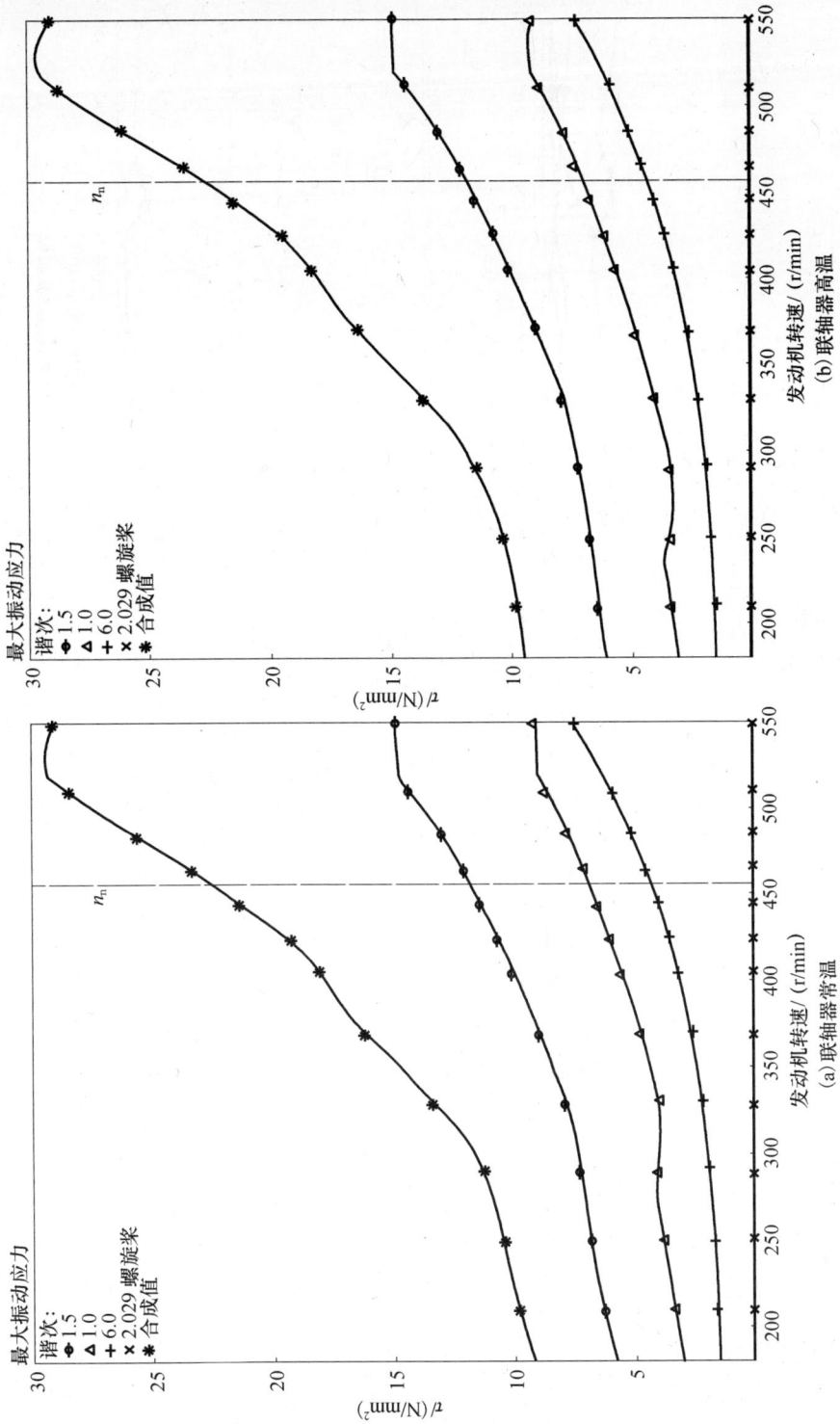

图 2.40　推进轴系（齿箱合排）—缸熄火时曲轴扭振应力

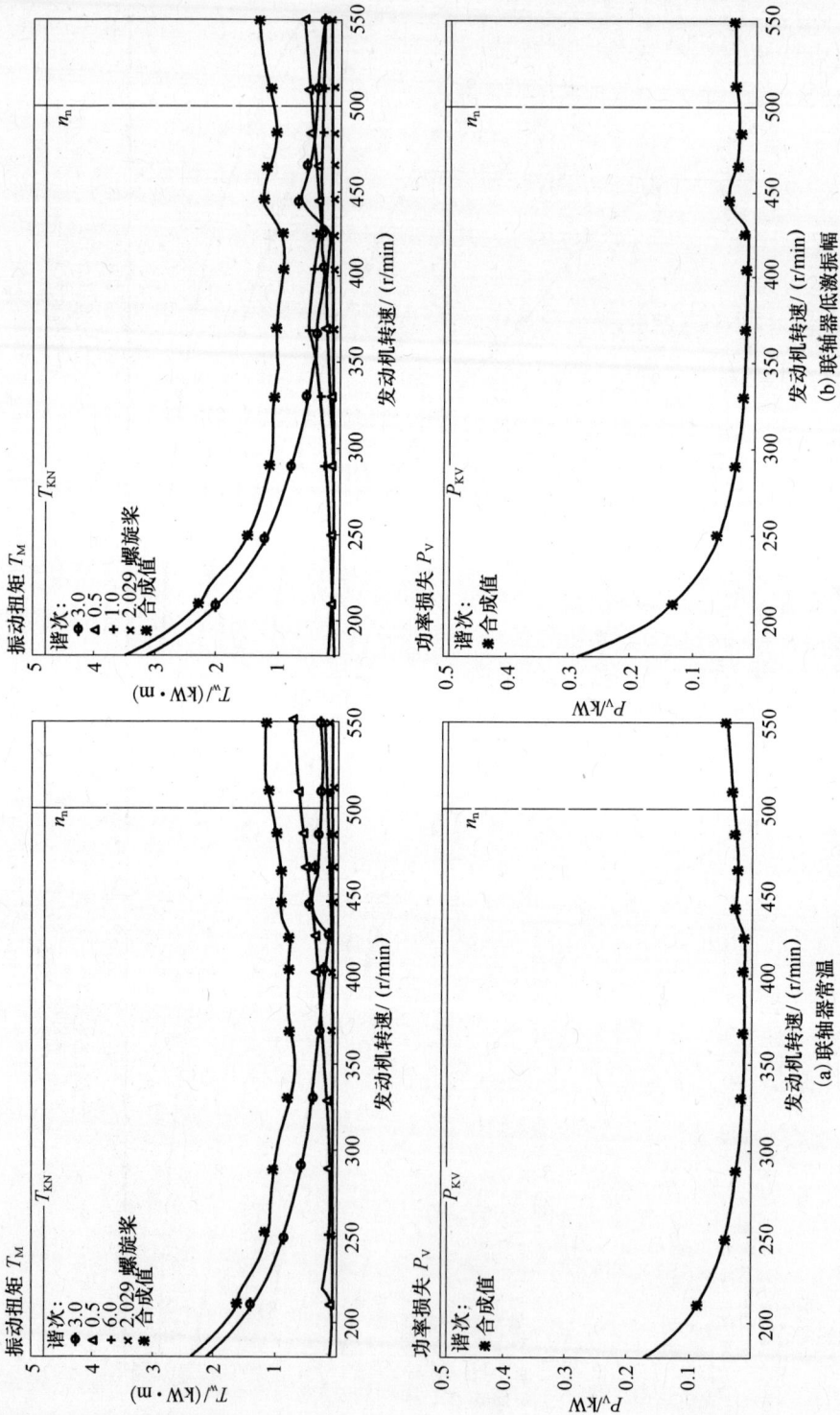

图 2.41 空载轴系（齿箱脱排）正常发火时联轴器变动扭矩、功率损失
(a) 联轴器常温
(b) 联轴器低激振振幅

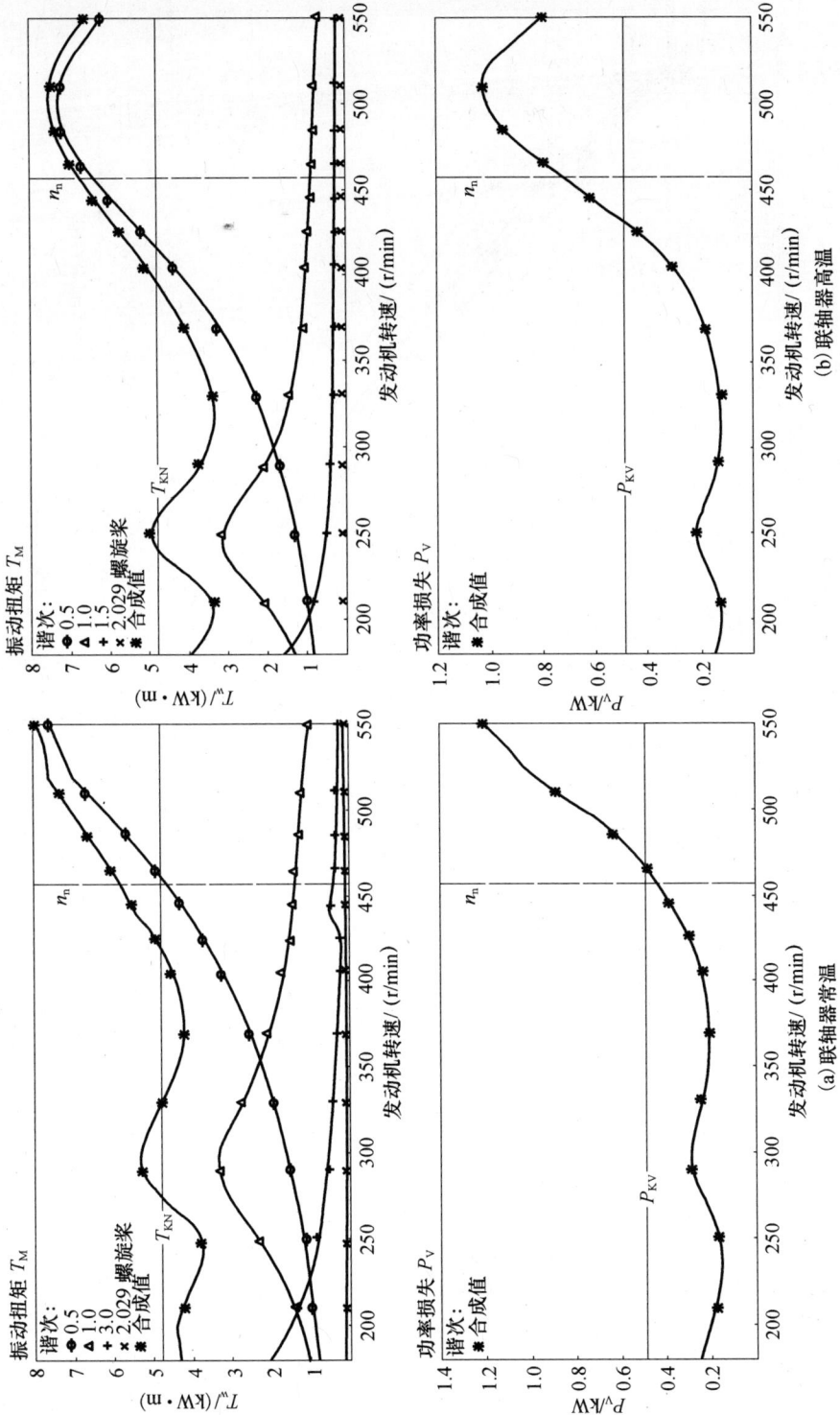

图 2.42 空载轴系（齿箱脱排）一缸熄火时联轴器变动扭矩、功率损失

(a) 联轴器常温

(b) 联轴器高温

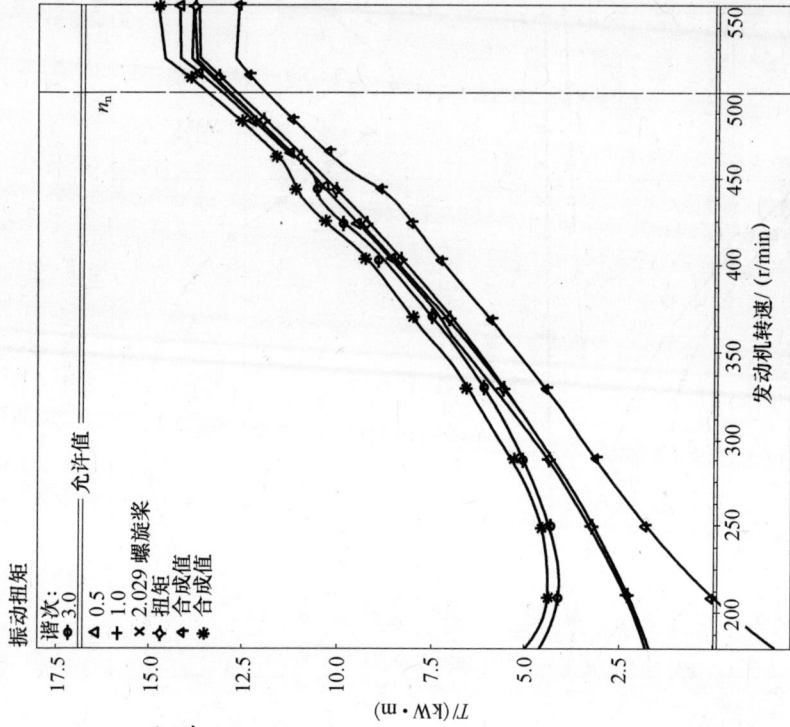

(a) 联轴器常温

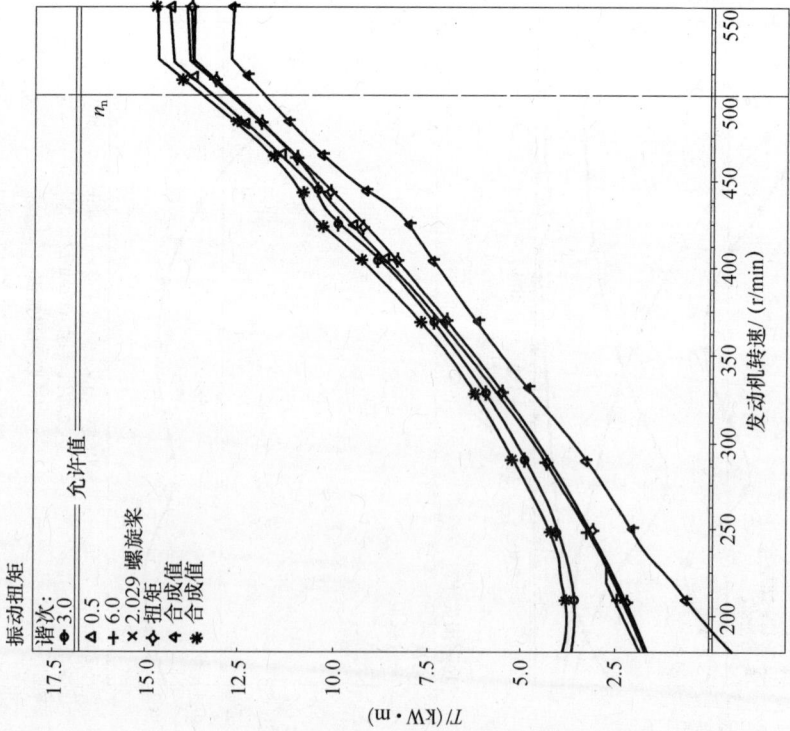

(b) 联轴器低温振幅

图 2.43 空载轴系（齿箱脱排）正常发火时齿轮啮合力矩

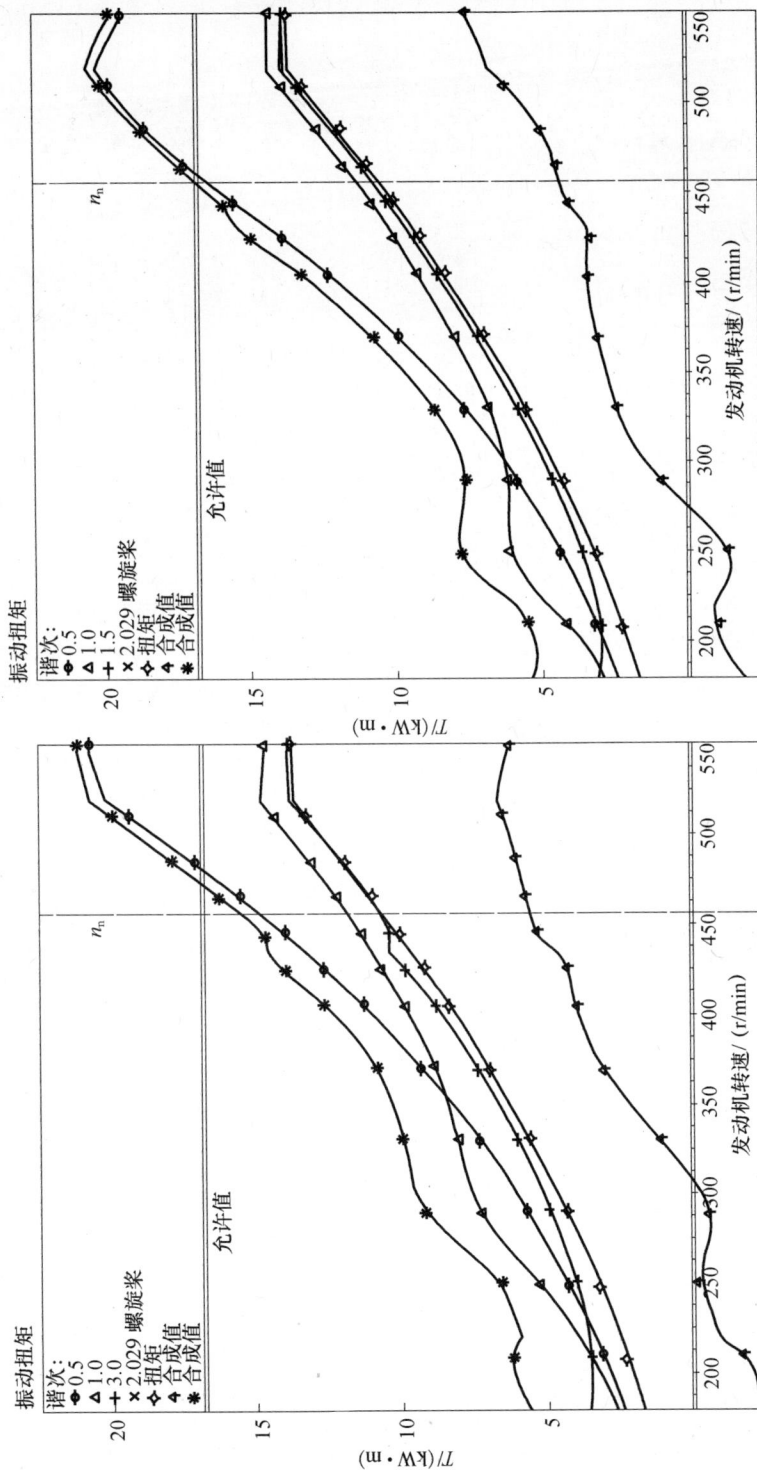

图 2.44　空载轴系（齿箱脱排）一缸熄火时齿轮啮合力矩

(a) 联轴器常温

(b) 联轴器高温

第3章 振动预防与消减

3.1 基本措施

通过轴系扭振计算,及时发现问题,采取改进措施,使之满足船舶建造规范要求。在设计阶段,消除有害振动,这是大家所希望的。当然,实船发现振动后,进行消减措施,也是亡羊补牢的必要做法。下面介绍几个基本措施。

3.1.1 柴油机激励问题考虑

柴油机激励是轴系扭振最主要的激励源。在设计阶段,选好柴油机型号,选用激励程度较平稳,经长期安全使用的较成熟机型,尤其使用中有无曲轴扭振断裂的情况,是必须考虑的。图3.1所示为柴油机单机固有圆频率跟飞轮惯量/单位汽缸惯量比值的关系。当飞轮惯量大到一定值时,飞轮起屏障作用。其后的轴系布置很难改变柴油机本身(曲轴系统)的固有频率与振型。如果柴油机本身存在不良扭振,则轴系布置很难去改善它,相当于得了先天性心脏病,是需切实加以重视的。

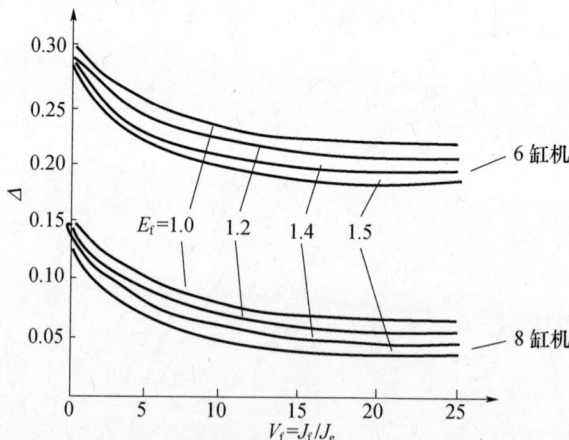

图3.1 柴油机单机固有频率跟飞轮惯量/单位汽缸惯量比值的关系

J_f—飞轮惯量;J_e—单缸惯量;K_e—单位曲柄刚度;$\sqrt{\Delta}$—无因次频率;

$$E_f = \frac{K_e}{K_f}$$ 刚度比;K_f—飞轮与气缸间刚度。

多缸柴油机激励程度,可依据式(1.151a)、式(1.151b)的相对振幅向量和来判定。影响相对振幅向量和 $\sum \alpha$ 大小的主要因素是振型、发火间隔角和简谐次数。

由于柴油机曲柄非规则排列,影响其平衡性,故大都采用规则排列,即均匀发火。此时,对 $\frac{Z}{2}$ 或 $Z(Z\text{—汽缸数})$ 等主谐次激励,各缸激励力矩向量同向,相位角为零,它不受发火顺序角的影响。但非主谐次振动 $\sum \alpha$ 值受发火间隔角(发火顺序)影响较大,可以通过改变发火顺序及 V 型机两列汽缸发火夹角来调整其相对振幅向量和大小。

例如,某轮 V 型柴油机轴系,2.5 谐次共振转速出现于额定转速以上,额定转速存在共振波,如图 3.2 所示,当 V 型机两列相同编号汽缸发火夹角为 $\xi_{12}=420°$ 时,其曲轴合成应力超过允许值。后改变两列汽缸发火夹角为 $\xi_{12}=60°$ 时,获得改善。这是因为其相对振幅向量和:

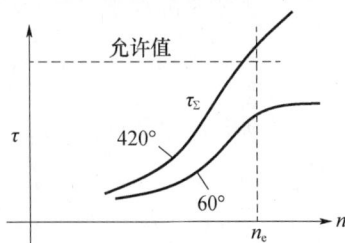

图 3.2　汽缸发火夹角影响例

$$\left(\sum \alpha\right)_{v=60} = \sum \alpha 2\cos \frac{2.5 \times 60°}{2} = 0.5176 \sum \alpha$$

$$\left(\sum \alpha\right)_{v=420} = \sum \alpha 2\cos \frac{2.5 \times 420°}{2} = 1.9318 \sum \alpha$$

两者相差近 4 倍($\sum \alpha$ ——单列机的相对振幅向量和)。

另外,有的柴油机备有不同大小的飞轮,合理选择主机飞轮大小,可改变曲轴结点的位置,能降低主谐次相对振幅向量和,减小其激励。而在曲轴自由端装副飞轮,也具有这一作用。

对于刚性连接的轴系,螺旋桨桨叶中心线与柴油机第 1 缸上止点间的夹角,影响到两种激励间的叠加或抵消程度,合理调整这一夹角可使它们的激励相位相反,而相互抵消。一般需靠实际试验确定适宜的安装角。为避免这两种激励互相叠加,尽量不使用螺桨叶片数与柴油机主谐次数(四冲程 $Z/2$ 谐次,二冲程 Z 谐次)相同的螺旋桨。至于装有离合器——减速齿轮箱的轴系,两种激励间的相位是经常变化的。

3.1.2　调频

调频是改变轴系中惯量、刚度及其分布规律,来调整轴系扭振固有频率的方法,使轴系在使用转速范围内,避开有危害的扭共振,主要避开四冲程 $Z/2$ 谐次、二冲程 Z 谐次的主共振。

如前所述,柴油机扭振特性很难因轴系布置而改变。故轴系设计时,调频主要针对传动轴系的扭振来进行,柴油机扭振问题应在柴油机设计时解决。一般而言,改变相对振幅最大处的惯量、具有结点的轴段刚度,对调频可起较大作用。而弹性联轴器,减速齿轮箱的应用对轴系固有频率能起很大变化。

大型低速柴油机轴系,通常单结点振动的结点在传动轴上,双结点振动则为柴油机的扭振特性所左右。一般采用加大传动轴直径、减少轴的长度等办法,提高单结点固有频率,把第 1 主谐次($Z/2$ 或 Z 谐次)共振转速调整到最高转速以上。通过计算,合理选用飞轮大小,也是调频的一个手段。

中高速柴油机轴系,常装有弹性联轴器和减速齿轮箱,其轴系的单、双结点振动反映了传动装置(轴系)的振动,结点在弹性联轴器和传动轴上,而三结点振动主要取决于柴油机的扭振特性。提高联轴器弹性,增大减速比,将第 1 主谐次共振转速降低到主机最低稳定转速以下,是这类轴系避振的常用办法。其中,应注意减速比的关系,从动部分的当量刚度和螺旋桨当量惯量均为实际值的$1/i^2$倍,相当于将轴大大拉长,有利于调频,并可增大螺旋桨相对振幅,增大其阻尼作用。

在使用弹性联轴器降低某谐次共振转速时,要注意其他有害共振是否落入使用转速内。双刚度联轴器可以解决这个问题,在柴油机低转速时,其刚度较小,把某谐次有害共振转速降至最低稳定转速以下。而高速时,其刚度增大,可将另一有害振动推到最高转速以上(详见 3.4.3 节)。

液力偶合器的扭转刚度较小,可将轴系分割成相互独立的前后两个系统,后面系统只受螺旋桨激励,激励力小,一般无大的振动。前面系统受柴油机激励,应慎重考虑其调频问题。

3.1.3　减振

鉴于柴油机激励是多谐次的周期函数,不可能靠调频避开所有谐次的有害振动,阻尼减振是必需的。

柴油机在设计阶段,应完成减振器的配置。船用柴油机的运转转速很宽,无阻尼动力减振器现在已基本上不用。而硅油减振器等,能提供很大阻尼,增加系统振动能的耗散,应用较广。阻尼—弹性减振器的工作原理在 1.2.2 节的式(1.58)已作初步介绍、讨论。本章将进一步介绍、讨论其设计机理和结构型式。摆式减振器利用子系统共振时动力的效应来抵消特定谐次的激励,达到减振效果。由于其结构复杂,只对特定谐次起作用,且其运动副磨损后影响减振效果,这种减振器的使用已渐减少。

在轴系中相对振幅较大的质量点上,加外阻尼,或在两端相对振幅差较大的轴段(部件)中,增大其内阻尼,均可收到良好的减振效果。

弹性联轴器的两端相对振幅常为异号,相对变形大,其滞后阻尼对减振的贡献可观。至于高阻尼弹性联轴器,如盖斯林联轴器、硅油橡胶联轴器等,更具良好的减振效果。

长轴系的船舶,双、三结点的振型在传动轴上常出现较大的相对振幅,在此处安装硅油减振器等阻尼元件效果比较好。

螺旋桨在水中运动,液流阻尼对各结点振动均有作用。选择飞轮惯量(及前部有关部件之惯量),增大 J_f/J_p 的比值,提高螺旋桨处相对振幅,能达到良好的减振效果。而增大减速比 i,使螺旋桨的当量惯量降低 i^2 倍,大大增加其相对振幅值,可获得较佳的减振效果。

3.1.4　抗振、转速禁区

抗振:一是增大危险轴段的直径,降低其扭共振应力;二是传动轴采用具有更高的抗拉强度的材料,增大许用应力,若同时增大轴段并改善材料,则更可增强其抗振能力。

若在 $n/n_e < 0.8$ 转速范围内,扭振引起的轴段应力,部件扭矩,虽超过持续允许值,但小于瞬时允许值时,可设置"转速禁区"。轴系不得在"转速禁区"内持久运转,在增速或减速时,要求快速通过。"禁区"大小范围,根据应计算和测量结果,并经船检部门核定。应在转速表上用红色标明禁区范围,并需校准转速表读数,其误差应在2%以内,或在主机遥控装置的程序中予以保证。

3.2　硅油减振器

3.2.1　基本结构

如图 3.3 所示,硅油减振器由壳体 1 和密封盖板 2 形成密封外壳,它固定于柴油机曲轴自由端,随曲轴振动。它的内部安装惯性环 3,可在外壳内自由旋转。外壳与惯性环之间有很小间隙,在其中充满一定黏度的硅油。当外壳作扭转振动时,惯性环基本保持等速旋转,两者产生相对运动,与硅油摩擦产生阻尼,消耗系统的扭振能量,达到减振目的。

这种靠阻尼减振的硅油减振器,也称为非调频减振器。它结构简单,易于设计制造。所用硅油,通常称为二甲基硅油,是无色、无味、无臭、无毒的液体,具较高的黏性,且温度变化时,黏度改变

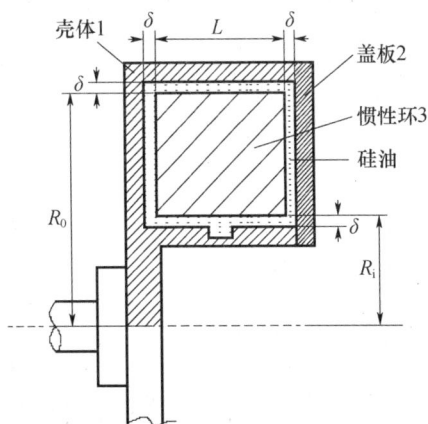

图 3.3　硅油减振器结构示意图

甚少,即具较稳定的黏性,此外还具有较好的抗氧化性、化学稳定性。两种不同黏度的硅油可按比例混合出所需的黏度,是一种较理想的阻尼介质。基于上述优点,这种减振器得到较广泛的应用。

3.2.2 减振机理

将柴油机曲轴—飞轮系统,简化为双质量系统,然后加上减振器,形成三质量系统,讨论其减振的基本原理。

1. 柴油机曲轴—飞轮系统当量简化

如图 3.4 所示,将多质量系统简化为双质量系统。设原系统共振固有圆频率为 ω_n,各缸的相对振幅为 α_i。将各缸惯量合并为当量惯量 J_e,飞轮惯量仍为 J_f。

按动量相等原则,得

$$J_e = \sum_{i=1}^{z} J_i \alpha_i^2 \qquad (3.1)$$

转化后其共振圆频率不变:

$$\omega_n^2 = \frac{K_e(J_e + J_f)}{J_e J_f}$$

则当量刚度为

$$K_e = \frac{\omega_n^2 J_e J_f}{J_e + J_f} \qquad (3.2)$$

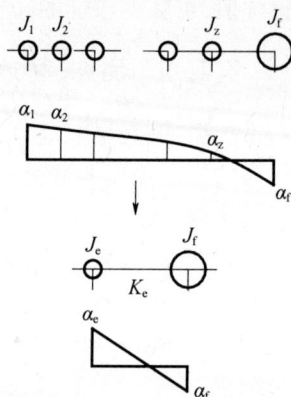

图 3.4 将多质量系统
简化为双质量系统

2. 减振原理

讨论图 3.5 所示三质量系统,其中 J_1 为减振器惯性环惯量,C_{12} 为其阻尼系数。$J_2 = J_h + J_e$,J_h 为减振器外壳惯量,$K_{23} = K_e$ 为发动机当量刚度,$J_3 = J_f$ 为飞轮惯量,而 $K_{12} = 0$。激励力矩 $M\sin\omega t$ 作用于 J_2 上。

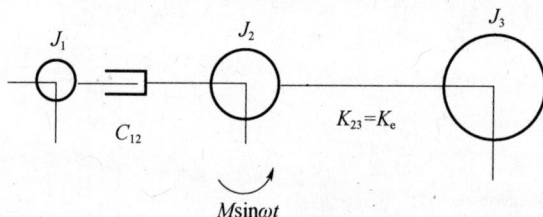

图 3.5 三质量系统

运动微分方程为

$$\begin{cases} J_1 \ddot{\varphi}_1 + C_{12}(\dot{\varphi}_1 - \dot{\varphi}_2) = 0 \\ J_2 \ddot{\varphi}_2 + C_{12}(\dot{\varphi}_2 - \dot{\varphi}_1) + K_{23}(\varphi_2 - \varphi_3) = M\sin\omega t \\ J_3 \ddot{\varphi}_3 + K_{23}(\varphi_3 - \varphi_2) = 0 \end{cases} \qquad (3.3)$$

设

$$\begin{cases} x_1 = \varphi_1 - \varphi_2 = A_1 \sin(\omega t + \theta_1) \\ x_2 = \varphi_2 - \varphi_3 = A_2 \sin(\omega t + \theta_2) \end{cases} \qquad (3.4)$$

代入式(3.3)求解。这个解即为式(1.59)在 $K_{12} = 0$($\lambda_D = 0$)时的情况。此时,柴油机振动为

$$A_2 = \frac{M}{J_2} \sqrt{\frac{\omega^4 + (2\mu\omega)^2}{(\omega_1^2 - \omega^2)^2 (\omega_2^2 - \omega^2)^2 + (2\mu\omega)^2 \left[\left(1 + \frac{J_1}{J_2}\right)(\omega_{23}^2 - \omega^2) - \frac{K_{23}J_1}{J_2^2} \right]^2}}$$

根据式(1.57),有关系:

$$(\omega_1^2 - \omega^2)(\omega_2^2 - \omega^2) = (\omega_{12}^2 - \omega^2)(\omega_{23}^2 - \omega^2) - \frac{K_{12}K_{23}}{J_2^2} = -\omega^2(\omega_{23}^2 - \omega^2)$$

$$\left(1 + \frac{J_1}{J_2}\right)(\omega_{23}^2 - \omega^2) - \frac{K_{23}J_1}{J_2^2} = \left(1 + \frac{J_1}{J_2}\right) \left[\frac{K_{23}(J_2 + J_3)}{J_2 J_3} - \omega^2 \right] - \frac{K_{23}J_1}{J_2^2}$$

$$= \left(1 + \frac{J_1}{J_2}\right) \left[\frac{K_{23}(J_1 + J_2 + J_3)}{(J_1 + J_2)J_3} - \omega^2 \right]$$

$$= \left(1 + \frac{J_1}{J_2}\right)(\omega_\Delta^2 - \omega^2)$$

$$2\mu = \frac{C_{12}}{J_1}$$

则有

$$A_2 = \frac{M}{J_2} \sqrt{\frac{\omega^2 + \left(\frac{C_{12}}{J_1}\right)^2}{\omega^2(\omega_{23}^2 - \omega^2)^2 + \left(\frac{C_{12}}{J_1}\right)^2 \left[(1 + U)(\omega_\Delta^2 - \omega^2)\right]^2}} \qquad (3.5)$$

式中　$U = \dfrac{J_1}{J_2}$——惯量比;

$\omega_\Delta^2 = \dfrac{K_{23} + (J_1 + J_2 + J_3)}{(J_1 + J_2)J_3}$——惯量环 J_1 与柴油机惯量 J_2 锁合时的固有频率。

从式(3.5)可见:

(1) 当减振器阻尼 $C_{12} = 0$ 时,有

$$A_2 = \frac{M}{J_2} \frac{1}{\omega_{23}^2 - \omega^2} \qquad (3.6)$$

此时,惯量环 J_1 悬空旋转,出现柴油机原系统共振。

(2) 当 $C_{12} \to \infty$ 时,有

$$A_2 = \frac{M}{J_1 + J_2} \cdot \frac{1}{\omega_\Delta^2 - \omega^2} \qquad (3.7)$$

此时,出现惯性环 J_1 锁合到 J_2 后,系统的共振现象。

图3.6中, $C_{12}=0$ 为原系统共振曲线,而 $C_{12}=\infty$ 时,为惯性环锁合于柴油机的共振曲线,两者相交于 p 点,且在各种阻尼下,共振曲线均通过 p 点。

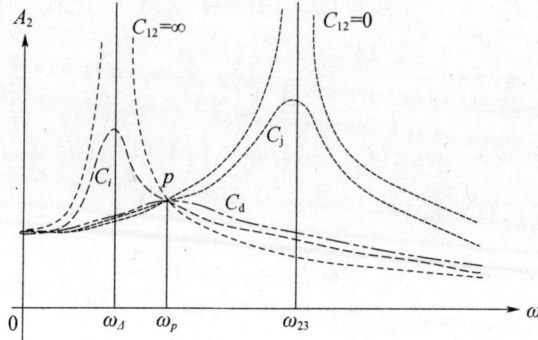

图3.6 硅油减振器原理

将交点 p 的对应频率 ω_p,代入式(3.6)、式(3.7),并令其相等:

$$\frac{M}{J_2}\cdot\frac{1}{\omega_{23}^2-\omega_p^2}=\frac{M}{J_1+J_2}\cdot\frac{1}{\omega_p^2-\omega_\Delta^2}$$

可得

$$\omega_p^2=\frac{K_{23}\left(\dfrac{J_1}{2}+J_2+J_3\right)}{\left(\dfrac{J_1}{2}+J_2\right)J_3} \tag{3.8}$$

它相当于将惯性环 $1/2$ 惯量叠加于柴油机惯量 J_2 上时系统的固有频率。

硅油减振器的设计点是 p,在此点处选取阻尼值,使其共振曲线峰值在 p 点,而所选的阻尼值称为最佳阻尼。故而在当量转化中,当视硅油减振器为一个质量点时,通常取惯量环质量 $1/2$,叠加到外壳惯量。

最佳阻尼据 $\omega=\omega_p$ 时, $\dfrac{\mathrm{d}A_2}{\mathrm{d}\omega}=0$ 求得。按式(3.5),有

$$\frac{\mathrm{d}A_2}{\mathrm{d}\omega}=\frac{M}{2J_2}\sqrt{\frac{u}{v}}\cdot\frac{u'v-uv'}{v^2}$$

式中

$$u=\omega^2+\left(\frac{C_{12}}{J_1}\right)^2$$

$$v=\omega^2(\omega_{23}^2-\omega^2)^2+\left(\frac{C_{12}}{J_1}\right)^2(1+U)^2(\omega_\Delta^2-\omega^2)^2$$

$$u'=2\omega$$

$$v'=2\omega(\omega_{23}^2-\omega^2)^2-4\omega^3(\omega_{23}^2-\omega^2)-4\left(\frac{C_{12}}{J_1}\right)^2(1+U)^2\omega(\omega_\Delta^2-\omega^2)$$

要求 $u'\nu - u\nu' = 0$。注意到在 ω_p 处,有

$$\omega_{23}^2 - \omega_p^2 = \frac{K_{23}}{J_2} \cdot \frac{U}{U+2}$$

$$\omega_{\Delta}^2 - \omega_p^2 = \frac{K_{23}}{J_2} \cdot \frac{U}{(U+2)(U+1)}$$

则有

$$u'\nu - u\nu' = 2\omega \left[a\left(\frac{C_{12}}{J_1}\right)^4 + b\left(\frac{C_{12}}{J_1}\right)^2 + c \right]$$

式中

$$a = 2(U+1)^2(\omega_{\Delta}^2 - \omega_p^2) = -2\frac{K_{23}}{J_2}\frac{U(U+1)}{U+2}$$

$$b = 2(U+1)^2\omega_p^2(\omega_{\Delta}^2 - \omega_p^2) + (U+1)^2(\omega_{\Delta}^2 - \omega_p^2)^2 -$$
$$(\omega_{23}^2 - \omega_p^2)^2 + 2\omega_p^2(\omega_{23}^2 - \omega_p^2)$$
$$= -2\frac{K_{23}}{J_2}\omega_p^2\frac{U^2}{U+2}$$

$$c = 2\omega_p^4(\omega_{23}^2 - \omega_p^2) = 2\frac{K_{23}}{J_2}\omega_p^4\frac{U}{U+2}$$

于是,有

$$(U+1)\left(\frac{C_{12}}{J_1}\right)^4 + U\omega_p^2\left(\frac{C_{12}}{J_1}\right)^2 - \omega_p^4 = 0$$

$$\left[(U+1)\left(\frac{C_{12}}{J_1}\right)^2 - \omega_p^2\right]\left[\left(\frac{C_{12}}{J_1}\right)^2 + \omega_p^2\right] = 0$$

$$\left(\frac{C_{12}}{J}\right)^2 = \frac{\omega_p^2}{U+1}$$

最佳阻尼为

$$C_d = C_{12} = \frac{\omega_p J_1}{\sqrt{U+1}} \qquad (3.9)$$

综上所述,硅油减振器的主要参数确定步骤如下:

(1) 考虑柴油机安全因素等,确定减振要达到的效果,选定 A_2 值。

(2) 按式(3.6)计算出相应的不动点(设计点)ω_p,计算中取 $M = M_i \sum \boldsymbol{\alpha}$。

其中,M_i 为单缸激励力矩幅,$\sum \boldsymbol{\alpha}$ 为相对振幅向量和。

(3) 按式(3.8)计算惯性环惯量 $J_d = J_1$。

(4) 据式(3.9)求出最佳阻尼系数 $C_d = C_{12}$。

(5) 获得上述 J_d、C_d 初选值后,按图 3.7(a)、(b)所示多质量系统之一,进行复算,并修正、选定减振器惯性环的惯量 J_d 与阻尼系数 C_d 值。

3.2.3　硅油黏度

减振器惯性环与壳体作相对运动时,其径向和侧向间隙 δ 中的硅油由于剪

(a)

(b)

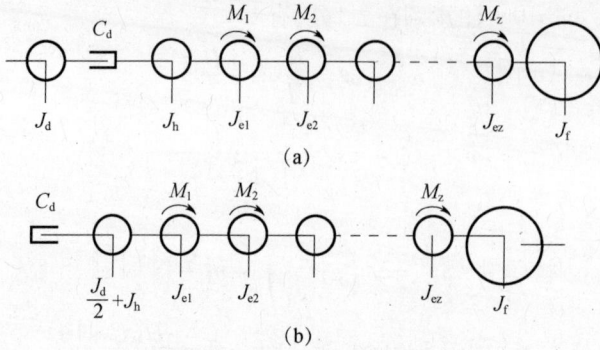

图 3.7 多质量系统

J_d—惯性环惯量;J_h—外壳惯量。

切作用产生阻尼,此时,硅油有效黏度(温度为 60℃)为

$$\nu_{\text{eff}} = \frac{C_d \delta}{9.98 \times 10^{-13} 2\pi L R_o^3 \left[1 + \dfrac{R_i}{2L}\eta_R\right]} \tag{3.10}$$

式中　C_d——最佳阻尼,(N·m·s)/rad;

　　　δ——惯性环与外壳的间隙,mm;

　　　L——惯性环厚度,mm;

　　　R_o——惯性环外半径,mm;

　　　R_i——惯性环内半径,mm;

　　　η_R——修正系数,按表 3.1 选取。

表 3.1　修正系数 η_R

η_R ＼ $\dfrac{R_i}{R_o}$ ＼ $\dfrac{\nu}{\delta}$	0.25	0.3	0.4	0.5	0.6	0.7	0.8
$\left(\dfrac{V}{\delta}\right)_m < 700$	1.04	1.03	1.01	0.97	0.89	0.77	0.61
$700 < \left(\dfrac{V}{\delta}\right)_m < 1000$	1.11	1.10	1.08	1.03	0.94	0.81	0.58
注:$\left(\dfrac{V}{\delta}\right)_m$—平均剪切率							

$$\left(\frac{V}{\delta}\right)_m = 0.49 \frac{\omega_p A_h R_o}{\delta} \tag{3.11}$$

式中　A_h——壳体振幅,rad。

　　通常,间隙 δ 以小为宜,一般取

$$\delta = 0.25 + 0.022\sqrt{R_o} \tag{3.12}$$

另外,尺寸比例一般范围为

$$
\begin{cases}
\dfrac{R_i}{R_o} = 0.25 \sim -0.65 \\[3mm]
\dfrac{L}{R_o} = 0.2 \sim -0.6
\end{cases}
\tag{3.13}
$$

求得工作状态下硅油有效黏度 ν_{eff},常温(25℃)下的名义黏度可按下式计算:

$$
\nu_0 = \frac{\nu_{eff}}{\eta_\nu \eta_t}
\tag{3.14}
$$

式中　η_ν——剪切率修正系数,由图 3.8 查取;

　　　η_t——温度修正系数,由图 3.9 查取。

3.2.4　散热面积校核

硅油减振器靠硅油的阻尼,将振动能变为热能。为保证减振器正常工作,不使硅油温度过高,应计算减振器消耗的功率及其散热能力。

减振器在一个振动循环所消耗的功,当按图 3.7(a)所示,减振器分为两个质量点时,有

$$
W_{da} = \pi C_d \omega_p (A_d - A_h)^2
\tag{3.15}
$$

相应功率损失为

$$
N_d = \frac{\omega_p}{2\pi} 10^{-3} W_{da} = \frac{10^{-3}}{2} C_d \omega_p^2 (A_d - A_h)^2
\tag{3.16}
$$

当按图 3.7(b)所示,减振器合成一个质量点时,有

$$
W_{db} = \pi C_d \omega_p A_h^2
\tag{3.17}
$$

相应功率损失为

$$
N_d = \frac{\omega_p}{2\pi} 10^{-3} W_{db} = \frac{10^{-3}}{2} C_d \omega_p^2 A_h^2
\tag{3.18}
$$

式中　A_d、A_h——按多自由度系统,计算出的惯性环、壳体的振幅,rad。

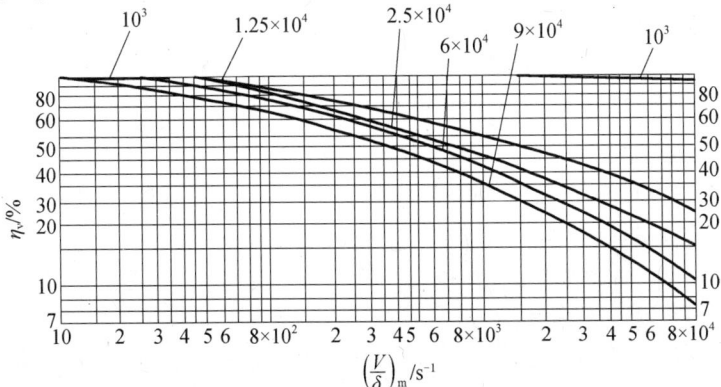

图 3.8　剪切率修正曲线

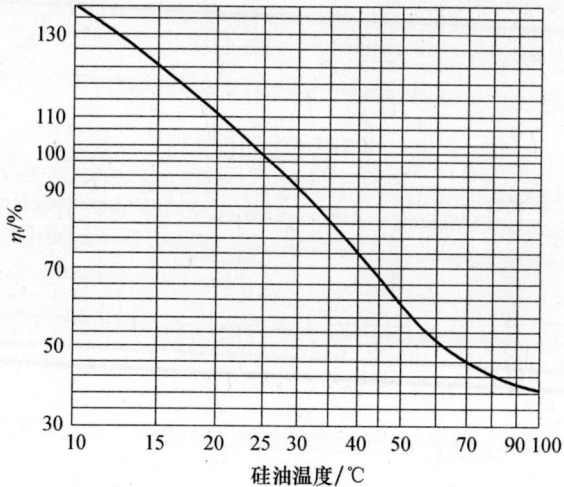

图 3.9　温度修正曲线

减振器散热面积为

$$S = 2\pi(R_o^2 - R_i^2 + LR_o + LR_i)10^{-6} \qquad (3.19)$$

单位平方米消耗功率应满足：

$$\frac{N_d}{S} \leqslant 6.39 \qquad (3.20)$$

3.3　弹性阻尼减振器

3.3.1　型式结构简介

弹性阻尼减振器的型式较多,其弹性件有钢簧、橡胶之分,而阻尼介质也有橡胶、硅油、润滑油之异。下面介绍常见的几种型式结构。

1. 橡胶减振器

橡胶减振器由惯性环、橡胶圈和支承法兰组成,如图 3.10 所示。支承法兰固定于曲轴自由端。三者之间连接常用橡胶硫化的方法粘结在一起,也可采用预压缩的方法。

这种减振器的弹性和阻尼均靠橡胶圈来实现。由于橡胶的内阻尼数值较小且难于调整,不能满足最佳阻尼的要求。这种减振器的结构简单、工艺性好,适于批量生产,广泛应用于高速机中。

2. 硅油橡胶减振器

如图 3.11 所示,橡胶圈直接硫化粘结于惯性环和主动盘上,在惯性环与主动盘间隙中充满高黏度硅油,主动盘固定于曲轴自由端,弹性由橡胶圈提供,阻尼则从硅油摩擦与橡胶内阻尼构成。减振效果远高于橡胶减振器。其结构紧凑,多应用于高速汽车发动机上。

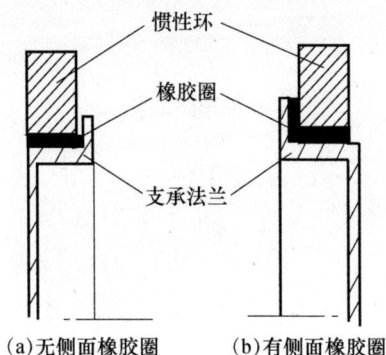

图 3.10 橡胶减振器

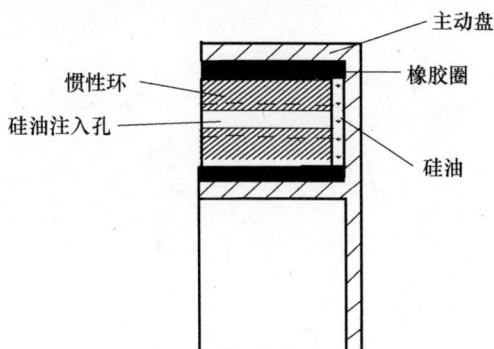

图 3.11 硅油橡胶减振器

3. 硅油簧片减振器

如图 3.12 所示,惯性环与主动盘之间,有多组簧片嵌在一定型式的槽内,弹性由簧片提供,阻尼则是簧片之间及簧片与槽侧壁在振动时出现硅油摩擦而产生,扭振中硅油流动也引起一定的液体摩擦阻尼。

此种减振器的减振效果高于硅油减振器,但造价也较高,常用于大功率高速柴油机。

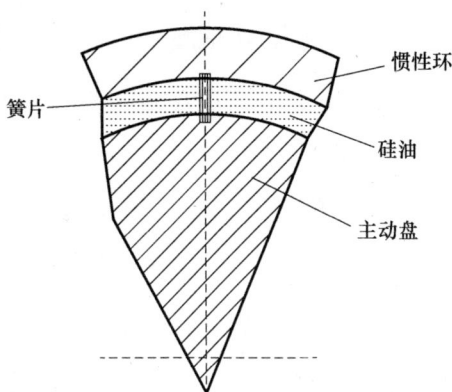

图 3.12 硅油簧片减振器

4. 卷簧减振器

如图 3.13 所示,惯性环浮动地配合在主动盘上,主动盘固定于曲轴自由端。惯性环与主动盘通过圆柱形卷簧组相连接。卷簧组内装有限位销,以保护卷簧组免受过大的变形和应力,限制惯性环与主动盘之间的相对运动,并保持卷簧组沿半径方向的正确定位。减振器有油管通向柴油机滑油系统,在发动机运转时,减振器内剩余空间充满润滑油。

这种减振器的阻尼,一方面靠多层卷簧间相对摩擦产生,另一方面则由润滑油从卷簧一侧被压向另一侧时,产生液体摩擦阻尼。此外,滑油是流动循环的,可带走摩擦产生的热量。

5. 盖斯林格减振器

如图 3.14 所示,惯性环与主动轮之间由等强度簧片连接,有油管与发动机滑油系统相通,使减振器内充满滑油,扭振时簧片变形,除了簧片间摩擦阻尼以外,更主要的是簧片两侧油腔体积、压力变化,将滑油从侧壁间隙中由一侧挤向另一侧,从而产生高阻尼。运转中,滑油系统也能带走减振器消耗的振动热能,从而达到高效。

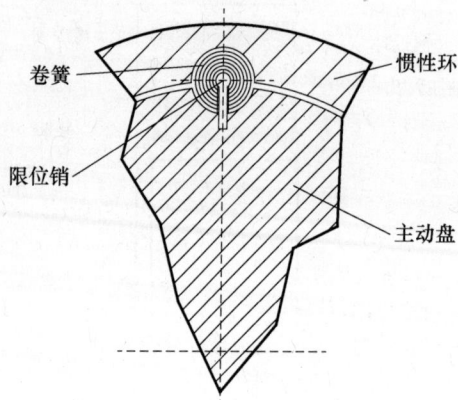

图 3.13　卷簧减振器　　　　　　图 3.14　盖斯林格减振器

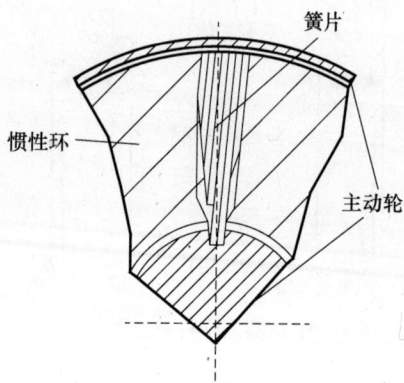

3.3.2　减振机理

讨论图 3.15 所示系统,与图 3.5 所示硅油减振器相比较,弹性阻尼减振器具有刚度 K_{12} 和阻尼 C_{12}。

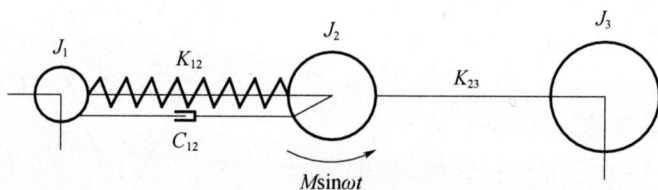

图 3.15　减振机理

运动方程为

$$\begin{cases} J_1\ddot{\varphi}_1 + C_{12}(\dot{\varphi}_1 - \dot{\varphi}_2) + K_{12}(\varphi_1 - \varphi_2) = 0 \\ J_2\ddot{\varphi}_2 + C_{12}(\dot{\varphi}_2 - \dot{\varphi}_1) + K_{12}(\varphi_2 - \varphi_1) + K_{23}(\varphi_2 - \varphi_3) = M\sin\omega t \\ J_3\ddot{\varphi}_3 + K_{23}(\varphi_3 - \varphi_2) = 0 \end{cases} \quad (3.21)$$

设

$$\begin{cases} x_1 = \varphi_1 - \varphi_2 = A_1\sin(\omega t + \theta_1) \\ x_2 = \varphi_2 - \varphi_3 = A_2\sin(\omega t + \theta_2) \end{cases} \quad (3.22)$$

将式(3.22)代入式(3.21),可得到如式(1.56)、式(1.59)所示的解,其中柴油机曲轴的扭转振幅为

$$A_2 = \frac{M}{J_2} \sqrt{\frac{\left(\omega_{12}^2 - \omega^2 - \frac{K_{12}}{J_2}\right)^2 + \left(\frac{C_{12}\omega}{J_1}\right)^2}{\left[(\omega_{12}^2 - \omega^2)(\omega_{23}^2 - \omega^2) - \frac{K_{12}K_{23}}{J_2^2}\right]^2 + \left(\frac{C_{12}\omega}{J_1}\right)^2\left[1 + \frac{J_1}{J_2}(\omega_{23}^2 - \omega^2) - \frac{J_1 K_{23}}{J_2^2}\right]^2}}$$

$$= \frac{M}{J_2} \sqrt{\frac{(\lambda_D^2 - \omega^2)^2 + \left(\frac{C_{12}\omega}{J_1}\right)^2}{\left[(\omega_1^2 - \omega^2)(\omega_2^2 - \omega^2)\right]^2 + \left(\frac{C_{12}\omega}{J_1}\right)^2(\omega_\Delta^2 - \omega^2)^2}}$$

$$(3.23)$$

式中　$\lambda_D = \sqrt{\dfrac{K_{12}}{J_1}}$——减振器固有频率,rad/s;

$\omega_e = \omega_{23} = \sqrt{\dfrac{K_{23}(J_2 + J_3)}{J_2 J_3}}$——柴油机固有频率,rad/s;

$\omega_\Delta = \sqrt{\dfrac{K_{23}(J_1 + J_2 + J_3)}{(J_1 + J_2)J_3}}$——减振器惯性环 J_1 锁合于外壳时,系统固有频率,rad/s。

依据式(3.23),$\dfrac{A_2}{M/J_2} - \omega$ 的关系曲线如图 3.16 所示。从图中可见:

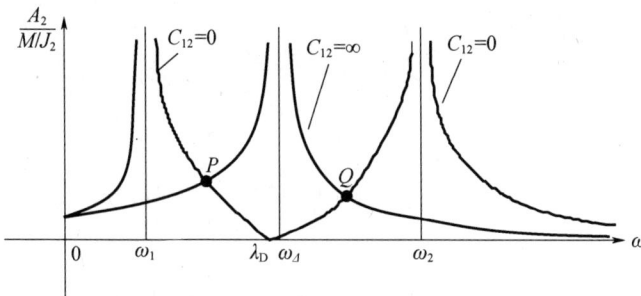

图 3.16　$\dfrac{A_2}{M/J_2} - \omega$ 关系曲线

(1) 系统有 ω_1、ω_2 两个固有频率(共振区)。

(2) 在无阻尼($C_{12} = 0$)时,于 $\omega = \lambda_D$ 处,$A_2 = 0$。通常选取 $\lambda_D = \omega_e$,使原系统共振时 $A_2 = 0$。这是动力减振器的机理。由于柴油机通常是变速的,应注意通过共振区 ω_1、ω_2 时的危险。

(3) 当 $\dfrac{C_{12}}{J_1} \to \infty$ 时,有

$$A_2 = \frac{M}{J_2(\omega_\Delta^2 - \omega^2)} \tag{3.24}$$

为减振器惯性环锁合于外壳时的响应,其共振曲线与 $C_{12}=0$ 时的共振曲线相交于 P、Q 两个点,且不管阻尼 C_{12} 值多少,共振响应曲线均通过这二点,称为不动点。

为进一步讨论方便,将式(3.23)改写成如下形式:

$$\frac{A_2}{M/J_2} = \frac{1}{\omega_e^2}\sqrt{\frac{(z^2-y^2)^2+(\mu zy)^2}{\{[(1+U)z^2-y^2](1-y^2)-UVz^2\}^2+(\mu zy)^2[(1+U-UV)-(1+U)y^2]^2}}$$

(3.25)

式中　$z=\dfrac{\lambda_D}{\omega_e}$——减振器频率与柴油机频率之比;

$y=\dfrac{\omega}{\omega_e}$——振动频率与柴油机频率之比;

$\mu=\dfrac{C_{12}}{J_1\lambda_D}$——减振器无因次阻尼比;

$U=\dfrac{J_1}{J_2}$——惯量比;

$V=\dfrac{J_3}{J_2+J_3}$——惯量比。

不动点 P、Q 是 $\mu=0$ 即无阻尼共振曲线,与 $\mu=\infty$ 即锁合状态时共振曲线之交点。

当 $\mu=0$ 时,有

$$\left(\frac{A_2}{M/J_2}\right)_{\mu=0} = \frac{1}{\omega_e^2}\frac{z^2-y^2}{[(1+U)z^2-y^2](1-y^2)-UVz^2}$$

当 $\mu=\infty$ 时,有

$$\left(\frac{A_2}{M/J_2}\right)_{\mu=\infty} = \frac{1}{\omega_e^2}\frac{1}{(1+U-UV)-(1+U)y^2}$$

令:上述二式之值相等,当 $\left(\dfrac{A_2}{M/J_2}\right)_{\mu=0}=\left(\dfrac{A_2}{M/J_2}\right)_{\mu=\infty}$ 时,得

$y=0$,即 $\omega=0$　静态状况时的响应相等。

又当 $\left(\dfrac{A_2}{M/J_2}\right)_{\mu=0}=-\left(\dfrac{A_2}{M/J_2}\right)_{\mu=\infty}$ 时,得

$$(2+U)y^4-2\left[(1+U)z^2+1+\frac{U(1-V)}{2}\right]y^2+2[1+U(1-V)]z^2=0$$

(3.26)

于是,P、Q 点之无因次频率比为

$$y_{p,q}^2 = \frac{(1+U)z^2+1+\dfrac{U(1-V)}{2}}{2+U} \mp \sqrt{\left[\frac{(1+U)z^2+1+\dfrac{U(1-V)}{2}}{2+U}\right]^2-\frac{2[1+U(1-V)]z^2}{2+U}}$$

(3.27)

将它代入式(3.25),可得 P 和 Q 二点的振幅 A_p、A_q。图 3.17 是频率比 $z = \dfrac{\lambda_\mathrm{D}}{\omega_\mathrm{e}}$ 对 A_p 和 A_q 变化的例子。图中:当 $z > z_0 = 0.833$ 时,$A_p > A_q$;当 $z < z_0 = 0.833$ 时,$A_p < A_q$;而当 $z = z_0 = 0.833$ 时,$A_p = A_q$。称 z_0 为最佳定调。

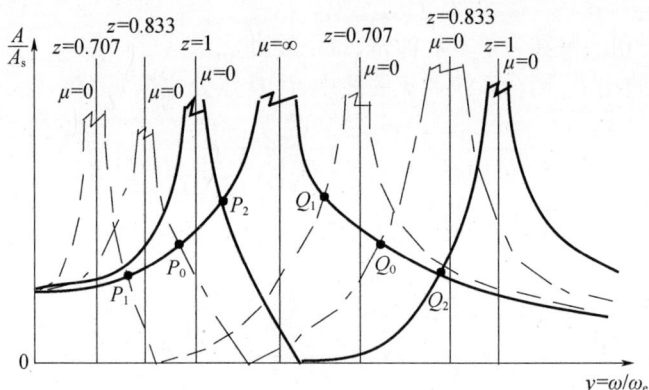

图 3.17　频率比 $z = \dfrac{\lambda_\mathrm{D}}{\omega_\mathrm{e}}$ 对 A_p 和 A_q 变化的例子

最佳定调 z_0 时,锁合共振曲线上 P、Q 点的振幅相等,即

$$\frac{1}{1 + U(1 - V) - (1 + U)y_p^2} = \frac{1}{1 + U(1 - V) - (1 + U)y_q^2}$$

得

$$y_p^2 + y_q^2 = \frac{2[1 + U(1 - V)]}{1 + U} \tag{3.28a}$$

又从式(3.26),有

$$y_p^2 + y_q^2 = \frac{2\left[(1 + U)z_0^2 + 1 + \dfrac{U(1 - V)}{2}\right]}{2 + U} \tag{3.28b}$$

令:上二式相等,可得最佳定调比:

$$z_0 = \frac{\sqrt{1 + \dfrac{U(3 + U)(1 - V)}{2}}}{1 + U} \tag{3.29}$$

将式(3.29)结果代入式(3.27),即可确定最佳定调比 z_0 时不动点 P、Q 的频率比 y_{p0}、y_{q0}: $y_{p0}^2 = A \mp \sqrt{A^2 - B}$

式中

$$A = \frac{1}{2 + U}\left[(1 + U)z_0^2 + 1 + \frac{U(1 - V)}{2}\right] = \frac{1 + U(1 - V)}{1 + U}$$

$$B = \frac{2[1 + U(1 - V)]}{2 + U}z_0^2 = \frac{2 + U(5 + U)(1 - V) + U^2(3 + U)(1 - V)^2}{(1 + U)^2(2 + U)}$$

于是,有

$$y_{p_0 \atop q_0}^2 = \frac{1}{1+U}\left\{1 + U(1-V) \mp \sqrt{\frac{UV[1+U(1-V)]}{2+U}}\right\} \tag{3.30}$$

关于最佳阻尼,如同硅油减振器一样,可以据 $y = y_{p_0}$,$y = y_{q_0}$ 时,$\dfrac{\mathrm{d}A_2}{\mathrm{d}y} = 0$ 来求取,但其过程和结果甚为繁复。通常,按下述办法求其近似值。

最佳定调比下,锁合系统共振曲线中,P、Q 点处之振幅为

$$\frac{A_2}{M/J_2} = \frac{1}{\omega_e^2} \cdot \frac{1}{1+U(1-V)-(1+U)y_{p_0}^2} = \frac{1}{\omega_e^2}\sqrt{\frac{2+U}{UV[1+U(1-V)]}} \tag{3.31}$$

锁合共振频率 $\omega = \omega_\Delta$ 时,有

$$y_\Delta^2 = \frac{\omega_\Delta^2}{\omega_e^2} = \frac{1+U_1}{1+U} \tag{3.32}$$

$$U_1 = \frac{J_1}{J_2 + J_3} \tag{3.33}$$

根据式(3.26),定调比 z_0 时,于 $\omega = \omega_\Delta$ 处的振幅:

$$\frac{A_2}{M/J_2} = \frac{1}{\omega_e^2}\sqrt{\frac{a + \mu_0^2 b}{c + \mu_0^2 d}} \tag{3.34}$$

式中

$$\begin{cases} a = (z_0^2 - y_\Delta^2)^2 \\ b = z_0^2 y_\Delta^2 \\ c = \{[(1+U)z_0^2 - y_\Delta^2](1 - y_\Delta^2) - UVz_0^2\}^2 \\ d = z_0^2 y_\Delta^2 [1 + U(1-V) + (1+U)y_\Delta^2]^2 \end{cases} \tag{3.35}$$

再令:

$$e = \frac{2+U}{UV[1-U(1-V)]} \tag{3.36}$$

比较式(3.31)和式(3.34),令其相等,可得近似的最佳阻尼比:

$$\mu_0 \approx \sqrt{\frac{ce - a}{b - de}} \tag{3.37}$$

相应最佳阻尼系数为

$$C_0 = \mu_0 J_1 \lambda_D \tag{3.38}$$

图 3.18 是最佳定调比下,不同阻尼比 μ 的响应曲线例。在最佳阻尼比 μ_0 附近,于不动点 P_0、Q_0 之间,出现较平坦的"高原"区。

3.3.3 减振器设计步骤

(1) 据结构可能性等,初选减振器的惯性环惯量 J_d 及外壳惯量 J_h,一般取 $J_d = (0.1 \sim 0.3)J_e$。

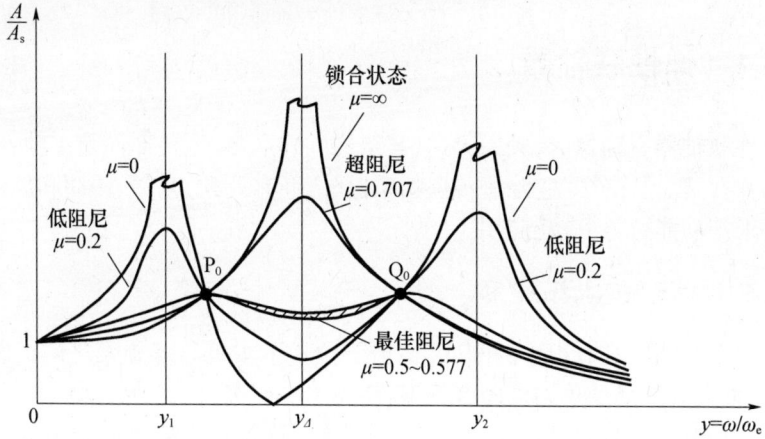

图 3.18　最佳定调比下响应曲线例

（2）按式（3.29），计算最佳定调比 z_0。并计算减振器的频率和刚度 $\lambda_D = \omega_e z_0$，$K_d = J_d \lambda_D^2$。

（3）按式（3.32）、式（3.33）计算不动点频率 y_p、y_q 及相应的柴油机扭转振幅 A_2，检查减振后的柴油机振动扭矩是否安全，$M_e = k_e A_2 \leqslant [M]$。

（4）按图 3.19 所示多质量系统，进行响应振动详细复算，修正并选定减振器参数 J_d、J_h、K_d、C_d。

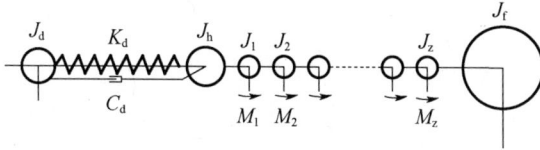

图 3.19　多质量系统

对于柴油机原系统共振转速，接近或略大于其额定转速时，如图 3.20 所示，装减振器后，一个共振转速低于额定转速，而另一个新共振转速在最大转速以上。在这种情况下，可以取小于最佳值的定调比，使运转转速内不动点 p 处柴油机振幅 A_2 值较小，从而获得较好的减振效果。

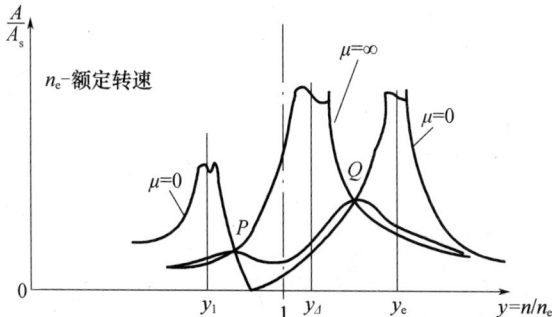

图 3.20　额定转速附近出现共振时的减振

3.4 弹性联轴器

弹性联轴器有弹簧、橡胶二大类,其结构型式众多,主要部件是主动、从动连接盘和弹性、阻尼元件。它除了传递功率以外,尚有调频、减振、缓冲和放宽轴系校中要求等功能,得到广泛应用。

3.4.1 调频、减振作用

高弹性联轴器具有很小的刚度,相当于拉长了主机与螺旋桨之间的轴段长度,从而可较大地降低单结点固有频率,使其主要谐次的共振转速降到最低稳定转速的 0.8 以下,达到避振目的。对于有减速齿轮箱的轴系,高弹性联轴器可以将单、双结点主共振转速降至最低稳定转速以下。

轴系扭振中,弹性联轴器的弹性件是结点的所在处,它产生较大变形,故而其阻尼功也大,起到良好的减振效果。橡胶联轴器中,橡胶具有较大的材料迟滞阻尼,即有可观的损失系数 ψ,减振功能较好。一般的金属簧片联轴器,靠簧片间摩擦产生的阻尼,比较小,减振效果并不理想。而盖斯林格联轴器是高阻尼的联轴器。跟盖斯林格减振器一样,其板簧束同主、从动盘一起形成空腔,并充满压力油。振动时,板簧束变形使油从一个空腔,经侧壁间隙挤向另一侧空腔,从而产生高阻尼,故具极好的减振效果。

3.4.2 缓冲作用

1. 传动齿轮的脱开冲击

柴油机的不均匀输出扭矩,会使减速齿轮之间产生冲击力,严重时,出现齿轮间脱开冲击的现象。造成齿面点蚀、齿根折损、噪声增大以及船体振动等危害。

引起减速齿轮脱开的原因如下:

(1) 柴油机的不均匀输出扭矩大于其平均扭矩,扭矩出现负值。这种情况在启动、停车及低转速时常见。

(2) 轴系存在较大的扭振共振转速。实践表明,传动齿轮对于扭共振甚为敏感。

判定齿轮脱开冲击的条件为齿轮间的啮合扭矩出现负值。

设啮合扭矩为

$$M_0 + M_g \sin\omega t$$

$$M_0 = 9550 \frac{N_e}{n_e}\left(\frac{n}{n_e}\right)^2 \tag{3.39}$$

$$M_g = J_a\ddot{\varphi}_g + K(\varphi_g - \varphi_{g-1}) + C(\dot{\varphi}_g - \dot{\varphi}_{g-1}) \tag{3.40}$$

式中　　N_e——柴油机额定功率,kw;

$\quad\quad\quad n_e$——柴油机额定转速,r/min;

$\quad\quad\quad n$——运转转速,r/min;

$\quad\quad\quad J_a$——主动齿轮惯量,kg·m^2;

$\quad\quad\quad K$——与主动轮相接轴的刚度,(N·m)/rad;

$\quad\quad\quad C$——与主动轮相接轴的阻尼系数,(N·m·s)/rad;

$\quad\quad\quad \varphi_g$——主动轮扭振角位移,rad;

$\quad\quad \varphi_{g-1}$——主动轮前一个质量点的扭振角位移,rad。

当 $M_g > M_0$ 时,啮合扭矩出现负值,即出现齿轮间脱开冲击现象,如图 3.21 所示。

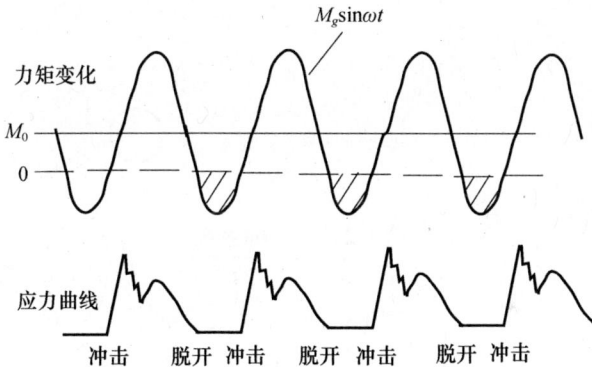

图 3.21　主动轴上应力变化示意图

2. 弹性联轴器缓冲作用

讨论如图 3.22 所示,柴油机和减速齿轮箱之间装有弹性联轴器的系统。为分析其缓冲机理,可简化为三质量系统。

啮合力矩为

$$M_g = J_{2a}\ddot{\varphi}_2 + C_{12}(\dot{\varphi}_2 - \dot{\varphi}_1) + K_{12}(\varphi_2 - \varphi_1) \tag{3.41}$$

式(3.41)中,φ_1、φ_2 可据三质量系统求出,于是可得

$$M_g = \alpha T \tag{3.42}$$

式中　　T——柴油机激励力矩幅,N·m;

$\quad\quad\quad \alpha$——冲击系数。

$$\alpha = \frac{\dfrac{K_{12}}{J_1}\left(1 - \dfrac{J_{2a}}{J_2}\right)(\lambda_p^2 - \omega^2)\sqrt{1 + \left(\dfrac{b\omega}{\lambda_{23}}\right)^2}}{\sqrt{(\omega_1^2 - \omega^2)^2(\omega_2^2 - \omega^2)^2 + (b\omega)^2\left[\dfrac{J_1}{J_1 + J_2} - \dfrac{K_{23}}{J_2} - (\lambda_{23}^2 - \omega^2)\right]^2}} \tag{3.43}$$

当联轴器阻尼 $b = 0$ 时,有

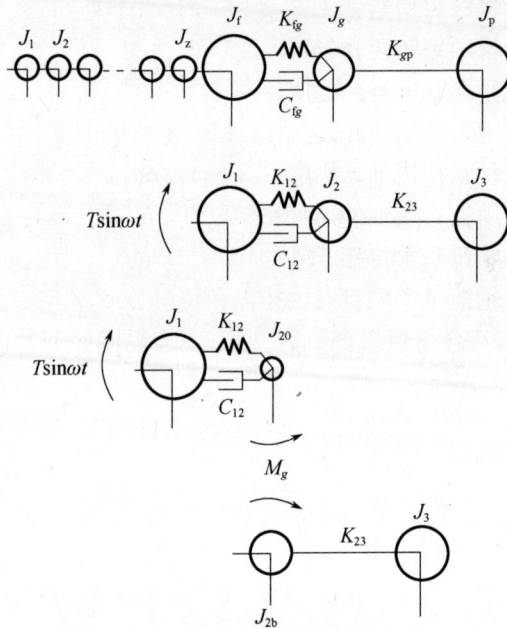

图 3.22　三质量系统

$$\alpha = \frac{\dfrac{K_{12}}{J_1}\left(1 - \dfrac{J_{2a}}{J_2}\right)(\lambda_p^2 - \omega^2)}{(\omega_1^2 - \omega^2)(\omega_2^2 - \omega^2)} \qquad (3.44)$$

式中　ω_1、ω_2——轴系固有频率,rad/s;

　　　　K_{12}——联轴器刚度,$(\mathrm{N \cdot m})/\mathrm{rad}$;

　　　　J_1——柴油机合成当量惯量,$\mathrm{kg \cdot m^2}$;

　　　　J_2——齿轮当量惯量,$\mathrm{kg \cdot m^2}$;

　　　　J_{2a}——主动轮惯量,$\mathrm{kg \cdot m^2}$;

　　　　J_{2b}——从动轮惯量,$\mathrm{kg \cdot m^2}$;

　　　　K_{23}——从动轴当量刚度,$(\mathrm{N \cdot m})/\mathrm{rad}$;

　　　　J_3——螺旋桨当量惯量,$\mathrm{kg \cdot m^2}$;

　　$b = \dfrac{C_{12}(J_1 + J_2)}{J_1 J_2}$——联轴器无因次阻尼;

　　$\lambda_{12}^2 = \dfrac{K_{12}(J_1 + J_2)}{J_1 J_2}$

　　$\lambda_{23}^2 = \dfrac{K_{23}(J_2 + J_3)}{J_2 J_3}$

　　$\lambda_p^2 = \dfrac{K_{23}(J_{2b} + J_3)}{J_{2b} J_3}$——从动系统 $J_{2b} - J_3$ 固有频率。

从式(3.43)、式(3.44)可见：

（1）冲击系数 α 与联轴器刚度 K_{12} 成正比。安装高弹性联轴器，可降低 α 值，缓和冲击。

（2）无阻尼时，若 $\omega \to \omega_1$ 或 ω_2，出现共振，α 值激增，趋于无穷大，齿轮出现激烈冲击现象。如前所述，安装高弹性联轴可以将单、双结点主要谐次的共振转速降到最低转速以下，从而能避免这种严重的冲击现象。

（3）联轴器阻尼的存在，可减轻通过扭振共振转速时的冲击，且高阻尼下，效果更好。

（4）α 与 J_1 成反比，与 $1 - \dfrac{J_{2a}}{J_2}$，成正比，说明适当增大飞轮惯量和传动齿轮的主动轮惯量，也能有利于缓和齿轮间冲击。

（5）从动系统固有频率 λ_p 趋于共振频率时，$\alpha \to 0$ 启动力减振器的作用，但由于船舶轴系运转转速较宽，其实用意义不大。

3.4.3　双刚度联轴器

1. 结构机理

如图 3.23 所示，此联轴器外周是圆筒橡胶，具高弹性，内腔则均布了几组缓冲器。当圆筒橡胶扭转到初始角 φ_0 时，缓冲器起作用。其扭矩与变形关系（图 3.24）为

$$M = K_{\mathrm{I}} x + (K_{\mathrm{II}} - K_{\mathrm{I}})\left[(x - \varphi_0)\big|_{x > \varphi_0} + (x + \varphi_0)\big|_{x < -\varphi_0} \right] \tag{3.45}$$

式中　K_{I}——第一级刚度，(N·m)/rad；

$\quad\ \ K_{\mathrm{II}}$——第二级刚度，(N·m)/rad；

$\quad\ \ \varphi_0$——初始间隔角，rad；

$\quad\ \ x$——扭转角，rad；

$\quad\ \ M$——扭矩，N·m。

$(\quad)\big|_{x > \varphi_0}$ 表示该项当 $x > \varphi_0$ 时成立。

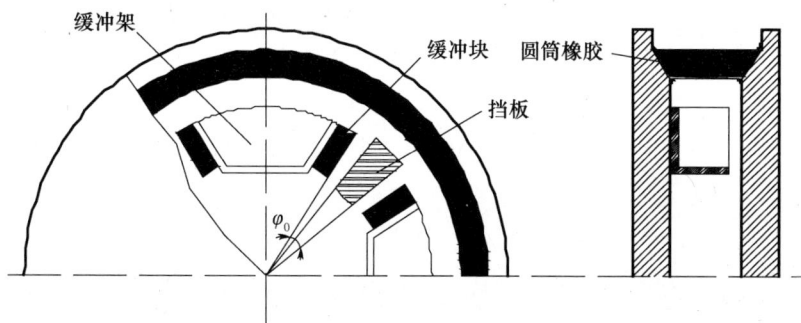

图 3.23　结构示意

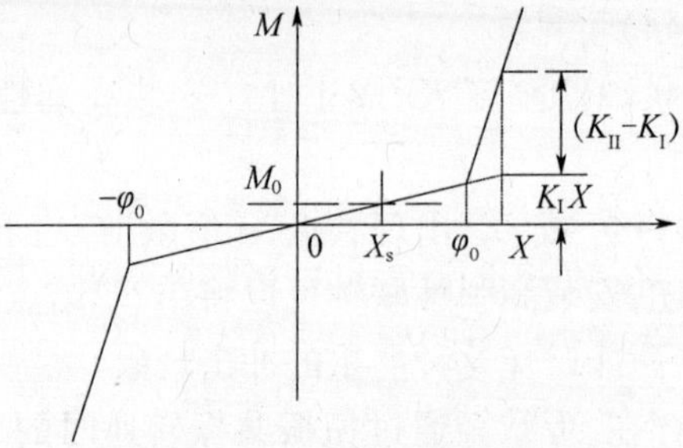

图 3.24　扭矩与变形的关系

对于推进轴系,柴油机平均扭矩 M_0 随转速平方而增大,它引起联轴器静扭角为

$$x_s = \begin{cases} M_0/K_{\text{I}} & (x_s \leqslant \varphi_0) \\ (M_0 - K_{\text{I}}\varphi_0)/K_{\text{II}} + \varphi_0 & (x_s \geqslant \varphi_0) \end{cases} \tag{3.46}$$

于是,振动时,联轴器扭矩与扭转角之关系为

$$M = \begin{cases} K_{\text{I}}x + (K_{\text{II}} - K_{\text{I}})[(x + x_s + \varphi_0)|_{x \leqslant -(x_s + \varphi_0)} + (x + x_s - \varphi_0)|_{x \geqslant \varphi_0 - x_s}] & (x_s \leqslant \varphi_0) \\ K_{\text{I}}x + (K_{\text{II}} - K_{\text{I}})[(x + x_s + 2\varphi_0)|_{x \leqslant -(x_s + 2\varphi_0)} + (x + x_s - \varphi_0)|_{x \geqslant x_s - \varphi_0}] & (x_s \geqslant \varphi_0) \end{cases} \tag{3.47}$$

这表明,联轴器的间隔角跟初始间隔角 φ_0、静扭角 x_s 有关,当柴油机低转速时,间隔角大,仅第 1 级刚度起作用,刚度小,可降低主谐次共振转速至最低转速以下。随转速提高,缓冲器起作用,形成第 2 级刚度,并限制圆筒橡胶发生过大变形。既增大调频功能,可使有危害的共振转速提高至最高转速以上,同时又提高了联轴器的强度。

2. 扭振方程及其转换

如图 3.25 所示轴系,在 $L,L+1$ 质量点间,装有双刚度联轴器,其扭振运动方程,除了 $L,L+1$ 两质量点以外,是线性的,可用式(1.93)表示。对 $L,L+1$ 质量点,扭振微分方程为

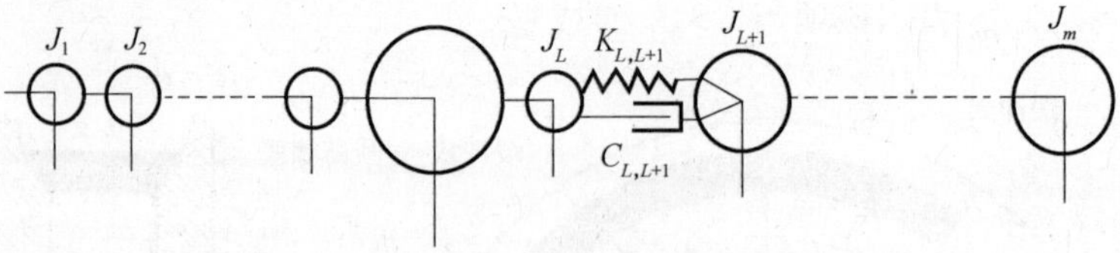

图 3.25　轴系

$$\begin{cases} \sum_{i=1}^{L} [J_i \ddot{\varphi}_i + C_i \dot{\varphi}_i - M_i \sin(\omega t + \psi_i)] + C_{L,L+1}(\dot{\varphi}_L - \dot{\varphi}_{L+1}) + K_{L,L+1}(\varphi_L - \varphi_{L+1}) + \varepsilon f((\varphi_L - \varphi_{L+1}) = 0 \\ \sum_{i=m}^{L+1} [J_i \ddot{\varphi}_i + C_i \dot{\varphi}_i - M_i \sin(\omega t + \psi_i)] + C_{L,L+1}(\dot{\varphi}_{L+1} - \dot{\varphi}_L) + K_{L,L+1}(\varphi_{L+1} - \varphi_L) + \varepsilon f((\varphi_{L+1} - \varphi_L) = 0 \end{cases} \tag{3.48}$$

非线性项为

$$\varepsilon f(\varphi_L - \varphi_{L+1}) = \begin{cases} (K_{\mathrm{II}} - K_{\mathrm{I}})\{[\varphi_L - \varphi_{L+1} + (x_{\mathrm{s}} + \varphi_0)]\mid_{x \leqslant -(x_{\mathrm{s}} + \varphi_0)} + (\varphi_L - \varphi_{L+1} - (\varphi_0 - x_{\mathrm{s}})]\mid_{x \geqslant \varphi_0 - x_{\mathrm{s}}}\} & (x_{\mathrm{s}} \leqslant \varphi_0) \\ (K_{\mathrm{II}} - K_{\mathrm{I}})\{[\varphi_L - \varphi_{L+1} + (x_{\mathrm{s}} + 2\varphi_0)]\mid_{x \leqslant -(x_{\mathrm{s}} + 2\varphi_0)} + (\varphi_L - \varphi_{L+1} - (\varphi_0 - x_{\mathrm{s}})]\mid_{x \geqslant -\varphi_0}\} & (x_{\mathrm{s}} \geqslant \varphi_0) \end{cases}$$

$$(3.49)$$

鉴于联轴器前后两个部分系统是线性的,故可利用线性递推关系,分别以 φ_L、φ_{L+1} 表示各质量点的振动。利用在 1.4.3 节所述递推关系,式(3.48)可转换为

$$\widetilde{J}_L \ddot{\varphi}_L + \widetilde{C}_L \dot{\varphi}_L - \widetilde{M}_L \sin(\omega t + \widetilde{\psi}_L) + C_{L,L+1}(\dot{\varphi}_L - \dot{\varphi}_{L+1}) +$$
$$K_{L,L+1}(\varphi_L - \varphi_{L+1}) + \varepsilon f(\varphi_L - \varphi_{L+1}) = 0 \qquad (3.50\mathrm{a})$$

$$\widetilde{J}_{L+1} \ddot{\varphi}_{L+1} + \widetilde{C}_{L+1} \dot{\varphi}_{L+1} - \widetilde{M}_{L+1} \sin(\omega t + \widetilde{\psi}_{L+1}) + C_{L,L+1}(\dot{\varphi}_{L+1} - \dot{\varphi}_L) +$$
$$K_{L,L+1}(\varphi_{L+1} - \varphi_L) + \varepsilon f(\varphi_{L+1} - \varphi_L) = 0 \qquad (3.50\mathrm{b})$$

式中　$\widetilde{J}_L$、$\widetilde{J}_{L+1}$——L,$L+1$ 质量点换算惯量,kg・m²;

$\qquad$ $\widetilde{C}_L$、$\widetilde{C}_{L+1}$——L,$L+1$ 质量点换算外阻尼系数,(N・m・s)/rad;

$\qquad$ $\widetilde{M}_L$、$\widetilde{M}_{L+1}$——L,$L+1$ 质量点换算激励力矩幅,N・m;

$\qquad$ $\widetilde{\psi}_L$、$\widetilde{\psi}_{L+1}$——L,$L+1$ 质量点换算激励力矩相位,rad。

式(3.50)是双质量系统运动方程,为简便起见,再作坐标交换:

$$\begin{cases} x = \varphi_L - \varphi_{L+1} \\ y = \dfrac{\widetilde{J}_L}{\widetilde{J}_{L+1}} \varphi_L + \varphi_{L+1} \end{cases} \qquad (3.51)$$

即

$$\begin{cases} \varphi_L = \dfrac{\widetilde{J}_{L+1}}{\widetilde{J}_L + \widetilde{J}_{L+1}}(x + y) \\ \varphi_{L+1} = \dfrac{\widetilde{J}_{L+1} y - \widetilde{J}_L x}{\widetilde{J}_L + \widetilde{J}_{L+1}} \end{cases} \qquad (3.52)$$

作运算:式(3.50a) + 式(3.50b)及式(3.50a) $\times J_{L+1}$ − (3.50b) $\times J_L$,整理得

$$\ddot{y} = \frac{\widetilde{M}_L}{\widetilde{J}_{L+1}} \sin(\omega t + \widetilde{\psi}_L) + \frac{\widetilde{M}_{L+1}}{\widetilde{J}_{L+1}} \sin(\omega t + \widetilde{\psi}_{L+1}) - p_1 \dot{x} - q_1 \dot{y} \qquad (3.53)$$

$$\ddot{x} + \lambda^2 x = \frac{\widetilde{M}_L}{\widetilde{J}_L} \sin(\omega t + \widetilde{\psi}_L) - \frac{\widetilde{M}_{L+1}}{\widetilde{J}_{L+1}} \sin(\omega t + \widetilde{\psi}_{L+1}) - p_2 \dot{x} - q_2 \dot{y} - \beta f(x)$$

$$(3.54)$$

式(3.53)是线性的。于是,只剩下式(3.54)是非线性的,大大地减少了解方程的难度和工作量。

对推进轴系,忽略螺旋桨激励时,$\widetilde{M}_{L+1} = 0$,则有

$$\ddot{y} = \frac{\widetilde{M}_L}{\widetilde{J}_{L+1}} \sin(\omega t + \widetilde{\psi}_L) - p_1 \dot{x} - q_1 \dot{y} \qquad (3.55)$$

$$\ddot{x} + \lambda^2 x = \frac{\widetilde{M}_L}{\widetilde{J}_L} \sin(\omega t + \widetilde{\psi}_L) - p_2 \dot{x} - q_2 \dot{y} + \beta f(x) \qquad (3.56)$$

式中

$$
\begin{cases}
\lambda^2 = \dfrac{K_L(\widetilde{J}_L + \widetilde{J}_{L+1})}{\widetilde{J}_L \widetilde{J}_{L+1}} \\[3mm]
p_1 = \dfrac{J_L}{\widetilde{J}_L + \widetilde{J}_{L+1}}\left(\dfrac{C_L}{J_L} - \dfrac{C_{L+1}}{J_{L+1}}\right) \\[3mm]
p_2 = \dfrac{\widetilde{C}_L(\widetilde{J}_L + \widetilde{J}_{L+1})}{\widetilde{J}_L \widetilde{J}_{L+1}} + \dfrac{\widetilde{C}_L \widetilde{J}_{L+1}}{\widetilde{J}_L(\widetilde{J}_L + \widetilde{J}_{L+1})} + \dfrac{\widetilde{C}_{L+1} \widetilde{J}_L}{\widetilde{J}_{L+1}(\widetilde{J}_L + \widetilde{J}_{L+1})} \\[3mm]
q_1 = \dfrac{\widetilde{C}_L + \widetilde{C}_{L+1}}{\widetilde{J}_L + \widetilde{J}_{L+1}} \\[3mm]
q_2 = \dfrac{\dfrac{\widetilde{C}_L \widetilde{J}_{L+1}}{\widetilde{J}_L} - \widetilde{C}_{L+1}}{\widetilde{J}_L + \widetilde{J}_{L+1}} \\[3mm]
\beta = \dfrac{\varepsilon(\widetilde{J}_L + \widetilde{J}_{L+1})}{\widetilde{J}_L \widetilde{J}_{L+1}}
\end{cases}
\tag{3.57}
$$

3. 方程的解

方程式(3.56)是非线性的,其解法将在第 5 章讲述。下面给出它的定常解:

$$
\begin{cases}
x = X\sin(\omega t + \theta_2) \\
y = Y\sin(\omega t + \theta_1)
\end{cases}
\tag{3.58}
$$

$$
X = \frac{\widetilde{M}_L \sqrt{\left[\dfrac{1}{\widetilde{J}_L} - \dfrac{1}{\widetilde{J}_{L+1}}\dfrac{q_1 q_2}{\omega^2 + q_1^2}\right]^2 + \left(\dfrac{1}{\widetilde{J}_{L+1}}\dfrac{q_2\omega}{\omega^2 + q_1^2}\right)^2}}{\sqrt{\left[\lambda^2 - \omega^2 - \dfrac{p_1 q_1 \omega^2}{\omega^2 + q_1^2} + \beta G\right]^2 + \left(p_2 - \dfrac{p_1 q_1 q_2}{\omega^2 + q_1^2}\right)^2 \omega^2}}
\tag{3.59}
$$

式中 G ——影响函数,当 $x_s \leqslant \varphi_0$ 时,有

$$
G = \begin{cases}
0 & (X \leqslant \varphi_0 - x_s) \\[2mm]
\dfrac{1}{2} - \dfrac{1}{\pi}\left(\eta_1 + \dfrac{1}{2}\sin 2\eta_1\right) & (\varphi_0 + x_s \geqslant X \geqslant \varphi_0 - x_s) \\[2mm]
1 - \dfrac{1}{\pi}\left(\eta_1 + \eta_2 + \dfrac{1}{2}\sin 2\eta_1 + \dfrac{1}{2}\sin 2\eta_2\right) & (X \geqslant \varphi_0 + x_s)
\end{cases}
$$

$$
\tag{3.60}
$$

又当 $x_s \geqslant \varphi_0$ 时,有

$$
G = \begin{cases}
1 & (X \leqslant x_s - \varphi_0) \\[2mm]
\dfrac{1}{2} + \dfrac{1}{\pi}(\eta_1 + \sin 2\eta_1) & (2\varphi_0 + x_s \geqslant X \geqslant x_s - \varphi_0) \\[2mm]
1 + \dfrac{1}{\pi}\left(\eta_1 - \eta_3 + \dfrac{1}{2}\sin 2\eta_1 - \dfrac{1}{2}\sin 2\eta_3\right) & (X \geqslant x_s + 2\varphi_0)
\end{cases}
$$

$$
\tag{3.61}
$$

式中

$$\begin{cases} \eta_1 = \arcsin \dfrac{|\varphi_0 - x_s|}{X} \\[3mm] \eta_2 = \arcsin \dfrac{\varphi_0 + x_s}{X} \\[3mm] \eta_3 = \arcsin \dfrac{2\varphi_0 + x_s}{X} \end{cases} \tag{3.62}$$

式(3.59)与经典的线性解形式相同,但多了影响函数 G。因 G 是 X 的函数,故是隐函数。

4. 解的讨论

(1) 式(3.59)中,影响函数 $G = 0$ 时,即为单刚度的线性解。

(2) 联轴器扭振振幅与转速关系,如图 3.26(a)、(b)所示。振幅为 $|\varphi_0 - x_s|$、$\varphi_0 + x_s$ 时出现折点。振幅不会增到无穷大,会出现跳跃现象。当 $\widetilde{M}_L = 0$ 时,可得自由振动振幅方程:

$$\left(\lambda^2 - \omega^2 - \frac{p_1 q_1 \omega^2}{\omega^2 + q_1^2} + \beta G \right)^2 + \left(p_2 - \frac{p_1 q_1 q_2}{\omega^2 + q_1^2} \right)^2 \omega^2 = 0 \tag{3.63}$$

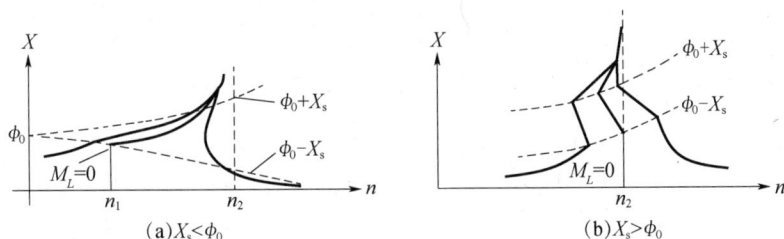

图 3.26　联轴器扭振振幅与转速的关系

(3) G 表示了双刚度联轴器的影响,从式(3.60)、式(3.61)可见,结合轴系推进特性,合理选择初始间隔角 φ_0 是重要的。这样可使在低转速时,仅第 1 级刚度起作用,充分发挥其高弹性避振、缓冲的优点。再根据实际轴系,在适当转速时,使平均输出转矩引起的 $x_s = \varphi_0$,达到合理调频,增加强度的目的。

5. 实例

某轮轴系原装单刚度联轴器,工作转速范围是 $180 \sim 412 \text{r/min}$,于 355r/min 附近存在双结点 3 谐主共振,于 180r/min 附近有 6 谐扭共振,出现联轴器撕裂、齿轮箱冲击等故障。

对此,采用双刚度联轴器,降低第一级刚度,使双结点 6 谐共振转速降到 163r/min。改善低速时齿轮冲击状况,并在 320r/min 附近,使 $x_s = \varphi_0$,从而第 2 级刚度起作用,使双结点 3 谐共振转速提高到最高转速以上。如图 3.27 所示,在柴油机运转转速范围内,无强烈扭共振。

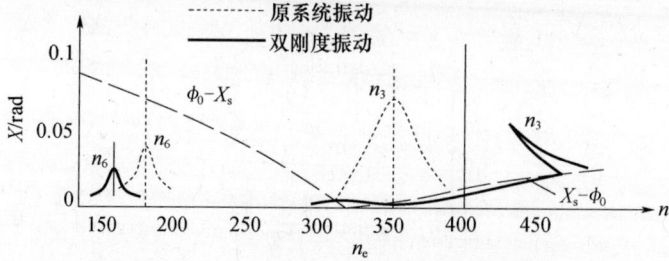

图 3.27　长江某轮联轴器振幅与转速的关系

3.4.4　联轴器选用注意事宜

（1）额定扭矩。弹性联轴器是传递功率的部件。设柴油机额定功率为 N_e，额定转速为 n_e。对推进轴系而言，弹性联轴器应能满足 $1.05n_e$ 超速时，柴油机输出扭矩的需要，即联轴器额定 M_{ce} 应满足：

$$M_{ce} > 1.1 \times 9550 \frac{N_e}{n_e} \tag{3.64}$$

式中　N_e——柴油机额定功率，kW；

　　　n_e——柴油机额定转速，r/min。

（2）联轴器刚度、阻尼（损失函数）的选择，应满足轴系扭振的减振、缓冲要求。主要谐次共振转速不应在使用转速内，不产生减速齿轮脱开撞击现象。系统中，轴段应力、部件扭矩应满足船舶建造规范要求。

（3）联轴器在减振中，消耗振动能将它转化为热能。因此在扭振计算中，需计算联轴器的功率损失，要求它小于制造厂给出的允许功率损失值。

柴油机扭振时，在一个振动循环内消耗的功为

$$W_{ca} = \sum \pi C_c \omega (\Delta A_\nu)^2 = \frac{\psi K_c}{2} \sum_{\nu = 0.5}^{12} (\Delta A_\nu)^2 \tag{3.65}$$

相应功率损失为

$$N_{ca} = \frac{\omega}{2\pi} 10^{-3} W_{ca} = \frac{10^{-3} \pi \psi K_c}{60} \sum_{\nu = 0.5}^{12} \nu n (\Delta A_\nu)^2 \tag{3.66}$$

式中　ψ——联轴器损失系数；

　　　K_c——联轴器刚度，N·m/rad；

　　　ΔA_ν——ν 次扭振时，联轴器两端振幅差，rad。

（4）弹性联轴器有放宽轴系校中要求的功能。选用时应注意联轴器径向允许偏移和轴向允许偏移。尤其在柴油机装隔振垫情况下，这些偏移值更加需要注意。联轴器的径向、轴向刚度在隔振计算中应加以考虑，而轴向偏移允许值最好尽量大些，否则在使用中会引起曲柄开挡变化。

3.5 实船减振例

3.5.1 "建华"801 轮振动

"建华"801 轮于 1965 年出厂时,发现传动齿轮严重冲击,引起船体激烈振动。仅短短几次试航,就损坏灯泡百余只,齿轮出现齿面点蚀。

该轮主机为 8300ZC 柴油机,额定转速 600r/min。无飞轮,跟传动齿轮箱为刚性连接。经测试,其扭转振动随转速提高而强烈,如图 3.28 所示。图 3.29 是齿轮箱输入短轴上测到的应力波形,波形中平直部分表示齿轮间脱开,切应力为零。可以看到,每一振动循环有两次脱开、冲击情况。在整个转速范围内,均存在齿轮冲击,并随转速增大而加重。轴系扭振计算也发现,轴系于额定转速附近,存在双结点 4 谐共振转速。

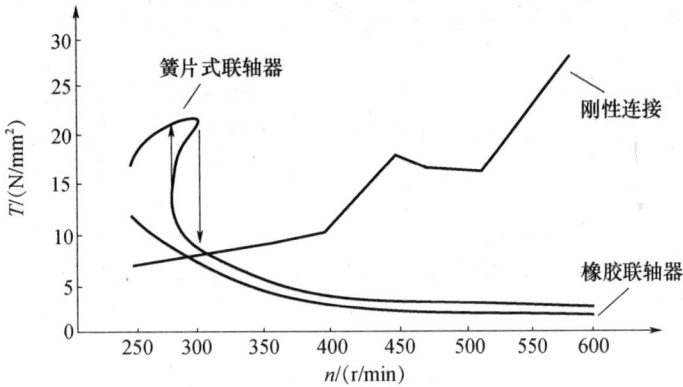

图 3.28 "建华"801 轮不同连接时扭振情况

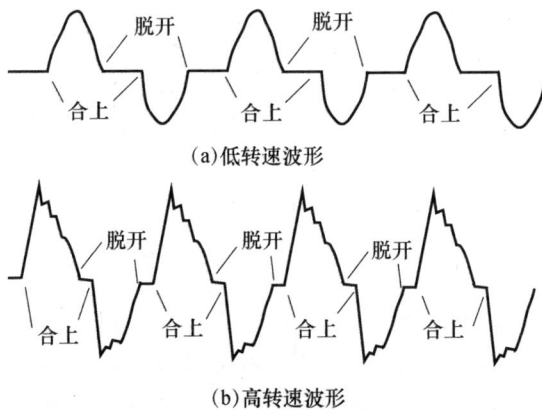

(a)低转速波形

(b)高转速波形

图 3.29 短轴切应力波形

经分析,该轮传动齿轮冲击原因:

(1)柴油机启动及低转速时,由于没有飞轮,且与齿箱刚性连接,其不平衡转矩无缓冲地传给齿轮,啮合力矩出现负值,引起冲击。

(2)高转速时,轴系存在双结点4谐次扭共振,导致齿轮冲击。

上述两个因素结合,使得该轮轴系在整个转速范围内,存在齿击现象。

据此,找到沉艇中打捞出的簧片式弹性联轴器,经现场测试,它具有 $M = Kx + \beta x^3$ 的非线性特性。实船安装后,主机增速时,在 $250 \sim 320$ r/min 之间,出现齿击,320r/min 后,振动轻微;而降速时,在 $290 \sim 250$ r/min 之间,又出现齿击,是典型的非线性跳跃现象,如图3.28所示。

安装簧片联轴器后,轴系仅在启动、停车时存在齿轮冲击,但时间甚短,可快速通过。于是,在320r/min以下设转速禁区,船舶得以出厂营运。

鉴于第2艘同类船舶建造需要,我们研制了圆筒型橡胶联轴器,更换下簧片联轴器,轴系振动又获改善,仅280r/min以下存在齿轮冲击(图3.28)。

3.5.2 "东方红"34轮振动

"东方红"34、35等轮的6KVD型柴油机及减速齿轮箱,是民主德国产品,使用多年后,于1971年相继出现齿轮折损。采用国内仿制齿轮后,频繁发生断齿,严重影响营运。经测试分析,除了工艺质量因素以外,还由于310r/min附近存在双结点6谐扭共振,引起在 $280 \sim 340$ r/min 出现齿击现象,如图3.30所示。

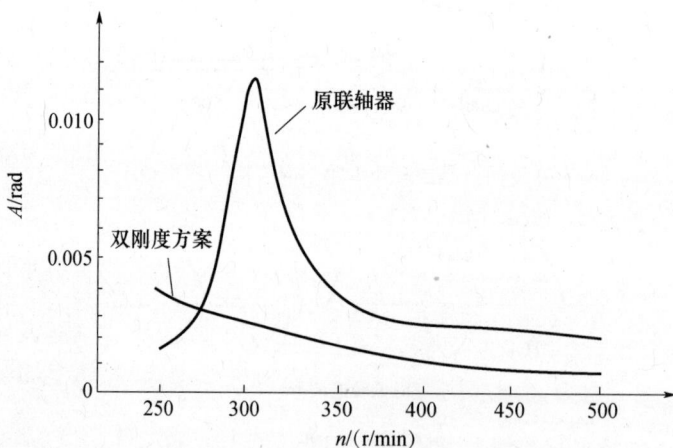

图3.30 "东方红"34轮振动比较

此时,若减小联轴器刚度,可使6谐共振降至主机最低稳定转速250r/min以下,但更危险的3谐扭共振将出现于 $400 \sim 500$ r/min 常用转速范围内。

对此,采用双刚度方案来克服这一矛盾。如图3.31所示,将原来塞销式橡胶联轴器中,每组五个橡胶圈中的两个改小直径。这样,低转速时初级刚度为原刚度的 3/5。初始间隔角为 0.012rad，在 340r/min 以上，因平均转矩增大，联轴器中全部橡胶圈起作用，恢复原来刚度（即次级刚度）。这样，初级刚度小，使双结点 6 谐扭共振转速降至 240r/min 以下，而 350r/min 以上，由于次级刚度的作用，双结点 3 谐扭共振提高到额定转速以上。于是，在使用转速范围内，没有激烈扭共振。如图 3.30 所示，试验结果达到预期目的。

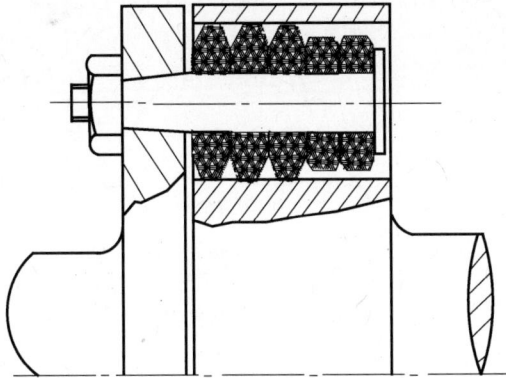

图 3.31　双刚度方案

在此基础上，设计研制了圆筒型双刚度橡胶联轴器，应用于"长江"606 轮、2640 匹推轮、1200 匹推轮船舶上。其中，1200 匹推轮原装 XL180 型橡胶联轴器，因在 355r/min 附近双结点扭共振而撕裂，例见 3.4.3 节所述。

3.5.3　江峡轮振动

"江峡"轮轴系布置如图 3.32 所示，主机为 8350zc 柴油机，额定转速 350 r/min。1975 年出厂试验发现，于 294r/min 附近存在双结点 8 谐扭共振，334.5r/min 附近有三结点 8 谐扭共振。两个共振区很靠近，且在常用转速范围内，已导致自由端泵浦等损坏，而限速运行又损失运力，应加解决。

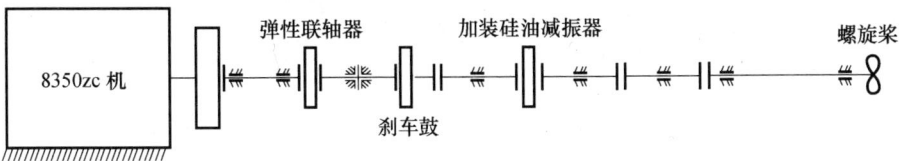

图 3.32　"江峡"轮轴系布置简图

实船中，主机难作改动。而主机扭振特性所决定的三结点 8 谐扭共振转速，也无法由更动轴系参数来作较大改变。由于该轮为长轴系，扭转自由振动计算结果，中间轴法兰处，双、三结点的相对振幅分别达到 0.9175 和 2.4681，若将阻尼器装在这里，可收到明显减振效果。

为此,在该处设计安装了惯量 $J_d = 26.35 \text{kg} \cdot \text{m}^2$,阻尼系数 $c_d = 9380 \text{N} \cdot \text{m/rad}$ 的硅油减振器。轴系双结点 8 谐扭共振转速降至 268.5r/min,三结点 8 谐扭共振转速也降至 316.8r/min。测试对比如图 3.33 所示,效果甚为显著。

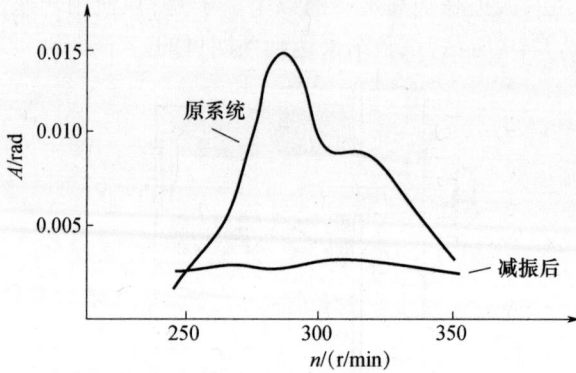

图 3.33　测试结果对比

对短轴系的推轮,通过降低弹性联轴器的刚度来增大双、三结点在中间轴法兰处的相对振幅,并装硅油减振器,也收到较好减振效果。

第4章 轴系扭振测量

4.1 简述

轴系扭振测量是为了了解轴系扭转振动特性,验证计算结果,校准轴系参数,保障安全营运。

对同型号第 1 艘船舶,是否进行轴系扭振测试,应据轴系扭振计算结果,由船舶检验部门决定。一般而言,对需长期使用的转速且扭转振动计算值大于持续许用值 70% 者,以及较复杂装置的轴系,均要对同型号第 1 艘船舶进行轴系扭转振动测量。

对改动轴系的船舶,如更换柴油机机型,改装弹性联轴器、减速齿轮,轴系尺寸变化及螺旋桨的结构、尺寸和材料改变时,也要依据扭振计算书结果,由船检部门决定是否进行扭振测量。

对装有弹性联轴器,减速齿轮箱的轴系,建议进行一缸不发火情况下的扭振测量,测量时可只选后果最严重的一缸停止供油,分挡测试。注意控制各缸排气温度、涡轮前废气温度、增压器转速等,使在测量的最高转速下,各缸不出现超负荷。同时,应注意增压器喘振现象。

通过台架扭振测试,可以校核柴油机曲轴刚度、阻尼因子。轴系扭振测试也可以校核弹性联轴器、减振器的刚度、阻尼等参数。

轴系扭振测试也是发现有害扭转振动、寻找振因,并进一步采取措施的重要手段之一。

为保证测量精度,测试仪器设备应定期校验,测试仪器的灵敏度,频率范围等特性参数应能满足测量对象的实际需要。测试人员,须经培训,掌握测量技术,熟练使用仪器设备。

振动测量设备通常包含以下部分:

(1)传感器,亦称拾振器。它拾取机械振动量,将其变化转换为电量(电荷、电压、电流),并保持其间的线性比例关系。

(2)放大器,它将传感器得到的微弱的电信号放大,以便记录分析。放大器还能把传感器拾取的振动量(如角速度),通过微分或积分运算,获得所需的参量(如角位移)。

(3)记录存储设备,如笔式记录、光线示波器、磁带记录器和数字记录器等。

（4）数据分析仪,分模拟式和数字式两种。对测量得到的复合波形（数据）,进行简谐分析,获得各谐次振动量。实时分析的振动仪,同时具有记录存储和分析功能。

4.2 扭振测量仪器

4.2.1 角位移测量仪

角位移测量仪如盖格尔扭振仪、电感式扭振仪等。

1. 盖格尔扭振仪

盖格尔扭振仪是惯性式机械测振仪。其结构如图4.1所示,由拾振系统、杠杆放大、记录系统和转速、时标系统组成。

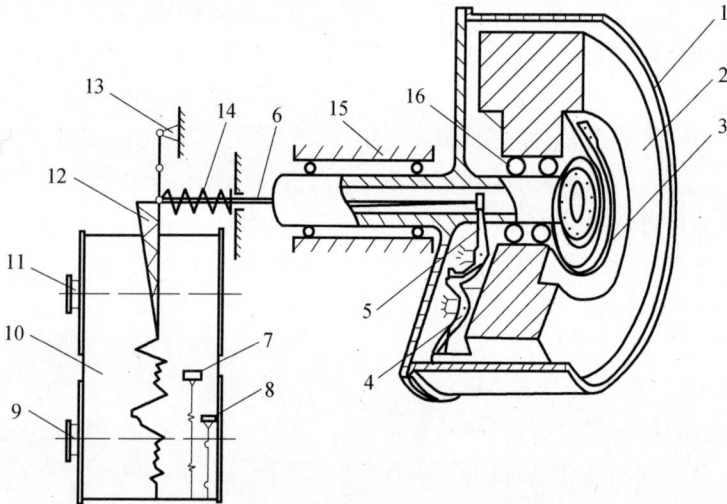

图 4.1 盖格尔扭振仪结构简图

1—皮带轮;2—惯性轮;3—扭簧;4、5—直角杠杆;6—顶杆;7、8—时标振子;9、11—卷纸筒;
10—记录纸;12—记录笔;13—可调支座;14—弹簧;15—机壳;16—轴承。

拾振系统由皮带轮1、惯性轮2和盘形卷簧3组成。测量时,用帆布带将被测轴与皮带轮连接并收紧（图4.2）。当测量轴产生角位移变化时,帆布带将轴的周向位移变化传给皮带轮,而惯性轮由于惯性作用,仍以均匀转速回转。于是,皮带轮与惯性轮之间产生相对位移。角形杠杆4、5起到将这个相对角位移转化为直线往复运动的作用。角形杠杆支点固定于皮带轮,作用点在惯性轮上,捡到角位移后,经顶杆6变换为直线往复运动。最后推动记录笔12（也是杠杆）,将信号记录在粉纸10上。顶杆6上用弹簧14使它与角形杠杆5始终保持接触。一般情况下,改变顶杆6与记录笔12的连接位置,可得到3、6、12三种放大倍数的扭振波形图。此外,仪器尚有通断电磁线圈 7、8,分别由时间继电器和转速记号源控制记录时间和转速信号。当卷筒 9、11 转动时,振动波形和时间、转速信号同时被记录在粉纸 10 上。

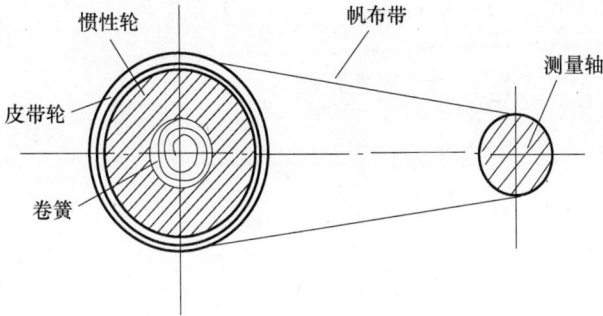

图 4.2　拾振系统

记录粉纸上,有振动波形、转速信号、时间信号三个曲线,如图 4.3 所示。设测量轴直径为 $D(\text{mm})$,振幅波形振幅为 $A(\text{mm})$,则轴的角位移振幅为

$$a = \frac{2A}{VD} \tag{4.1}$$

转速
$$n = 60\frac{L_t}{L_n} \tag{4.2}$$

谐次
$$V = \frac{L_n}{L_\nu} \tag{4.3}$$

式中　V——仪器放大倍数;

A——波形振幅,mm;

D——测量轴直径,mm;

L_t——1s 时间信号长度,mm;

L_n——1 转转速信号长度,mm;

L_ν——波形周期长度,mm。

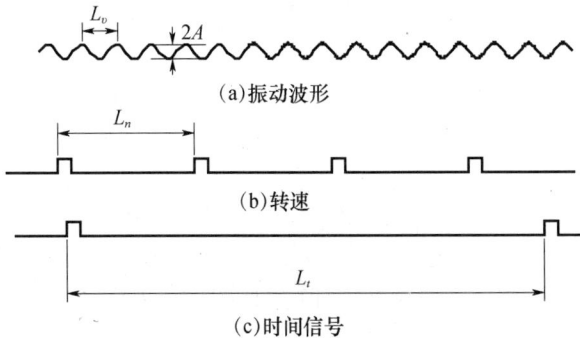

（a）振动波形

（b）转速

（c）时间信号

图 4.3　记录粉纸上的三个曲线

盖格尔扭振仪中,惯性轮—盘形卷簧,皮带轮—皮带之间形成仪器固有频率,它们与所选择之卷簧3刚度、惯性轮2惯量、所用帆布带的尺寸与材料及其张力有关。仪器测量的有效频率范围随的变化,如图4.4所示。惯性轮—卷簧系统决定其低频值,皮带轮—皮带系统决定其频率上限值。

图4.4　测量频率

盖格尔扭振仪使用简便、信号稳定、直观,曾广泛用来测量中低速柴油机轴系扭振。缺点是机械式的,可测频率范围有限,且需手工分析其结果。

我国曾对此仪器进行改进,在顶杆6处安装电容式转换器,获得电信号,以便进行数据处理,得到良好效果。

2. 电感式扭振仪

如图4.5所示,电感式扭振仪的测量系统由拾振轴1、惯性轮2、簧片3,固定于转轴上的电极线圈5,固定于惯性轮上的磁钢4,以及集流环6构成。拾振轴1与振动测量轴相接,轴扭振时,拾振轴与惯性轮之间产生相对运动(角位移变化),并引起磁钢与电极线圈之间相对运动而不断切割磁力线,产生电感变化。通过集流环由导线传到中间传送放大装置,以电压变化输出给记录器。

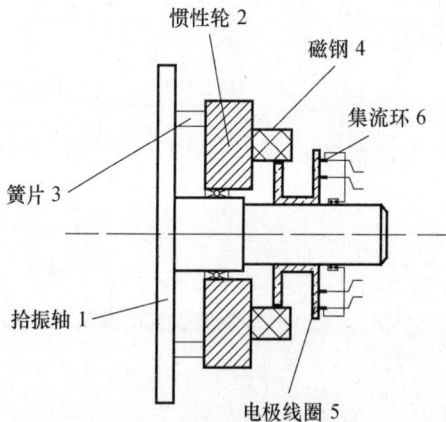

图4.5　电感式扭振仪构成

电感式扭振仪的测量频率较高,可用于高速柴油机、汽油机的轴系扭振测量。其放大倍数、记录速度可调整,常装于柴油机自由端,使用时振幅和电压关系需要标定。

4.2.2 角速度测量仪

角速度测量仪有电磁感应,光电感应等传感器。

1. 电磁感应式扭振仪

如图4.6所示,其传感器由均匀齿圈(与测量轴一起转动)和固定于刚性架上的电磁感应元件组成。当测量轴匀速转动时,产生间隔均匀的脉冲,其角速度为

$$\dot{\varphi}_0 = \frac{2\pi}{nt_0} \tag{4.4}$$

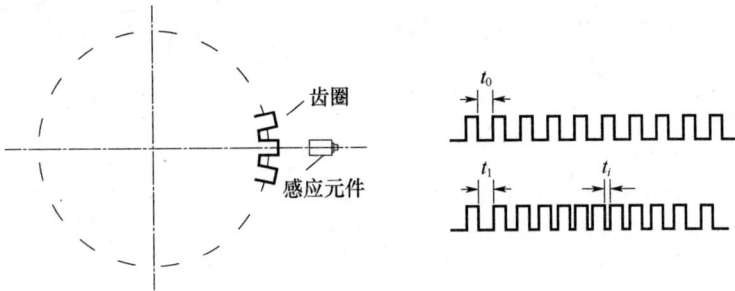

图4.6 脉冲感应原理

而当测量轴因扭振作不均匀转动时,则出现疏密相间的不均匀脉冲信号,第i脉冲的角速度为

$$\dot{\varphi}_i = \frac{2\pi}{nt_i} \tag{4.5}$$

式中 n——齿圈齿数;

t_0——匀速转动时,脉冲间隔时间,s;

t_i——$i,i+1$脉冲间隔时间,s。

测到角速度后,经一次积分运算,即得到所需的角位移。

脉冲信号测量,因其无弹性元件,不受频率特性影响,适用于各种转速的柴油机,并可利用柴油机飞轮等现场设备作为信号源,是目前得到广泛应用的方法。

2. 光电感应式扭振仪

光电感应的传感器常用光编码器。如图4.7所示,光束通过与测量轴一起旋转的圆盘上之均布孔栅,投射到电阻值或发电量随光量而变化的半导体上,产生脉冲信号。如同电磁感应式一样,测得角速度变化。

光编码器常安装于柴油机自由端,其灵敏度较高,既适于高速柴油机,也可用于低速柴油机。

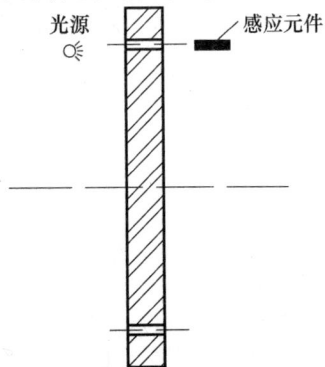

图4.7 光编码器工作原理

4.2.3 切应力测量 电阻应变仪

采用电阻应变测量技术,测量轴的扭转振动变形,从而可直接得到测点切应力。

电阻应变工作原理:金属丝变形后,电阻相应变化且存在一定关系,据此,将金属丝制成应变片,牢固粘贴在测量物体上,随其一起变形,测出电阻变化即可求出其应变(应力)。电阻应变测量采用图 4.8 所示电桥电路,测量体变形前,电桥是平衡的,而变形时,产生电阻变化 ΔR,致电桥电路失去平衡,出现输出电压 ΔU 或电流 ΔI。然后,将其放大记录。

测量扭振变形时,用 4 个应变片与轴线贴成 45° 方向,全桥工作。此时可以不受轴的拉、弯变形及温度的影响,所得数值放大 4 倍,测点切应力为

图 4.8 电阻应变测量电桥电路

$$\tau = \frac{E}{4(1+\mu)}\varepsilon_{\mathrm{m}} \tag{4.6}$$

式中 　ε_{m}——应变读出值;

E——测量轴材料抗拉模量,$\mathrm{N/mm^2}$;

μ——测量轴材料泊松比。

应变测量灵敏度高,可直接测出测点的切应力,且没有质量—弹性系统引起的测量仪固有频率的限制,可适于各种转速的柴油机轴系。

由于轴是旋转的,通常用集流环与渗铜石墨碳刷相接触,将应变信号引出到应变仪,如图 4.9 所示。因碳刷与集流环的吻合难于完全稳定,产生接触电阻变化,导致测量波形出现毛刺,引起较大误差与分析上困难,因此对其安装调整要求极其严格。

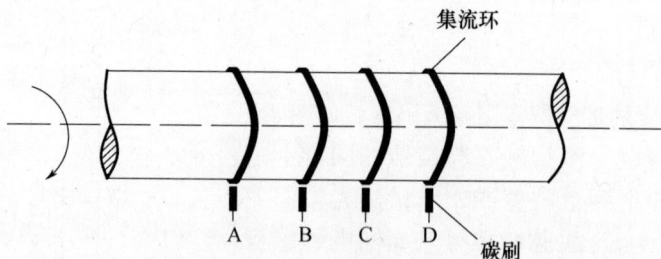

图 4.9 应变测量布置图

为克服上述缺点,在应变片与集流环之间装前置放大器,将应变在集流之前得到一次放大,大大提高了"信噪比",减少接触电阻的影响。这是一种简易的

措施,可得到良好的效果。

无线遥测技术,可彻底克服集流装置引起的问题。遥测应变仪由发射机和接收机组成。发射机装在转轴上,它将应变信号放大到规定电平,经转换器转换成与应变量成正比的脉冲数,这些脉冲数控制射频振荡器,经调制后送到发射天线。接收机天线收到信号后,经隔离放大,再由检波/滤波器调制成原来的脉冲,最后被逆变整形为应变波形。

4.3 测量方法

4.3.1 准备工作

(1)依据发动机转速、轴系扭振计算结果,推测振动频率范围,选用适当的测量仪器。

(2)仪器校验标定,一般进行扭振试验台标定,或柴油机台架比对试验。

试验台试验内容:

① 给定振幅下,改变振动频率,校验仪器频率特性。在测量转速范围内观察其振幅变化是否在允许范围内。

② 给定频率转速下,逐渐改变振幅大小,观察测量值与给出值误差。

当无试验台条件时,可在已知性能的柴油机台架上,作固定测点下,多台仪器测量,比对其结果(频率、振幅)是否一致。

(3)测点布置。测点布置以能得到大而清晰的测量信号为原则。对此,通常结合自由振动频率和振型计算的结果进行测点选择。在环境条件允许下,测量角位移、角速度时,尽量在相对振幅大的位置布置测点。测量应变时,应变片尽量贴在结点附近。

由于轴系常出现多种振型的振动,一个测点难于满足要求,常需布置多个测点。多点测量还有利于滚振扣除。

柴油机自由端的信号丰富,此处对各结点振型均有一定的相对振幅,而且计算书常以第 1 质量振幅为参考点,换算方便,因此在可能条件下,常选取柴油机自由端作为测点。

(4)仪器安装、调试。根据仪器说明书,正确安装、调试仪器(传感器),避免出现外界干扰信号,提高测量精度,甚为重要。

传感器与测量轴刚性连接时,如柴油机自由端安装时,轴线偏移应不大于0.05mm,以减少低频干扰。

在飞轮等处,测量角速度时,感应元件固定点的架子应有足够刚度,避免固定点振动造成伪信号。

应变测量中,应变片粘贴至关重要。贴片方向应与轴线成 45°,要仔细校对;粘贴牢固程度应当保证,应变片与测量轴之间切勿出现气泡等情况。

4.3.2 测量的基本步骤

一般采用分挡测量确定轴系扭振动的特性。需要时,可用连续测量法初步了解轴系情况,为合理划分分挡转速,选定仪器量程(放大倍数),提供依据。

连续测量,是柴油机从启动开始,均匀升速,在 2~3min 内升到最高转速,或由最高转速均匀降速,在 2~3min 内降到停车止。在此过程中,扭振仪连续测量记录全过程。

分挡测量,是将柴油机从最低稳定转速到最高转速范围内,划分成若干挡。柴油机在每挡转速下,需稳定运转 1~2min 后,由扭振仪测量记录振动、转速、时间等所需信号。然后,再进行下一挡转速的测量。分挡测量转速由最低速到最高速,然后再由最高速降至最低速。分挡数可采用均匀划分,中速机约 5r/min 为一挡。高速机宽些。而低速机则密些,2~3 转为一挡。也可参考扭振计算书或连续测量结果来划分,有共振转速的区间,分挡宜密,反之可疏些。每挡测量记录,应有足够的数据量。记录纸及磁带应有一定长度,一般应有 8~10 个转速信号的纸带或 8~10 个带码的磁带长度。实时分析测量中,每挡应进行 4 次左右测量记录,足够的数量对于提高分析时的精度是重要的。

4.4 测量分析与报告

4.4.1 测量分析内容

测量得到的数值信号,通过分析得到所需要的结果。测量分析内容包括:
(1) 运转转速,振动频率,谐次,振幅:
运转转速为

$$n = \frac{60}{T_n} \tag{4.7}$$

振动谐次为

$$\nu = \frac{T_n}{T_\nu} \tag{4.8}$$

振动频率为

$$\begin{cases} f_\nu = \dfrac{1}{T_v} \\ f_\nu = \dfrac{60}{T_v} \\ f_\nu = \nu n \end{cases} \tag{4.9}$$

式中　　T_n——转速信号周期，s；

　　　　T_ν——ν 谐振动信号周期，s。

对于振动振幅，由于振动曲线通常是复合的周期波形，难于简单计算，而要作简谐分析求出各谐次的振幅。分析方法将在 4.4.2 节、4.4.3 节、4.4.4 节中介绍。

（2）绘制各振动谐次的振幅—转速关系曲线，并确定其共振转速，相应的固有频率、共振振幅。

（3）结合轴系扭转振计算书，推算轴系上有关轴段扭振附加应力、部件振动扭矩等，以判断装置的安全性。

4.4.2　模拟信号振动波形的近似分析

记录于纸带及光线示波器上的振动波形，常用手工分析。对 1 谐次波形与 4 次以上波形相叠加的情况，可用包络线法分析，而 1、2 谐次叠加或 1、3 谐次叠加的波形，包络线法难于进行，会造成较大误差，常采用经验公式计算。

（1）包络线法。如图 4.10 所示，包络线是按基波形态绘出的，把高谐次波形包起来的上下两根曲线。包络线应与每个高谐波峰附近的点相切（不可相交、相离），且上下包络线间各处的垂直距离应相等。这样，包络线波形即为基波波形，而两包络线间之垂直距离即为高谐次的双振幅。

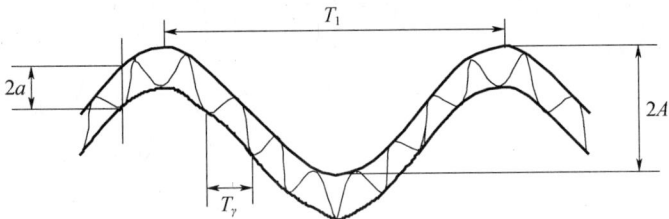

图 4.10　包络线法

（2）1、2 谐次叠加波形如图 4.11 所示。

$$f(\alpha) = A\sin(\alpha + \varphi) + a\sin 2\alpha \qquad (4.10)$$

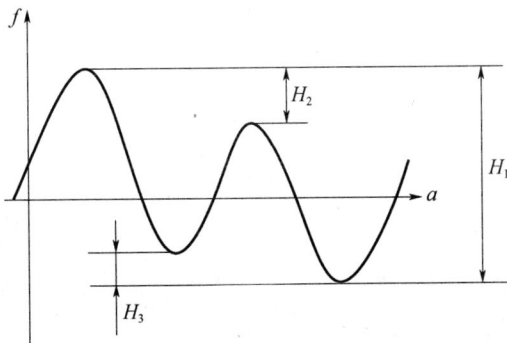

图 4.11　1、2 谐次叠加波形

其振幅 A、a 和相位 φ 可按下式计算：

$$
\begin{cases}
A = \dfrac{H_2}{2K_2\cos\left(\dfrac{\pi}{4}-\varphi\right)} \\[4mm]
a = \dfrac{H_1 - 0.5(H_2 + H_3) - K_1 A_1}{2} \\[4mm]
\varphi = \dfrac{\pi}{4} - \arctan\dfrac{H_3}{H_2}\left(1 + \dfrac{H_2 - H_3}{H_1}\right)
\end{cases}
\tag{4.11}
$$

式中　$H_1 > H_2 > H_3$——叠加波形特征高度，具体位置如图4.11所示；

　　　K_1——系数，从图4.12查得；

　　　K_2——系数，从图4.13查得。

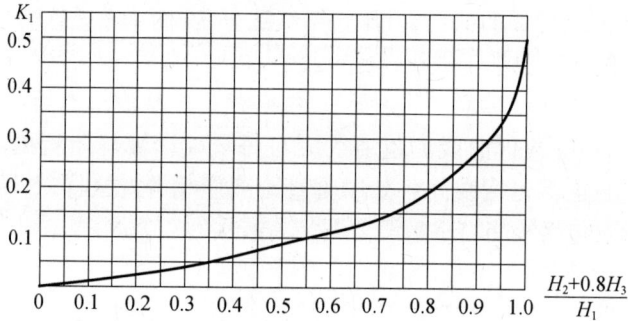

图 4.12　$K_1 - \dfrac{H_2 + 0.8H_3}{H_1}$ 关系

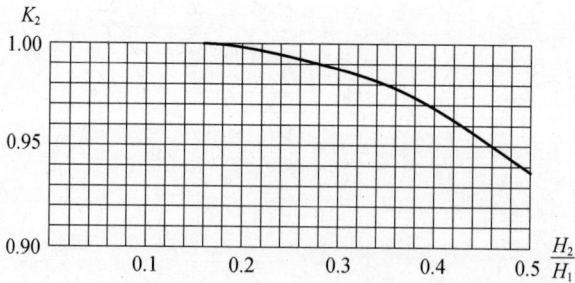

图 4.13　$K_2 - \dfrac{H_2}{H_1}$ 关系

（3）1、3谐次波形，如图4.14所示。

$$
f(\alpha) = A\sin(\alpha + \varphi) + a\sin 3\alpha
\tag{4.12}
$$

其振幅 A、a 和相位 φ 可按下式计算：

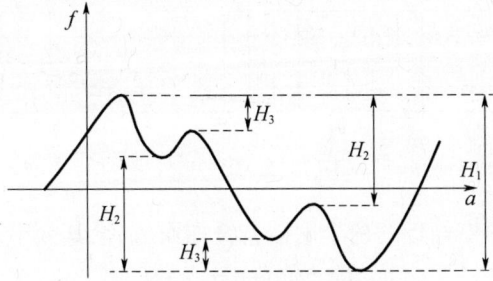

图 4.14　1、3 谐次波形

$$\begin{cases} A = \dfrac{H_2\left\{1 + K_2\left[\dfrac{1}{2} - \tan\left(\dfrac{\pi}{4} - \dfrac{3\varphi}{4}\right)\right]\right\}}{1.5 + 0.2321\tan3\varphi} \\[4mm] a = \dfrac{H_1 - \dfrac{2}{3}(H_2 + H_3) - K_3 A}{2} \\[4mm] \varphi = \dfrac{4}{3}\arctan\dfrac{H_3}{H_2}\left(1 - K_1\dfrac{H_2 - H_3}{H_1}\right) \end{cases} \qquad (4.13)$$

式中　$H_1 > H_2 > H_3$——叠加波形特征高度,具体位置如图 4.14 所示;

　　K_1——系数,从图 4.15 查得;

　　K_2——系数,从图 4.16 查得;

　　K_3——系数,从图 4.17 查得。

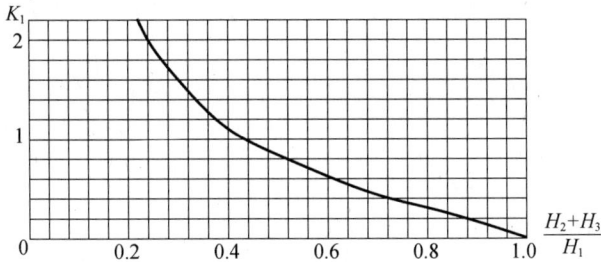

图 4.15　K_1 系数

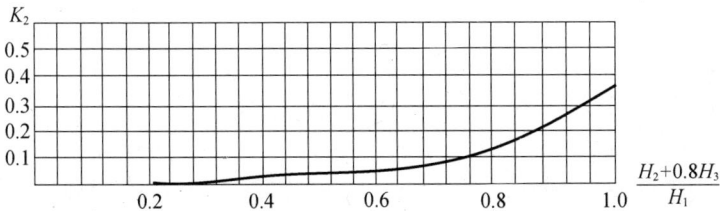

图 4.16　K_2 系数

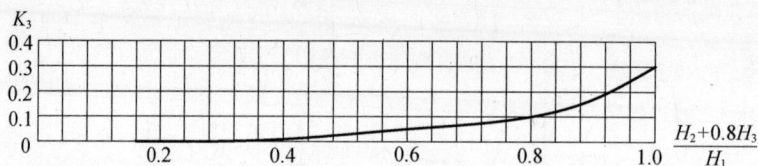

图 4.17　K_3 系数

（4）拍振：由频率相近的两个简谐波叠加而成，设其频率差为 $\Delta\omega$，则

$$f = a\sin\omega_1 t + b\sin(\omega_1 + \Delta\omega)t$$

$$= \sqrt{a^2 + b^2 + 2ab\cos\Delta\omega t}\sin(\omega_1 t + \alpha) \qquad (4.14)$$

叠加波形如图 4.18 所示，它以频率 ω_1 振动，而其振幅以 $\Delta\omega$ 频率变化，呈鼓部与腰部。鼓部幅值 A 为两谐波振幅之和，腰部值 B 为两谐波振幅之差，即

$$\begin{cases} a = \dfrac{A+B}{2} \\[2mm] b = \dfrac{A-B}{2} \\[2mm] \alpha = \arctan\dfrac{b\sin\Delta\omega t}{a + b\cos\Delta\omega t} \end{cases} \qquad (4.15)$$

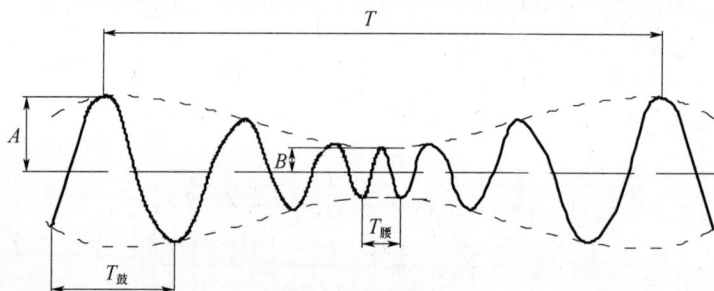

图 4.18　叠加波形

依据图 4.18，可得

$$\begin{cases} \Delta\omega = \dfrac{2\pi}{T} \\[2mm] \omega_1 = n\Delta\omega \end{cases} \qquad (4.16)$$

且

$$\begin{cases} \omega_2 = \omega_1 - \Delta\omega & (T_{鼓} > T_{腰}) \\[2mm] \omega_2 = \omega_1 + \Delta\omega & (T_{鼓} < T_{腰}) \end{cases} \qquad (4.17)$$

式中　n——在周期 T 内，高谐波波数。

拍振波形分析用于两个频率接近的简谐波形叠加的复合波分析。例如，7、8 谐次，5、6 谐次，3、4 谐次等相邻谐次的叠加波形，乃至 2、3 谐次波的叠加波形亦可使用式（4.15）或式（4.16）或式（4.17）来分解，如图 4.19 所示。

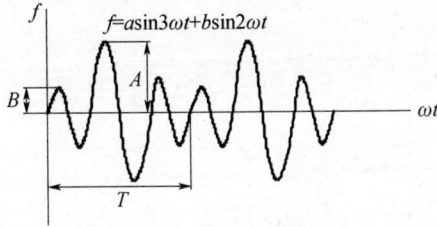

图 4.19　2、3 谐次叠加波形

4.4.3　数值信号振动波形的简谐分析

记录于磁带记录器、数字记录器以及实时分析扭振仪中的数值信号,常按傅里叶(Fourier)级数或快速傅里叶变换(FFT)进行波形的简谐分析。而其中原始模拟信号,需先由模/数转换装置(ADC)把采样获得的模拟信号转化为离散的数值量,再进入数字处理系统,作简谐分析。

1. 傅里叶级数分析

柴油机轴系扭转振动具有明显的周期,四冲程柴油机二转为一个周期,二冲程柴油机一转为一个周期。因此,柴油机轴系扭振波形分析,可采用三角级数分析,物理意义明确,数学处理简捷。

周期为 T 的振动信号,可分解为许多简谐量的叠加,即为傅里叶级数:

$$\begin{aligned} f(t) &= \frac{a_0}{2} + \sum_{\nu=1}^{\infty}(a_\nu \cos\nu\omega t + b_\nu \sin\nu\omega t) \\ &= \frac{a_0}{2} + \sum_{\nu=1}^{\infty}c_\nu \sin(\nu\omega t + \theta_\nu) \end{aligned} \tag{4.18}$$

式中　$\omega = \dfrac{2\pi}{T}$——基频,rad/s;

　　　$\dfrac{a_0}{2}$——$f(t)$ 在一个周期内的平均值;

　　　a_ν、b_ν——简谐系数:

$$\begin{cases} a_\nu = \dfrac{2}{T}\int_0^T f(t)\cos\nu\omega t\mathrm{d}t \\ b_\nu = \dfrac{2}{T}\int_0^T f(t)\sin\nu\omega t\mathrm{d}t \\ c_\nu = \sqrt{a_\nu^2 + b_v^2} \\ \theta_\nu = \arctan\dfrac{a_\nu}{b_\nu} \end{cases} \tag{4.19}$$

由此可见,周期信号 $f(t)$ 的频谱为离散谱,如图 4.20 所示。

由于实测信号 $f(t)$ 无法用解析法表达,通常把它离散处理成时间序列的数

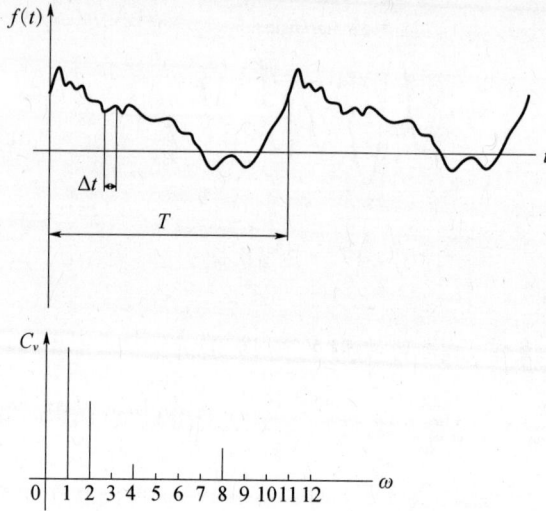

图 4.20 周期信号 $f(t)$ 的频谱

据 $f(k\Delta t)$, $\Delta t = \dfrac{T}{2n}$ 为采样间隔, $2n$ 是一个周期中采样量, $k = 0,1,2,\cdots,2n$, 这样, 式(4.19)可写成

$$
\begin{cases}
a_\nu = \dfrac{1}{n}\sum\limits_{k=0}^{2n-1} f(k\Delta t)\cos\dfrac{\nu k\pi}{n} \\[2mm]
b_\nu = \dfrac{1}{n}\sum\limits_{k=0}^{2n-1} f(k\Delta t)\sin\dfrac{\nu k\pi}{n} \\[2mm]
c_\nu = \sqrt{a_\nu^2 + b_\nu^2} \\[2mm]
\theta_\nu = \arctan\dfrac{a_\nu}{b_\nu}
\end{cases}
\tag{4.20}
$$

2. 快速傅里叶变换分析

对于随机的、瞬时的、非周期性的信号,可视为周期 $T \to \infty$ 的周期函数,其频谱分析采用傅里叶变换。

当 $T \to \infty$ 时,在时域内, $f(t)$ 可表示为傅里叶积分:

$$
f(t) = \frac{1}{2\pi}\int_{-\infty}^{\infty} F(\omega)\,\mathrm{e}^{\mathrm{i}\omega t}\mathrm{d}\omega
\tag{4.21}
$$

式中 $F(\omega)$ ——$f(t)$ 的谱密度,也称频率函数,即傅里叶变换:

$$
F(\omega) = \int_{-\infty}^{\infty} f(t)\,\mathrm{e}^{-\mathrm{i}\omega t}\mathrm{d}t
\tag{4.22}
$$

于是, $f(t)$ 的频谱为连续谱,它不同于周期函数的离散谱。

在实际的数值计算中,对信号 $f(t)$,在有限长时间 T 内,进行一定数量的采样和截断,然后进行计算。

设在有限时间 T 内，采样 N 次，则采样时间 $\Delta t = \dfrac{T}{N}$，即采样频率：

$$\Delta f = \frac{1}{\Delta t}, \Delta \omega = \frac{2\pi}{N\Delta t}, \omega t = k\Delta \omega \cdot n\Delta t = \frac{2\pi}{N}kn$$

于是有

$$F(k) = \sum_{n=0}^{N-1} f(n) W^{kn} \tag{4.23}$$

式中　$W = \mathrm{e}^{-\mathrm{i}\left(\frac{2\pi}{N}\right)}$——旋转因子。

式(4.23)可写成

$$\begin{Bmatrix} F(0) \\ F(1) \\ F(2) \\ \vdots \\ F(N-1) \end{Bmatrix} = \begin{bmatrix} W^0 & W^0 & \cdots & W^0 \\ W^0 & W^1 & \cdots & W^{N-1} \\ W^0 & W^2 & \cdots & W^{2(N-1)} \\ \vdots & \vdots & \ddots & \vdots \\ W^0 & W^{N-1} & \cdots & W^{(N-1)^2} \end{bmatrix} \begin{Bmatrix} f(0) \\ f(1) \\ f(2) \\ \vdots \\ f(N-1) \end{Bmatrix} \tag{4.24}$$

上述计算，需进行 N^2 次复数乘法和 $N(N-1)$ 次复数加法运算，而每次复数乘法又要进行四次实数乘法，其计算量非常大，耗时长，成本高，不易实现实时分析。1965 年，美国人库利(Cooley)和图基(Tulkey)提出快速傅里叶变换，它大大减少了运算次数，大幅提高了计算速度。

注意到式(4.24)中，旋转因子的特征：

对称性为

$$W^{k(N-n)} = \mathrm{e}^{-\mathrm{i}\left(\frac{2\pi}{N}\right)k(N-n)} = W^{-kn}$$

周期性为

$$W^{kn} = W^{k(N+n)} = W^{(k+N)n}$$

从而存在关系：

$$W^{kn} = W^{kn \cdot \bmod(N)} \tag{4.25}$$

式中　$kn \cdot \bmod(N)$——kn/N 后的余数。

利用上述性质，可把长序列的矩阵式(4.24)，逐次分解成一个个短序列的"蝶形运算"，结果，FFT 复数运算减少到 $N\lg 2N$ 次。N 越大，减少的比例也更大，大大提高了速度和精度。下面举例 $N=4$ 的情况，此时式(4.24)为

$$\begin{Bmatrix} F(0) \\ F(1) \\ F(2) \\ F(3) \end{Bmatrix} = \begin{bmatrix} W^0 & W^0 & W^0 & W^0 \\ W^0 & W^1 & W^2 & W^3 \\ W^0 & W^2 & W^4 & W^6 \\ W^0 & W^3 & W^6 & W^9 \end{bmatrix} \begin{Bmatrix} f(0) \\ f(1) \\ f(2) \\ f(3) \end{Bmatrix}$$

注意到式(4.25)的关系，及 $W^0 = \mathrm{e}^{-\mathrm{i}\left(\frac{2\pi}{N}\right)0} = 1$，可改写成

$$\begin{Bmatrix} F(0) \\ F(1) \\ F(2) \\ F(3) \end{Bmatrix} = \begin{bmatrix} 1 & 1 & 1 & 1 \\ 1 & W^1 & W^2 & W^3 \\ 1 & W^2 & W^0 & W^2 \\ 1 & W^3 & W^2 & W^1 \end{bmatrix} \begin{Bmatrix} f(0) \\ f(1) \\ f(2) \\ f(3) \end{Bmatrix} \tag{4.26}$$

将上式第 2 行与第 3 行交换后,对矩阵 W^{kn} 作因式分解,得

$$\begin{Bmatrix} F(0) \\ F(2) \\ F(1) \\ F(3) \end{Bmatrix} = \begin{bmatrix} 1 & W^0 & 0 & 0 \\ 1 & W^2 & 0 & 0 \\ 0 & 0 & 1 & W^1 \\ 0 & 0 & 1 & W^3 \end{bmatrix} \begin{bmatrix} 1 & 0 & W^0 & 0 \\ 0 & 1 & 0 & W^0 \\ 1 & 0 & W^2 & 0 \\ 0 & 1 & 0 & W^2 \end{bmatrix} \begin{Bmatrix} f(0) \\ f(1) \\ f(2) \\ f(3) \end{Bmatrix} \tag{4.27}$$

于是,先运算:

$$\begin{Bmatrix} X(0) \\ X(2) \\ X(1) \\ X(3) \end{Bmatrix} = \begin{bmatrix} 1 & 0 & W^0 & 0 \\ 0 & 1 & 0 & W^0 \\ 1 & 0 & W^2 & 0 \\ 0 & 1 & 0 & W^2 \end{bmatrix} \begin{Bmatrix} f(0) \\ f(1) \\ f(2) \\ f(3) \end{Bmatrix} \tag{4.28}$$

这里作了二次复数乘法和四次复数加法,再计算

$$\begin{Bmatrix} F(0) \\ F(2) \\ F(1) \\ F(3) \end{Bmatrix} = \begin{bmatrix} 1 & 0 & W^0 & 0 \\ 0 & 1 & 0 & W^0 \\ 1 & 0 & W^2 & 0 \\ 0 & 1 & 0 & W^2 \end{bmatrix} \begin{Bmatrix} X(0) \\ X(2) \\ X(1) \\ X(3) \end{Bmatrix} \tag{4.29}$$

这里也只作 2 次复数乘法和 4 次复数加法,共进行了 4 次乘法和 8 次加法,计 12 次复数运算。而按傅里叶变换,则需作 28 次复数运算。计算量大大减少,且随 N 的增大,运算量减少越多。当 $N = 2^{10}$ 时,运算次数之比为 $200:1$,故而快速傅里叶变换广泛应用于各种数值分析中。周期性振动分析视为其一种特定的情况,也可使用这种方法。

3. 频谱分析中应注意的两个问题

1) 采样时间间隔

频谱分析中,都按等距离时间间隔将连续模拟信号采样成离散的时间序列。如果采样的时间间隔太小,会产生相关和过多的数字量,增加不必要的计算工作量。采样间隔太大,又会损失信息量并出现频率混淆。

设采样间隔为 Δt,其采样频率为 $\dfrac{1}{\Delta t}$ 可确定的最高频率为 $f_N = \dfrac{1}{2\Delta t}$(Hz),而原信号中更高的频率分量将被折迭到 $(0, f_N)$ 频率范围内,从而产生频率混淆。

对此,要求采样时间间隔 Δt 满足如下的采样定理:连续信号 $x(t)$,若其频率只分布在有限频率范围内,即有截止频率等于 f_c,当 $|f| \geq f_c$ 时,$X(\omega) = 0$。则

当采样时间间隔 Δt 满足条件：

$$\Delta t \leqslant \frac{1}{2f_c} \tag{4.30}$$

采样得到的离散时间序列与原信号等效。

据此，为避免频率混淆，通常要求频率 $f_N = \dfrac{1}{2\Delta t}$（Hz）为预计信号最高频率的 1.5 倍。

2）采样时间长度（周期）

在工程实际中，对原信号的采样时间总是有限度的，所以只能截取原信号的一段进行分析，这个采样时间的长度，对于简谐分析是极为重要的。先以正弦信号作简单叙述，如果采样时间长度是其周期的整数倍，则对信号进行周期化延拓时，仍为原信号，不失真，其频谱函数仍为单一的谱线，如图 4.21 所示。如果采样时间长度与原周期不一致，周期化延拓后就会失真，其频谱就由单一谱线向两旁扩散（即称泄漏）成一小堆谱线，如图 4.22 所示。

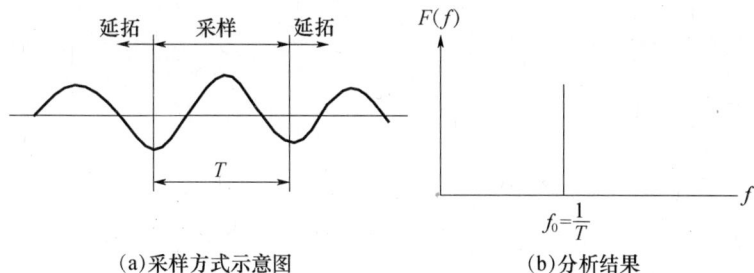

図 4.21 的示意图

（a）采样方式示意图　　　　　（b）分析结果

图 4.21　采样长度是周期整数倍情况

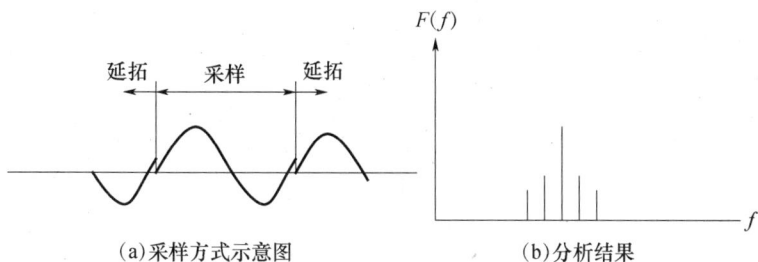

（a）采样方式示意图　　　　　（b）分析结果

图 4.22　采样长度和周期不一致情况

进一步从数学上解释。截取原信号中一段进行分析，就是将原信号乘以时间函数（矩形窗口函数）$u(t)$：

$$f(t) = f_0(t)u(t) \tag{4.31}$$

式中

$$u(t) = \begin{cases} 0 & \left(t < -\dfrac{T}{2}\right) \\ 1 & \left(-\dfrac{T}{2} \leqslant t \leqslant \dfrac{T}{2}\right) \\ 0 & \left(t > \dfrac{T}{2}\right) \end{cases} \qquad (4.32)$$

已知原信号的频谱为

$$F(\omega) = \int_{-\infty}^{\infty} f_0(t) \mathrm{e}^{-\mathrm{i}\omega t} dt \qquad (4.33)$$

矩形窗口函数的频谱为

$$U(\omega) = \int_{-\infty}^{\infty} u(t) \mathrm{e}^{-\mathrm{i}\omega t} \mathrm{d}t = T\frac{\sin \pi f T}{\pi f T}$$
$$(4.34)$$

如图 4.23 所示,这个频谱由一个主瓣和截断处引起的许多旁瓣构成,其主瓣相邻的两个旁瓣,其幅值达主瓣幅值的 1/5。

于是,截断后信号 $f(t)$ 的频谱为

$$F(\omega) = \int_{-\infty}^{\infty} f_0(t) u(t) \mathrm{e}^{-\mathrm{i}\omega t} \mathrm{d}t$$
$$(4.35)$$

图 4.23 矩形窗口函数 $u(t)$ 及其频谱 $U(f)$

将 $u(t)$ 用频谱 $U(\omega)$ 的逆变换表示:

$$u(t) = \frac{1}{2\pi} \int_{-\infty}^{\infty} U(\omega) \mathrm{e}^{-\mathrm{i}\omega t} \mathrm{d}\omega = \int_{-\infty}^{\infty} U(\bar{f}) \mathrm{e}^{\mathrm{i}2\pi \bar{f} t} \mathrm{d}\bar{f} \qquad (4.36)$$

则

$$F(f) = \int_{-\infty}^{\infty} U(\bar{f}) \int_{-\infty}^{\infty} f_0(t) \mathrm{e}^{-\mathrm{i}2\pi(f-\bar{f})t} \mathrm{d}\bar{f}$$

$$= \int U(\bar{f}) F_0(f-\bar{f}) \mathrm{d}\bar{f} \qquad (4.37)$$

$$= U(\bar{f}) F_0(f-\bar{f})$$

截断后的频谱等于原信号频谱与窗函数频谱的卷积。

如对于图 4.21 的正弦信号,截断信号的频谱等于将窗函数的频谱曲线在频率轴上向右平移 f_0,从而使原来单一的谱线扩散成一个频率范围,产生旁瓣,称为"泄漏"。而在离散时间序列作傅里叶变换时,则是将原来单一的谱线变成许多离散的频率成分,如图 4.24 所示。

当截段时间长度 T 等于周期性原信号 $f(t)$ 周期 T_0 的整数倍时,可以避免这种泄漏。柴油机轴系扭振信号是周期性的,在采样中应特别注意此特点,按柴油机转速信号同步记录数据,并依据转速数选择采样时间长度 T。

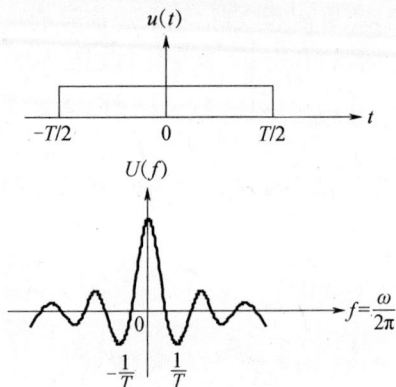

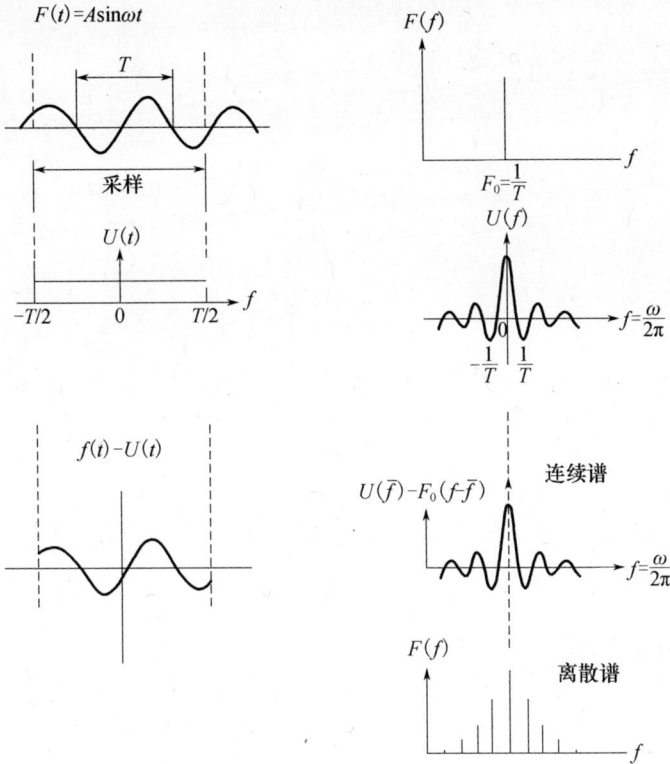

图 4.24 泄漏现象

对于瞬态、随机等非周期的原信号,为降低泄漏影响,常采取增加信号样本长度、选择更佳的窗函数的办法,而对柴油机扭振而言,选好采样周期则是最重要的。

4.4.4 测量资料整理,测量报告内容

在频谱分析之后,应进行轴系固有频率确定,轴段、部件共振应力和扭矩推算等资料整理工作,然后编写测量报告。

1. 测量资料整理

1) 固有频率的确定

频谱分析后,可按各谐次振幅随转速变化,绘制出如图 4.25 和图 4.26 所示曲线,在图中找出各谐次 ν 的最大共振幅所对应的转速 n_ν,即为 ν 谐次共振转速,于是相应之系统固有频率为

$$f = \nu n_\nu \tag{4.38}$$

同一振型不同谐次的共振转速,测得的固有频率可能并不完全一致,这是因为分挡无法过密,某谐次共振转速可能位于分挡转速间隔内,另外由于轴系中存在非线性元素所致。

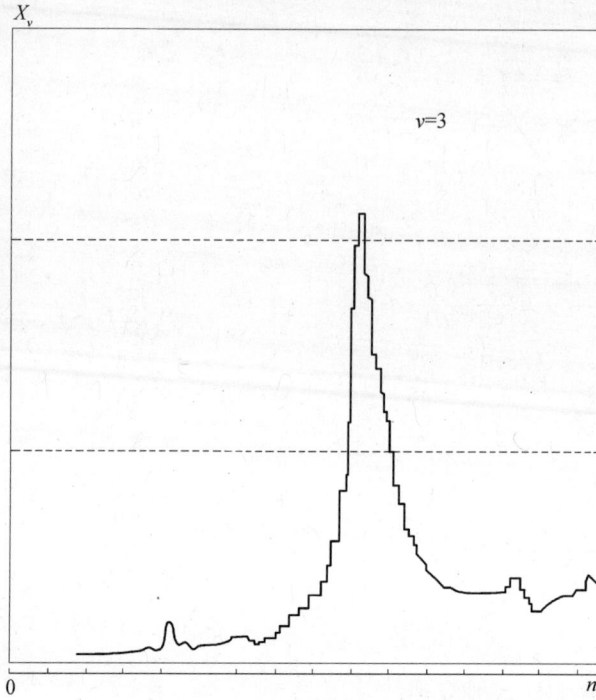

图 4.25 ν 谐次振幅—转速变化曲线

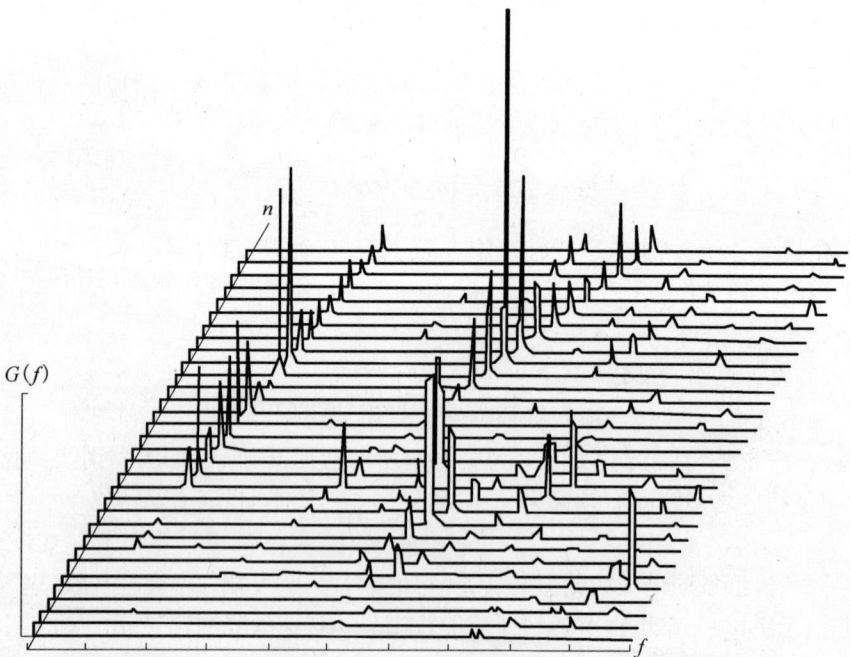

图 4.26 三维转速谱阵

一般而言,高谐次振动波只有在共振时突然显得清晰,因此,它对系统固有频率的确定有很大参考意义。

2)共振振幅、应力、扭矩推算

当实测共振转速与计算值相对误差在 5% 以内时,一般情况下可依据自由振动计算的振型推算轴系各部位的共振振幅、应力和扭矩,相对误差大于 5% 时,则需修改计算书。

设振幅或应力的测量值为 $X_{测}$,则

$$Y = \frac{Y_0 X_{测}}{X_0} \tag{4.39}$$

式中　X_0——自由振动计算振型中测点的相对量(当 $X_{测}$ 为角位移时,它是相对振幅;当 $X_{测}$ 为应力时,它是应力因子;当 $X_{测}$ 为扭矩时,它是相对力矩);

Y_0——自由振动计算振型中,要计算部位的相对量,如相对振幅、应力因子、相对力矩等;

Y——考虑部位的计算量,即振幅、轴段应力或部件扭矩。

有减速齿箱的轴系,当测点在从动轴时,测量值应转化为主动轴转速的值后,再按自由振动振型推算,即

$$\begin{cases} \varphi_{测} = i\varphi_{实测} \\ \tau_{测} = \tau_{实测}/i \\ M_{测} = M_{实测}/i \end{cases} \tag{4.40}$$

式中　$i = n_1/n_2$——转速比,其中 n_1 为柴油机转速(r/min),n_2 为测量点转速(r/min)。

应注意到,如测量仪已经将测量值转化为主动轴转速的值,则不必再作式(4.40)的转换,如武汉船检制造的 ZDCL-IV 型扭振仪即如此。

对于存在高阻尼等情况下,自由振动振型失效。此时,可用强迫振动解计算得出的振动模型曲线,推算共振幅、应力和扭矩:

$$Y = Y_1 X_{测}/X_1 \tag{4.41}$$

式中　X_1——测点解析法得出的计算值;

Y_1——考虑部位,解析法得出的计算值;

Y——考虑部位,实测推算值。

对于低速时,存在滚振情况下,也可用式(4.41)来推算所需考虑部位的振幅、应力或扭矩。

滚振影响,还可以用二点测量法来扣除,如图 4.27 所示,设测点 A 的测量振幅为 a,B 点的测量振幅为 b,当自由振动振型为同向时,有

$$Y = Y_0 \frac{a-b}{\alpha-\beta} \tag{4.42}$$

而振型反向时,有

$$Y = Y_0 \frac{a + b}{\alpha + \beta} \tag{4.43}$$

式中　α、β——A、B 点自由振动计算之相对振幅。

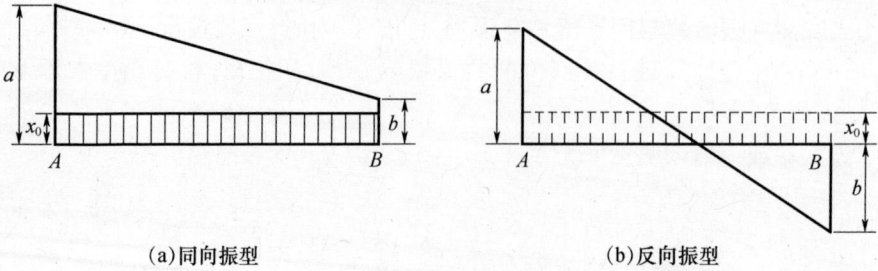

(a)同向振型　　　　　　　　(b)反向振型

图 4.27　滚振振幅扣除法

2. 测量报告

测量报告一般包含如下内容:

(1) 船名及制造厂,测量报告名称。

(2) 测量单位,人员。

(3) 测时时间。

(4) 测量目的。

(5) 测量仪器,给出传感器、测量仪、记录器及分析仪等测量中使用的仪器,并列表(表 4.1)给出其主要参数。

表 4.1　测量中使用仪器列表项目

仪器名称	型号	准确度	用途	制造厂

(6) 测量条件。

① 轴系及主机主要参数。

② 测量水域:

(7) 测点布置及测量方法简述。

(8) 测量资料。

① 测量记录分析资料。

a. 模拟信号测量,给出各测点分挡转速记录的分析结果,如表 4.2 所列,并给出共振转速等的典型实测波形曲线。

表 4.2　测点 X 分析资料

序号 NO	名义转速 $n_名$	实测转速 $n_测$	谐次 ν	振幅 A

b. 对数值分析,绘出各测点主要振动谐次的振幅—转速关系曲线,需要时给出三维谱阵,并给出共振转速等典型频谱图或典型波形曲线。

② 在共振转速下,部件振幅、轴段应力、部件扭矩如表 4.3 所列。

表 4.3 部件振幅、轴段应力、部件扭矩

	振型结点数	
	谐次	
	共振转速/(r/min)	
共振频率	实测值/(次/min)	
	计算值	
	相对误差/%	
	测点振幅/rad	
	测点相对振幅	
	参数点振幅/rad	
振动应力	曲轴应力/(N/mm²)	
	允许值	
	中间轴应力/(N/mm²)	
	允许值	
	桨轴应力/(N/mm²)	
	允许值	
部件扭矩	联轴器扭矩/(N·m)	
	允许值	
	啮合扭矩/(N·m)	
	允许值	
	发电机转子振幅/rad	

(9)测量结论:对轴系扭振特性提出判断意见。

3. 测量实例:长航集运 0312 轮轴系扭转振动测试报告。

1)测试依据

《柴油机动力内河船舶系泊及航行试验大纲》(GB/T 3221—1996)

《船舶柴油机轴系扭转振动测量方法》(CB/T 3853—1999)

《钢质内河船舶建造规范》(中国船级社,2009)

2)测试项目

轴系扭转振动。

3)测试条件

(1)船舶主要设计参数。

总长:107.0m

垂线间长:102.1m

型宽:17.2m

型深:5.2m

设计吃水:3.8m

设计航速:17.5km/h

主机型号:XCW6200ZC - 6 × 2 台

额定功率:518kW

额定转速:720r/min

齿轮箱型号:J1200A × 2 台

齿轮箱减速比:3.7391:1

联轴节型号:RATO - R 1725

额定扭矩:12.5kN·m

许用变动扭矩:3.75kN·m

螺旋桨型式:MAU

螺旋桨直径:2.4m

螺旋桨叶片数:5

(2)测试环境。

测试水域:长江长寿川江船厂周家沱水域

水深:4~5m

风力:—

风向:—

船艏吃水:1.5m

船艉吃水:3.0m

4)测试仪器及测点布置

(1)测试仪器(表4.4)。

表4.4　测试仪器

名称	型号	准确度	用途	制造厂
扭振记录分析仪	ZDCL - IV	±5%	扭振测量	武汉船检
笔记本电脑	LENOVO R400	—	数据采集	联想

(2)测点布置。如图4.28所示,根据轴系扭振计算书及现场实际情况,在该轮主推进轴系中间轴附近安装扭振传感器。

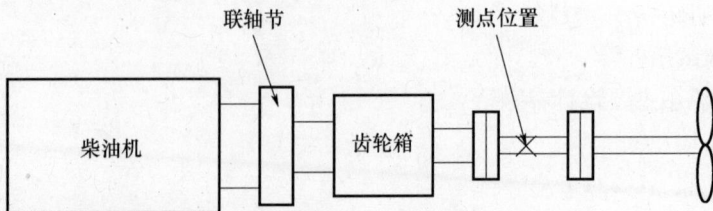

图4.28　测点布置

5）测试方法

使用扭振记录分析仪,从实船柴油机合排后最低稳定转速320r/min 到最高转速720r/min 范围内,按 10～20r/min 分挡测试记录数据。

6）测试结果

测试发现,在主机转速499r/min 附近出现 2 结点 3 谐次扭共振,其中 3 谐次的振幅—转速曲线和 499r/min 时域图如图 4.29 所示。对照自由振动 Holzer 表进行共振转速下扭振分析计算,得出的部件扭矩、轴段应力及规范允许值如表 4.5 所列。由于扭共振所引起的部件扭矩、轴段应力均在 CCS 规范允许值内,故不必设转速禁区。

表 4.5　轴系扭振应力、扭矩

		结点数	2
		谐次	3
		共振转速/(r/min)	499.0
共振频率		实测频率/(次/min)	1497
		计算频率/(次/min)	1503
		相对误差/%	− 0.41
		测点振幅/rad	0.01026428
		测点相对振幅	24.41
		参考点振幅/rad	0.0000420495
应力		曲轴应力/(N/mm²) （允许值）	0.6 (40)
		中间轴应力/(N/mm²) （允许值）	5.7 (49)
		桨轴应力/(N/mm²) （允许值）	2.9 (26)
扭矩		联轴节扭矩/(N·m) （允许值）	681 (3750)
		啮合力矩/(N·m) （允许值）	491 (3300)

有关人员签字:

测　试　人:_____

校　核　人:_____

负　责　人:_____　报告日期____年____月____日

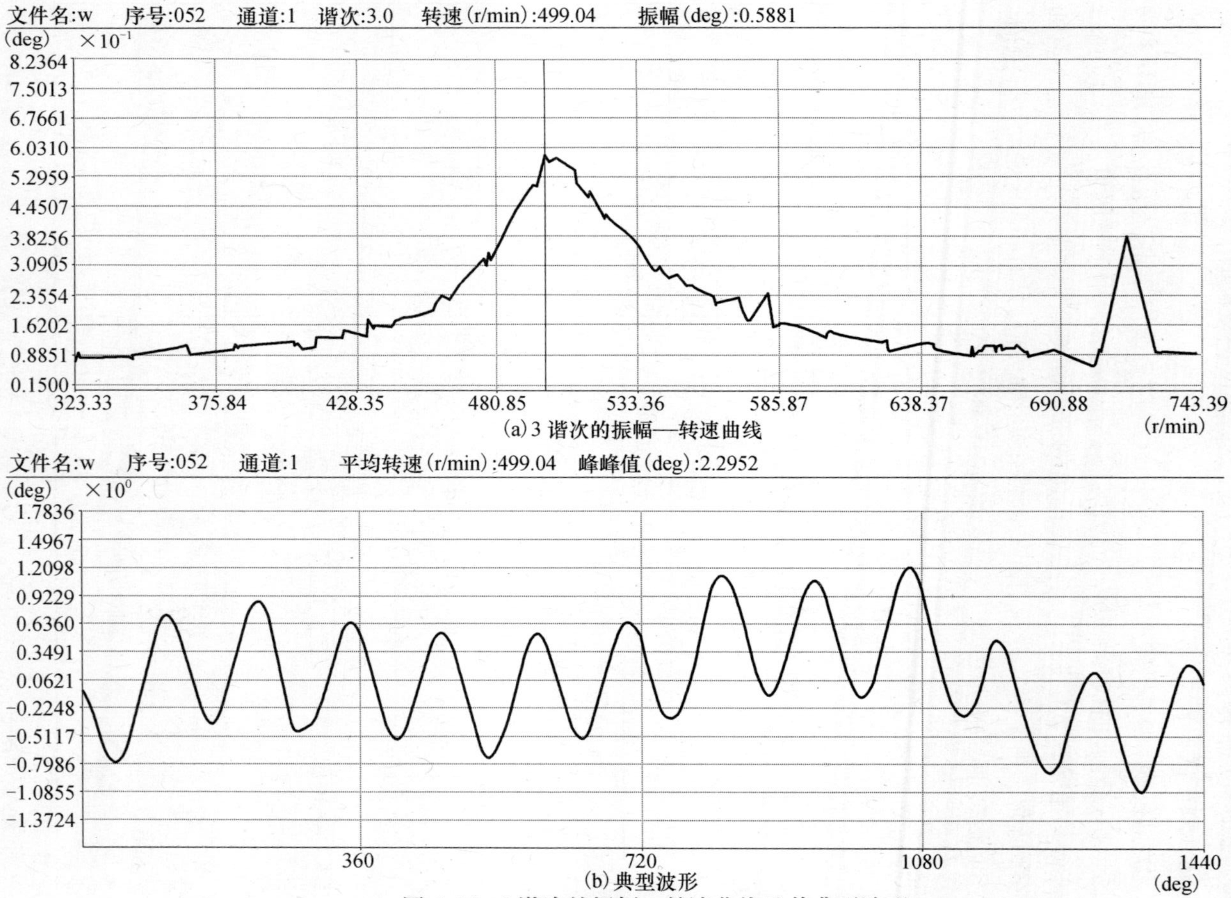

文件名:w　序号:052　通道:1　谐次:3.0　转速 (r/min):499.04　振幅 (deg):0.5881

（a）3 谐次的振幅—转速曲线

文件名:w　序号:052　通道:1　平均转速 (r/min):499.04　峰峰值 (deg):2.2952

（b）典型波形

图 4.29　3 谐次的振幅—转速曲线及其典型波形

4.5　扭振试验台

扭振试验台有两类:一是产生标准的变动频率与振幅,用来校验扭振仪;二是产生已知变动频率与扭矩,用来进行弹性元件扭振特性试验。

4.5.1　万向联轴器型扭振仪校验台

图 4.30 表示万向联轴器型扭振仪校验台。其主动轴由变速电动机 1 带动,通过万向联轴器 2 驱动从动轴(或从动轮)3。扭振仪可直接联接到从动轴,或经皮带与从动轮相连,进行测量。扭振仪校验台产生标准的扭振信号进行校验。

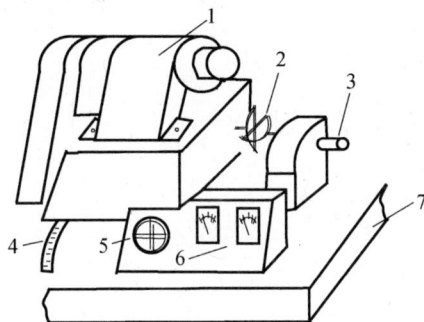

图 4.30　万向联轴器型扭振仪校验台

1—电动机;2—万向联轴器;3—从动轮(轴);4—刻度盘;5—手柄;6—仪表组;7—底座。

主动轴与从动轴之间的夹角 φ 可通过万向联轴器改变,并从刻度盘 4 上读出。

据机械设计原理,十字轴式万向联轴器主、从动轴的运动关系为

$$\tan\beta = \tan\alpha\cos\varphi \tag{4.44}$$

式中　φ——两轴间夹角;

α、β——从动轴、主动轴的转角。主动轴为匀速转动,其转角 $\beta = \omega t$。

从动轮的扭转角为

$$\theta = \alpha - \beta = \arctan\left(\frac{2\tan\beta \cdot \sin^2\dfrac{\varphi}{2}}{\tan^2\beta + \cos\varphi}\right) \tag{4.45}$$

按傅里叶级数展开,得到从动轮扭转角振幅:

$$\theta = \left(\frac{1-\cos\varphi}{1+\cos\varphi}\right)\sin2\beta + \frac{1}{2}\left(\frac{1-\cos\varphi}{1+\cos\varphi}\right)^2\sin4\beta + \frac{1}{3}\left(\frac{1-\cos\varphi}{1+\cos\varphi}\right)^3\sin6\beta + \cdots$$

$$\tag{4.46}$$

这样,校验台输出轴上产生的扭转角振幅 θ,主要是式(4.46)中的第 1 项:

$$\theta_2 = \left(\frac{1 - \cos\varphi}{1 + \cos\varphi}\right)\sin 2\beta \tag{4.47}$$

它表示,主动轴每转一转,输出轴上扭振幅变化两次,为二次谐波。

式(4.46)的第 2 项,表示四次谐波的振动,主动轴每转一转,输出轴上产生四次交变的扭转振动。依此类推,存在 6、8 等次的谐波振动,其幅值随谐次增大而迅速减小。表 4.6 给出各谐次振幅 θ_ν 与夹角 φ 的关系。

表 4.6 各谐次振幅 θ_ν 与夹角 φ 的关系

$\theta/(\degree)$ $\varphi/(\degree)$	θ_2	θ_4	θ_6
0	0	0	0
3	0.039	0.0000	—
5	0.109	0.0001	—
7.5	0.246	0.0005	—
10	0.438	0.0017	—
13	0.744	0.0048	—
15	0.995	0.0086	—
18	1.440	0.0180	0.0003
20	1.780	0.0277	0.0006

万向联轴器型扭振校验台的变速电机转速可达到 6000r/min,其二次谐波最高频率为 12000min^{-1}。在实际中应用较多。但它的加工精度要求高,工艺复杂,容易磨损,长期使用后会产生较大误差,又因没有飞轮,无法吸收电动机转速不均匀的影响。

4.5.2 平行滑板式扭振仪校验台

平行滑板式扭振仪校验台的结构组成如图 4.31 所示。电动机 1 通过弹性联轴器 2 带动飞轮 3 及平行滑板组的主动导板 4a(图 4.32),主动导板 4a 带动平行滑板组的被动滑板 4b。被动滑板 4b 又带动输出轮(轴)6,并按电动机转速及一定的交变扭角旋转。电动机为 10000~15000r/min 的无级变速电动机。

平行滑板组的结构如图 4.32 所示。通过主动导板 4a 与被动滑板 4b 之间相对位置的改变,可产生输出轴的交变扭角。主动导板 4a 的一端固定着平衡销 4d,其作用是保持滑板组在高速旋转时良好的动平衡性能。主动导板 4a 的另一端加工有一个滑槽,紧固于被动滑板 4b 的滑销 4c 放置其中,并能滑动。由于这种滑动改变了平行滑板组主、被动部分轴线的相对位置,从而产生输出轴(轮)的扭角变动。滑销 4c 在主动导板 4a 滑槽中的滑动,是由滑板组从动侧整个轴线移动来实现的。从图 4.31 可见,从动侧轴系由两个轴承支持于拖板 10 上。

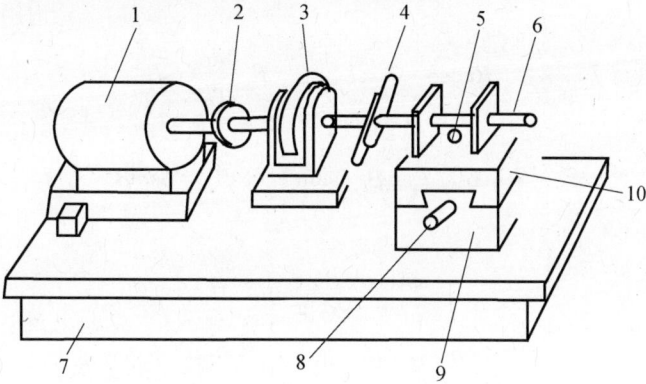

图 4.31 平行滑板式扭振仪校验台

1—电动机;2—弹性联轴器;3—飞轮;4—平行滑板组;5—千分表;
6—输出轮(轴);7—平台;8—拖板移动手柄;9—导板;10—拖板。

拖板 10 通过手柄 8 可在导板 9 中平行滑动距离 δ,并由千分表读出。

平行滑板式扭振仪校验台的工作原理如图 4.33 所示。设从动滑销 4c 中心到从动轴线旋转中心 o 的距离为 R,是一个常数。而滑销 4c 到主动轴回转中心 B 的距离为 L,它在回转中是变化的。α 为 R 与 δ 位移方向的夹角,β 为 L 与 δ 位移方向的夹角,则输出轴(轮)上瞬时振幅为

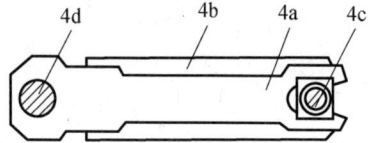

图 4.32 平行滑板组

4a—主动滑板;4b—被动滑板;
4c—滑销;4d—平衡销。

$$\theta = \alpha - \beta \tag{4.48}$$

由图 4.33(a),有

$$R\sin\alpha = L\sin\beta$$

$$L = R\frac{\sin\alpha}{\sin\beta}$$

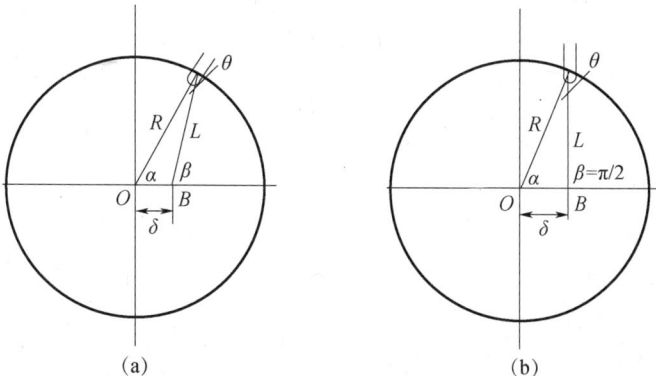

(a)   (b)

图 4.33 平行滑板式扭振仪校验台的工作原理

又

$$R\cos\alpha - \delta = L\cos\beta = R\frac{\sin\alpha}{\sin\beta}\cos\beta$$

得

$$R(\cos\alpha \cdot \sin\beta - \sin\alpha \cdot \cos\beta) = \delta\sin\beta$$

于是

$$\sin(\alpha - \beta) = \frac{\delta}{R}\sin\beta$$

$$\theta = \alpha - \beta = \arcsin\left(\frac{\delta}{R}\sin\beta\right) \tag{4.49}$$

由此可见,从动轴振动是在主动轴转角 $\beta = \omega t$ 基础上增加一个,主要是其一次谐波的振动,当 $\beta = \dfrac{\pi}{2}, \dfrac{3\pi}{2}, \cdots$ 时,达到最大值:

$$\pm \theta_{max} = \arcsin\frac{\delta}{R} \tag{4.50}$$

根据上述可知,改变一个 δ 值,校验台就产生一个扭转角振幅 $\pm \theta$,其频率即为电动机的转速 $n(\text{r/min})$。

例如,对 $R = 95.25\text{mm}$ 的情况,振幅 θ 与位移 δ 的关系如表4.7所列。

表4.7 振幅 θ 与位置 δ 的关系

δ/mm	$\theta/(°)$	$\sin\theta$
0.161925	0.1	0.0017
0.333375	0.2	0.0035
0.495300	0.3	0.0052
0.666750	0.4	0.0070
0.828675	0.5	0.0087
1.000125	0.6	0.0105
1.162050	0.7	0.0122
1.333500	0.8	0.0140
1.495425	0.9	0.0157
1.666875	1.0	0.0175
2.495550	1.5	0.0262
3.324225	2.0	0.0349
4.152900	2.5	0.0456
4.981575	3.0	0.0523
5.810250	3.5	0.0610
6.648450	4.0	0.0698

4.5.3　扭振电子标定器

扭振电子标定器用电子线路产生稳定性和精度都很高的模拟信号,对扭振分析仪进行现场标定校验。它易于携带使用,但无法对包括传感器在内的整个扭振测量系统进行校验。

美国亚特兰大科技公司生产的 2512 扭振标定器简介如下。

标定器使用了一些数字芯片,将一个 400kHz 的晶振输出信号,进行分频和重组合处理,使其轮流输出 50 个 5000Hz 和 50 个 5063.3Hz 的方波脉冲。这就相当于一个 100 齿的齿轮输出的前半转较慢,后半转较快的扭振信号,它模拟的轴系转速曲线如图 4.34 所示。

显然,将其积分后,得到的扭角位移信号是一个三角波形的扭振信号。其转速为 3018r/min,扭振频率为 50.3Hz,扭角幅度为 0.566°(峰值)。根据三角波形周期函数的傅里叶级数展开,有

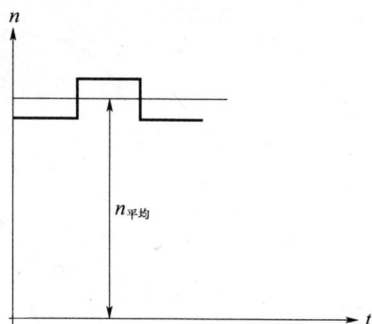

图 4.34　标定器模拟的
轴系转速曲线

$$\theta(t) = \frac{8\theta_{\mathrm{m}}}{\pi^2}\Big(\sin\omega t - \frac{1}{9}\sin3\omega t + \frac{1}{25}\sin5\omega t + \cdots\Big) \tag{4.51}$$

一次谐波幅　　　　　$\theta_1 = 0.566° \times 0.81 = 0.458°$

三次谐波幅　　　　　　　$\theta_3 = 0.051°$

五次谐波幅　　　　　　　$\theta_5 = 0.018°$

4.5.4　橡胶联轴器性能试验台

橡胶联轴器性能试验台,用来测定橡胶联轴器的静刚度 K_s、动刚度 K_c 及其损失系数 ψ 值。

1. 基本结构

如图 4.35 所示,橡胶联轴器的一端固定于座 1,另一端跟试验盘架 3 相连接。盘架上装有激励装置 4,它产生简谐扭矩,进行动态试验。盘架外周与拉动齿条 5 相接,齿条跟线性弹簧 6 连接,力 F 通过它产生平均力矩 T_0,作用于橡胶联轴器,进行静态试验。它可以测定不同平均力矩 T_0 下的动刚度 K_c 值(对非线性橡胶联轴器)。

2. 激励力矩

激励装置由变速电动机和偏心齿轮组组成。齿轮上偏心质量的相位关系如图 4.36 所示。齿轮轴以角速度 ω 旋转,对轴向,齿轮上偏心质量位置相对,离心力相抵消,而对周向,最大离心力 $F = 2mr\omega^2$,于是激励力矩为

$$T = 2mrL\omega^2 \sin\omega t = T_e \omega^2 \sin\omega t \tag{4.52}$$

式中　ω——齿轮轴旋转角速度，rad/s；

m——偏心质量，kg；

r——偏心半径，m；

L——齿轮组间距，m；

$T_e = 2mrL$，N·m。

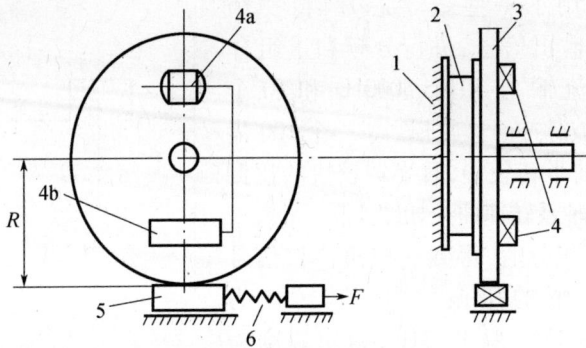

图 4.35　试验台示意图

1—固定座；2—橡胶联轴器（试件）；3—试验盘架；4—激励装置；

4a—变速电动机；4b—偏心齿轮组；5—拉动齿条；6—线性弹簧。

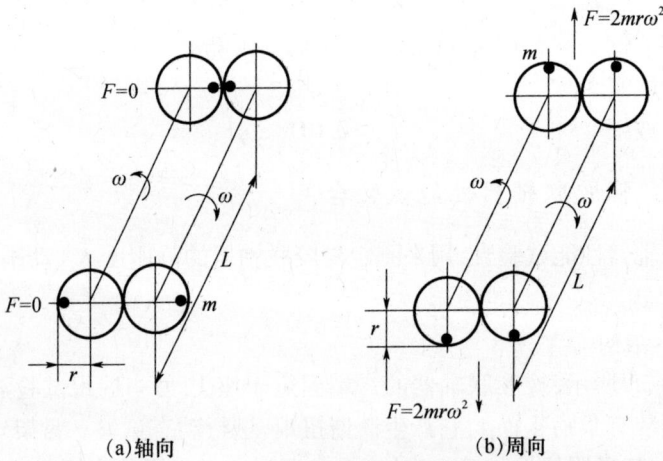

（a）轴向　　　　　　　（b）周向

图 4.36　齿轮上偏心质量的相位关系

3. 静态试验

外力 F 通过线性弹簧 6 拉动齿条 5，产生力矩 $T_s = FR$，测出橡胶联轴器相应的扭角 φ，绘出 $T_s - \varphi$ 曲线，如图 4.37 所示，则橡胶联轴器的静刚度为

$$K_s = \frac{T_s}{\varphi} \tag{4.53}$$

4. 动态试验

试验台动态试验时的力学模型如图 4.38 所示,联轴器与盘架相连接。

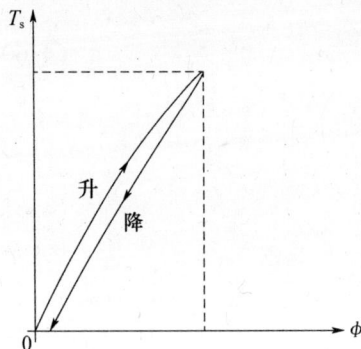

图 4.37　$T_s - \varphi$ 曲线

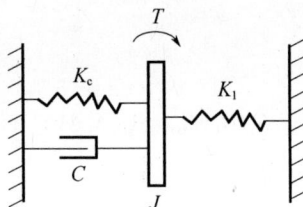

图 4.38　试验台动态试验时的力学模型

质量点的运动微分方程为

$$J\ddot{\varphi} + C\dot{\varphi} + (K_C + K_1)\varphi = T_e\omega^2\sin\omega t \tag{4.54a}$$

式中　J——橡胶联轴器一端惯量与盘架转动部件的惯量之和,$kg \cdot m^2$;

　　　K_c——橡胶联轴器动刚度,$(N \cdot m)/rad$;

$K_1 = kR^2$——线性弹簧 k 引起的扭转刚度,$(N \cdot m)/rad$;

　　　C——橡胶联轴器扭转阻尼系数,$(N \cdot m \cdot s)/rad$。

式(4.54a)可写成

$$\ddot{\varphi} + 2b\omega_n\dot{\varphi} + \omega_n^2\varphi = \frac{T_e}{J}\omega^2\sin\omega t \tag{4.54b}$$

式中　$\omega_n = \sqrt{\dfrac{K_c + K_1}{J}}$——固有频率; \tag{4.55}

$b = \dfrac{C}{2J\omega_n} = \dfrac{C\omega_n}{2(K_c + K_1)}$——阻尼因子。 \tag{4.56}

式(4.54b)的解为

$$\varphi = X\sin(\omega t + \alpha) \tag{4.57}$$

式中

$$X = \frac{\dfrac{T_e}{J}\left(\dfrac{\omega}{\omega_n}\right)^2}{\sqrt{\left[1 - \left(\dfrac{\omega}{\omega_n}\right)\right]^2 + \left(2b\dfrac{\omega}{\omega_n}\right)^2}} \tag{4.58}$$

$$\alpha = \arctan\frac{2b\dfrac{\omega}{\omega_n}}{1 - \left(\dfrac{\omega}{\omega_n}\right)^2} \tag{4.59}$$

从式(4.58)可见,当$\dfrac{\omega}{\omega_n}\rightarrow1$时,出现共振振幅:

$$X_{max}=\frac{\dfrac{T_e}{J}}{2b} \tag{4.60}$$

当$\dfrac{\omega}{\omega_n}\rightarrow\infty$时,振动振幅趋于稳定不变,有

$$X_G=\frac{T_e}{J} \tag{4.61}$$

根据式(4.60)、式(4.61),有

$$b=\frac{X_G}{2X_{max}} \tag{4.62}$$

综上所述,通过试验可以测到振幅—频率关系曲线,如图4.39所示。从图中可以得到共振频率ω_n、共振振幅X_{max}和稳定振幅X_G。

根据式(4.60)求出阻尼因子b。

联轴器动刚度可根据式(4.55),得

$$K_C\approx J\omega_n^2-K_1 \tag{4.63}$$

联轴器的阻尼系数和损失系数为

$$\begin{cases} C=2b\sqrt{J(K_C+K_1)} \\ \psi=\dfrac{2\pi\omega_n C}{K_C} \end{cases} \tag{4.64}$$

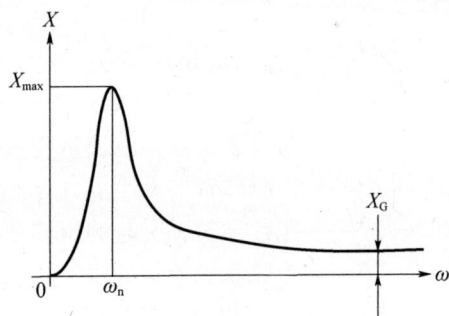

图4.39 振幅—频率关系曲线

这种试验台由共振曲线求联轴器的动态参数,方法简便,所需激励较小。

第5章 轴系扭振
非线性问题

5.1 简述

柴油机推进轴系中,近年来越来越多地使用非线性部件,如簧片式联轴器、EER 橡胶联轴器、钢丝簧联轴器、卷簧式减振器、液力离合器等。使用中可能出现多值解,即跳跃现象、次谐波响应等非线性现象,此时线性叠加原理已不适用,数学处理相当困难。

本章仍然从讨论双质量系统非线性扭振开始,探讨其计算方法、非线性振动的基本特性。

如图 5.1 所示,系统中两个质量间连接部件的弹性恢复力矩、阻尼力矩存在非线性关系:

$$M_\Delta = \beta F(\varphi_1 - \varphi_2, \dot{\varphi}_1 - \dot{\varphi}_2) \tag{5.1}$$

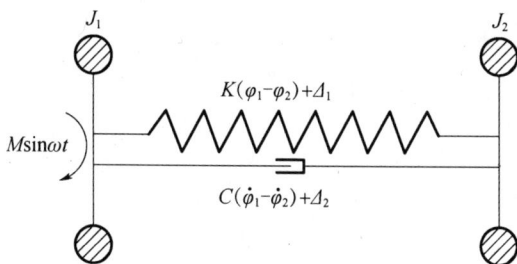

图 5.1 双质量系统

运动方程为

$$J_1 \ddot{\varphi}_1 + C_{12}(\dot{\varphi}_1 - \dot{\varphi}_2) + K_{12}(\varphi_1 - \varphi_2) + \beta F(\dot{\varphi}_1 - \dot{\varphi}_2, \varphi_1 - \varphi_2) = M\sin\omega t \tag{5.2a}$$

$$J_2 \ddot{\varphi}_2 + C_{12}(\dot{\varphi}_2 - \dot{\varphi}_1) + K_{12}(\varphi_2 - \varphi_1) + \beta F(\dot{\varphi}_2 - \dot{\varphi}_1, \varphi_2 - \varphi_1) = 0 \tag{5.2b}$$

设:$x = \varphi_1 - \varphi_2$,并作变换:$\dfrac{(a)J_2 - (b)J_1}{J_1 J_2}$,得

$$\ddot{x} + 2b\dot{x} + \omega_0^2 x + \varepsilon F(x, \dot{x}) = h\sin\omega t \tag{5.3}$$

式中

$$\begin{cases} \omega_0^2 = \dfrac{K_{12}(J_1 + J_2)}{J_1 J_2} \\[3mm] b = \dfrac{C_{12}(J_1 + J_2)}{J_1 J_2} \\[3mm] \varepsilon = \dfrac{\beta(J_1 + J_2)}{J_1 J_2} \\[3mm] h = \dfrac{M}{J_1} \end{cases} \tag{5.4}$$

式中　ω_0^2——线性固有频率；

　　　b——线性阻尼因子；

　　　ε——非线性项系数；

　　　h——激励幅系数。

方程式(5.3)是非线性振动的基本方程,与线性理论比较,多了非线性项 $\varepsilon F(x, \dot{x})$。$\varepsilon$ 的大小表示非线性程度,$\varepsilon = 0$ 时,即为线性系统。对非线性问题的分析,通常有定性法和定量法两种:定性法用来判定系统的物理意义,分析解的存在和稳定性问题等;定量法常用级数逼近的近似计算,求出系统振动时间历程的表达式,可得出一系列数据。本章只作定量分析,介绍了小参数法、平均法和迭代法后,着重介绍三角级数解法,并对多自由度系统中有一个非线性部件的情况进行分析。对于系统中有多个非线性部件,则情况更为复杂,有待进一步开拓研究。

5.2　小参数法

5.2.1　基本思想

小参数法是力学中处理非线性问题的最普通方法之一,此法是将求解的量展开为小参数的幂级数。为了一个接一个地确定出展开式的系数,一般是解一系列的线性方程。这个方法的优点是比较简单,能相当安全地用于尚未知道问题解的性质的非线性问题,但其实际计算量较大,尤其是,如果要求小参数的幂级数项多时,更为复杂。对于一个新问题,为了得到一些初步性质,采用它是有利的。但当关于解的性质已经充分了解后,则常使用其他更实用的近似方法。

下面以具有 3 次方的弹性恢复力矩问题为例,进行介绍。

5.2.2　小参数法例解——3 次方恢复力矩轴系

设弹性恢复力矩关系为

$$M = K_{12}x + \beta x^3 \tag{5.5}$$

则方程式(5.3)变成

$$\ddot{x} + 2b\dot{x} + \omega_0^2 + \varepsilon x^3 = h\sin\omega t \tag{5.6}$$

式中　ε——小参数值,即拟线性系统。

令:

$$\begin{cases} \omega_0^2 - \omega^2 = \varepsilon a \\ h = \varepsilon H \\ 2b = \varepsilon B \end{cases} \tag{5.7}$$

式中　a、H、B——有限值。

$$\ddot{x} + \omega^2 x = \varepsilon(H\sin\omega t - B\dot{x} - ax - x^3) \tag{5.8}$$

设

$$x = \sum_{n=0}^{\infty} \varepsilon^n x_n \tag{5.9}$$

代入式(5.8),得

$$\sum_{n=0}^{\infty} \varepsilon^n \ddot{x}_n + \omega^2 \sum_{n=0}^{\infty} \varepsilon^n x_n = \varepsilon\Big[H\sin\omega t - B\sum_{n=0}^{\infty} \varepsilon^n \dot{x}_n - a\sum_{n=0}^{\infty} \varepsilon^n x_n - \Big(\sum_{n=0}^{\infty} \varepsilon^n x_n\Big)^3\Big]$$

比较两端 ε^n 的系数:

$$\varepsilon^0: \ddot{x}_0 + \omega^2 x_0 = 0 \tag{5.10a}$$

$$\varepsilon^1: \ddot{x}_1 + \omega^2 x_1 = H\sin\omega t - B\dot{x}_0 - ax_0 - x_0^3 \tag{5.10b}$$

$$\vdots$$

由(5.10a),得

$$x_0 = X_{0c}\cos\omega t + X_{0s}\sin\omega t = X_0\sin(\omega t + \theta) \tag{5.10c}$$

代入(5.10b),有

$$\ddot{x}_1 + \omega^2 x_1 = H\sin\omega t - B(-\omega X_{0c}\sin\omega t + \omega X_{0s}\cos\omega t) -$$
$$a(X_{0c}\cos\omega t + X_{0s}\sin\omega t) - (X_{0c}\cos\omega t + X_{0c}\sin\omega t)^3 \tag{5.10d}$$

注意到关系:

$$\cos^3\omega t = \frac{1}{4}(3\cos\omega t + \cos 3\omega t)$$

$$\sin^3\omega t = \frac{1}{4}(3\sin\omega t - \sin 3\omega t)$$

$$\cos^2\omega t\sin\omega t = \frac{1}{4}(\sin\omega t + \sin 3\omega t)$$

$$\sin^2\omega t\cos\omega t = \frac{1}{4}(\cos\omega t - \cos 3\omega t)$$

代入(5.10d),有

$$\ddot{x}_1 + \omega^2 x_1 = \Big[H - aX_{0s} - \frac{3}{4}X_{0s}^3 - \frac{3}{4}X_{0s}X_{0c}^2 + B\omega X_{0c}\Big]\sin\omega t +$$
$$\Big[-aX_{0c} - \frac{3}{4}X_{0c}^3 - \frac{3}{4}X_{0c}X_{0s}^2 - B\omega X_{0s}\Big]\cos\omega t -$$
$$\Big[\frac{1}{4}X_{0c}^3 - \frac{3}{4}X_{0c}X_{0s}^2\Big]\cos 3\omega t - \Big[\frac{3}{4}X_{0s}X_{0c}^2 - \frac{1}{4}X_{0c}^3\Big]\sin 3\omega t \tag{5.10e}$$

式(5.10e)中，$\sin\omega t$、$\cos\omega t$ 的系数应为零，才不会出现"共振项"（永年项）。于是给出决定 X_{0c}、X_{0s} 的两个方程：

$$H - aX_{0s} - \frac{3}{4}X_{0s}^3 - \frac{3}{4}X_{0s}X_{0c}^2 + B\omega X_{0c} = 0 \tag{5.11a}$$

$$-aX_{0c} - \frac{3}{4}X_{0c}^3 - \frac{3}{4}X_{0c}X_{0s}^2 - B\omega X_{0s} = 0 \tag{5.11b}$$

作运算：式(5.11a)$\times X_{0c}$ −式(5.11b)$\times X_{0s}$及式(5.11a)$\times X_{0s}$ +式(5.11b)$\times X_{0c}$，并注意到 $X_0^2 = X_{0c}^2 + X_{0s}^2$，得

$$X_{0c}H = -B\omega X_0^2 \tag{5.12a}$$

$$X_{0s}H = aX_0^2 + \frac{3}{4}X_0^4 \tag{5.12b}$$

再作运算：式(5.12a)^2 +式(5.12b)^2，有

$$H^2 = B^2\omega^2 X_0^2 + \left(aX_0 + \frac{3}{4}X_0^3\right)^2$$

两端乘以 ε^2，即得到基波的振幅方程：

$$\left(\frac{M}{J_1}\right)^2 = 4b^2\omega^2 X_0^2 + \left[(\omega_0^2 - \omega^2)X_0 + \frac{3}{4}\varepsilon X_0^3\right]^2 \tag{5.13}$$

由式(5.11a、b)、式(5.13)得到基波解 X_0、X_{0c}、X_{0s}后，结果代入式(5.10e)，可得

$$x_1 = X_{1c}\cos3\omega t + X_{1s}\sin3\omega t \tag{5.14}$$

$$\begin{cases} X_{1c} = \dfrac{1}{8\omega^2}\left[\dfrac{1}{4}X_{0c}^3 - \dfrac{3}{4}X_{0c}X_{0s}^2\right] \\ X_{1s} = \dfrac{1}{8\omega^2}\left[\dfrac{3}{4}X_{0s}X_{0c}^2 - \dfrac{1}{4}X_{0s}^3\right] \end{cases} \tag{5.15}$$

得到 x_0、x_1 的解之后，可以进一步求解 x_2、x_3 等，但其方程更为复杂。

5.2.3 解的讨论

（1）基波振幅方程式(5.13)是 X_0 的 6 次方代数方程，从而可求出 X_0^2 的值。当激励频率 ω 接近于线性固有频率 ω_0 时，X_0^2 有三个根，如图 5.2 所示。其中，有一个根为不稳定解，会出现跳跃等现象。当 ω 增大时，振动沿 I—D—A 增大至 A 点，产生跳跃，突降至 B 点，再按 B—E 递降。而当 ω 降低时，振动沿曲线 E—B—C 变化，于 C 点处突增至 D 点，然后按 D—I 线逐渐减少。可见，非线性振动的响应曲线，好像是将线性响应曲线拗扭而成，不会出现无穷大的振幅。

其跳跃点不同，ω 上升时，于 A 点跳跃至 B；ω 下降时，滞后于 AB，而在 CD 处出现跳跃，这种于不同频率点跳跃的现象称为滞后现象。

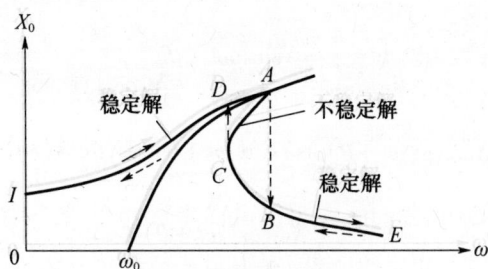

图 5.2　跳跃现象

(2) 式(5.13)中, $b = 0$ 时为无阻尼情况,此时有

$$\frac{M}{J_1} = (\omega_0^2 - \omega^2)X_0 + \frac{3}{4}\varepsilon X_0^2 \tag{5.16}$$

若 $M_1 = 0, b = 0$,则为无阻尼自由振动,有

$$\omega^2 = \omega_0^2 + \frac{3}{4}\varepsilon X_0^2 \tag{5.17}$$

由此可见,非线性振动时,自由振动曲线通过线性固有频率 ω_0 ,但是不垂直于 $o\omega$ 轴。

如图 5.3 所示,当 $\varepsilon > 0$ 时,为硬弹簧情况,响应曲线向右拗扭; $\varepsilon < 0$ 时,为软弹簧情况,响应曲线向左拗扭。曲线簇的外周为 $b = 0$ 时无阻尼响应曲线。

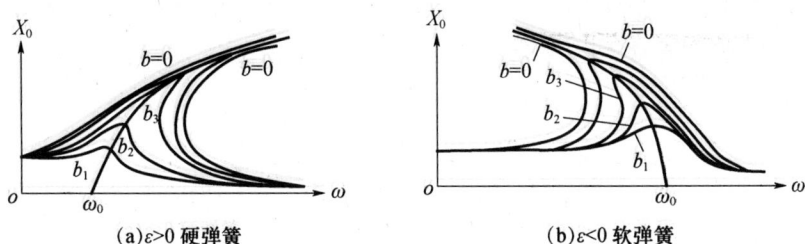

(a) $\varepsilon > 0$ 硬弹簧　　　　　　　(b) $\varepsilon < 0$ 软弹簧

图 5.3　响应曲线簇

5.3　平均法

5.3.1　基本思想

方程式(5.3)可写成平均法的基本形式:

$$\ddot{x} + \omega^2 x = \varepsilon f(t, x, \dot{x}) \tag{5.18}$$

$$f(t, x, \dot{x}) = H\sin\omega t - B\dot{x} - ax - F(x, \dot{x}) \tag{5.19}$$

$$\begin{cases} \omega_0^2 - \omega^2 = \varepsilon a \\ h = \varepsilon H \\ 2b = \varepsilon B \end{cases} \tag{5.20}$$

ε——小参数。

设：

$$x = X\sin(\omega t + \theta) \tag{5.21}$$

X、θ 是时间 t 的慢变函数，则

$$\dot{x} = X\omega\cos(\omega t + \theta) + \dot{X}\sin(\omega t + \theta) + X\dot{\theta}\cos(\omega t + \theta)$$

假定

$$\dot{x} = X\omega\cos(\omega t + \theta) \tag{5.22}$$

则
$$\dot{X}\sin(\omega t + \theta) + X\dot{\theta}\cos(\omega t + \theta) = 0 \tag{5.23}$$

对式(5.22)求导，得

$$\ddot{x} = -X\omega^2\sin(\omega t + \theta) + \dot{X}\omega\cos(\omega t + \theta) - X\dot{\theta}\omega\sin(\omega t + \theta)$$

将上述结果代入方程式(5.18)，有

$$\dot{X}\omega\cos(\omega t + \theta) - X\dot{\theta}\sin(\omega_0 t + \theta) = \varepsilon f(t, x, \dot{x}) \tag{5.24}$$

式(5.23)、式(5.24)联立，即得到解的标准形式：

$$\dot{X} = \frac{\varepsilon}{\omega}f(t, x, \dot{x})\cos(\omega t + \theta) = \frac{\varepsilon}{\omega}f[t, X\sin(\omega t + \theta), X\omega\cos(\omega t + \theta)]\cos(\omega t + \theta)$$

$$\dot{\theta} = \frac{-\varepsilon}{\omega X}f(t, x, \dot{x})\sin(\omega t + \theta) = \frac{-\varepsilon}{\omega X}f[t, X\sin(\omega t + \theta), X\omega\cos(\omega t + \theta)]\sin(\omega t + \theta) \tag{5.25}$$

平均法的近似精神是取"平均值"。在定常情况下，其第一次稳定解的近似值为

$$\begin{cases} \dfrac{dX}{dt} = \dfrac{\varepsilon}{2\pi\omega}\displaystyle\int_0^{2\pi}f(t, x, \dot{x})\cos(\omega t + \theta)d(\omega t + \theta) = 0 \\[3mm] \dfrac{d\theta}{dt} = \dfrac{\varepsilon}{2\pi\omega X}\displaystyle\int_0^{2\pi}f(t, x, \dot{x})\sin(\omega t + \theta)d(\omega t + \theta) = 0 \end{cases} \tag{5.26}$$

显然，它是傅里叶级数的首项，是主要因素。式(5.26)称为"简缩方程"。下面以装有双刚度联轴器的轴系为例，说明平均法的应用。

5.3.2 双刚度联轴器

联轴器结构机理见 3.4.3 节，对柴油机推进轴系，双刚度联轴器的扭矩与扭转角的关系如式(3.47)所示。式(5.18)、式(5.19)中，有

$$\varepsilon = \frac{J_1 + J_2}{J_1 J_2}(K_{\mathrm{II}} - K_{\mathrm{I}}) \tag{5.27}$$

$$F(x, \dot{x}) = \begin{cases} \{[x + (x_s + \varphi_0)]|_{x \leq -(x_s + \varphi_0)} + [x - (\varphi_0 - x_s)]|_{x \geq \varphi_0 - x_s}\} & (x_s \leq \varphi_0) \\[2mm] \{[x + (x_s + 2\varphi_0)]|_{x \leq -(x_s + 2\varphi_0)} + [x - (x_s - \varphi_0)]|_{x \geq x - \varphi_{0s}}\} & (x_s \geq \varphi_0) \end{cases}$$

$$\tag{5.28}$$

式中：K_{I}——第一级刚度，$(\mathrm{N \cdot m})/\mathrm{rad}$；

K_{II}——第二级刚度，$(\mathrm{N} \cdot \mathrm{m}) / \mathrm{rad}$；

φ_0——初始间隙角，rad；

x_s——柴油机平均扭矩 M_0 引起联轴器的静扭角：

$$
x_s = \begin{cases} \dfrac{M_0}{K_{\mathrm{I}}} & (x_s \leqslant \varphi_0) \\[3mm] \dfrac{M_0 - K_{\mathrm{I}} \varphi_0}{K_{\mathrm{II}} + \varphi_0} & (x_s \geqslant \varphi_0) \end{cases}
\tag{5.29}
$$

$(\quad) \big|_{x \leqslant \varphi_0}$——该项当 $x \leqslant \varphi_0$ 时成立。

设
$$
x = A \sin(\omega t + \theta)
\tag{5.30}
$$

则按"简缩方程"（式 5.26），有

$$
\int_0^{2\pi} \left[H \sin \omega t - B \dot{x} - a x - F(x, \dot{x}) \right] \cos(\omega t + \theta) \mathrm{d}(\omega t + \theta) = 0
$$
$$
\tag{5.31}
$$
$$
\int_0^{2\pi} \left[H \sin \omega t - B \dot{x} - a x - F(x, \dot{x}) \right] \sin(\omega t + \theta) \mathrm{d}(\omega t + \theta) = 0
$$

式（5.31）中各积分项运算如下：

$$
\int_0^{2\pi} H \sin \omega t \cos(\omega t + \theta) \mathrm{d}(\omega t + \theta)
$$

$$
= \int_0^{2\pi} H \sin(\omega t + \theta - \theta) \cos(\omega t + \theta) \mathrm{d}(\omega t + \theta)
$$

$$
= H \int_0^{2\pi} \left[\sin(\omega t + \theta) \cos \theta - \cos(\omega t + \theta) \sin \theta \right] \cos(\omega t + \theta) \mathrm{d}(\omega t + \theta)
$$

$$
= -\pi H \sin \theta
$$

$$
\int_0^{2\pi} H \sin \omega t \sin(\omega t + \theta) \mathrm{d}(\omega t + \theta)
$$

$$
= H \int_0^{2\pi} \left[\sin(\omega t + \theta) \cos \theta - \cos(\omega t + \theta) \sin \theta \right] \sin(\omega t + \theta) \mathrm{d}(\omega t + \theta)
$$

$$
= \pi H \cos \theta
$$

$$
\int_0^{2\pi} B X \omega \cos(\omega t + \theta) \cos(\omega t + \theta) \mathrm{d}(\omega t + \theta) = \pi B \omega X
$$

$$
\int_0^{2\pi} B X \omega \cos(\omega t + \theta) \sin(\omega t + \theta) \mathrm{d}(\omega t + \theta) = 0
$$

$$
\int_0^{2\pi} a X \sin(\omega t + \theta) \cos(\omega t + \theta) \mathrm{d}(\omega t + \theta) = 0
$$

$$
\int_0^{2\pi} a X \sin(\omega t + \theta) \sin(\omega t + \theta) \mathrm{d}(\omega t + \theta) = \pi a X
$$

对于非线性项 $F(x, \dot{x})$ 的积分，根据式（5.28）的关系，推导如下。

当 $X \leqslant \varphi_0$ 时（图 5.4）：

（1）若振幅 $X \leqslant \varphi_0 - x_s$，$F(x, \dot{x}) = 0$，则

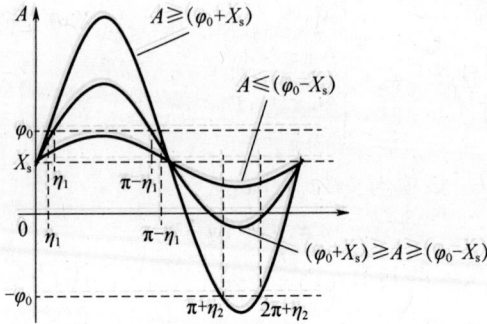

图5.4　$x_s \leqslant \varphi_0$ 情况

$$\int_0^{2\pi} F(x, \dot{x}) \cos(\omega t + \theta) \mathrm{d}(\omega t + \theta) = 0$$

$$\int_0^{2\pi} F(x, \dot{x}) \sin(\omega t + \theta) \mathrm{d}(\omega t + \theta) = 0$$

（2）若 $\varphi_0 + x_s \geqslant X \geqslant \varphi_0 - x_s$，设 $\omega t + \theta = \xi$，则

$$\int_0^{2\pi} F(x, \dot{x}) \cos(\omega t + \theta) \mathrm{d}(\omega t + \theta)$$

$$= \int_{\eta_1}^{\pi - \eta_1} \left[X \sin\xi - (\varphi_0 - x_s) \right] \cos\xi \mathrm{d}\xi$$

$$= \frac{X}{2} \sin^2\xi \Big|_{\psi_1}^{\pi - \psi_1} - (\varphi_0 - x_s) \sin\xi \Big|_{\eta_1}^{\pi - \eta_1} = 0$$

$$\int_0^{2\pi} F(x, \dot{x}) \sin(\omega t + \theta) \mathrm{d}(\omega t + \theta)$$

$$\int_{\eta_1}^{\pi - \eta_1} \left[X \sin\xi - (\varphi_0 - x_s) \right] \sin\xi \mathrm{d}\xi$$

$$= X \left[\frac{\xi}{2} \Big|_{\eta_1}^{\pi - \eta_1} - \frac{1}{4} \sin\xi \Big|_{\eta_1}^{\pi - \eta_1} \right] - (\varphi_0 - x_s)(-\cos\xi) \Big|_{\eta_1}^{\pi - \eta_1}$$

$$= X \left(\frac{\pi}{2} - \eta_1 + \frac{1}{2} \sin 2\eta_1 \right) - (\varphi_0 - x_s) 2\cos\eta_1$$

按 $\dfrac{\varphi_0 - x_s}{X} = \sin\eta_1$，于是

$$\int_0^{2\pi} F(x, \dot{x}) \sin(\omega t + \theta) \mathrm{d}(\omega t + \theta) = X \left[\frac{\pi}{2} - \eta_1 + \frac{1}{2} \sin 2\eta_1 - 2\sin\eta_1 \cos\eta_1 \right]$$

$$= \pi X \left[\frac{1}{2} - \frac{1}{\pi} \left(\eta_1 + \frac{1}{2} \sin 2\eta_1 \right) \right]$$

（3）若 $X \geqslant \varphi_0 + x_s$，则

$$\int_0^{2\pi} F(x, \dot{x}) \cos(\omega t + \theta) \mathrm{d}(\omega t + \theta)$$

$$= \int_{\eta_1}^{\pi - \eta_1} [X \sin\xi - (\varphi_0 - x_s)] \cos\xi \mathrm{d}\xi + \int_{\pi + \eta_2}^{2\pi - \eta_2} [X \sin\xi + (\varphi_0 + x_s)] \cos\xi \mathrm{d}\xi$$

$$= \frac{1}{2} X \sin^2\xi \Big|_{\eta_1}^{\pi - \eta_1} - (\varphi_0 - x_s) \sin\xi \Big|_{\eta_1}^{\pi - \eta_1} + \frac{1}{2} X \sin^2\xi \Big|_{\pi + \eta_2}^{2\pi - \eta_2} + (\varphi_0 + x_s) \sin\xi \Big|_{\eta_2}^{2\pi - \eta_2} = 0$$

$$\int_0^{2\pi} F(x, \dot{x}) \sin(\omega t + \theta) \mathrm{d}(\omega t + \theta)$$

$$\int_{\eta_1}^{\pi - \eta_1} [X \sin\xi - (\varphi_0 - x_s)] \sin\xi \mathrm{d}\xi + \int_{\pi + \eta_2}^{2\pi - \eta_2} [X \sin\xi + (\varphi_0 + x_s)] \sin\xi \mathrm{d}\xi$$

$$= X \left[\frac{\xi}{2} \Big|_{\eta_1}^{\pi - \eta_1} - \frac{1}{4} \sin 2\xi \Big|_{\eta_1}^{\pi - \eta_1} \right] - (\varphi_0 - x_s)(-\cos\xi) \Big|_{\eta_1}^{\pi - \eta_1}$$

$$+ X \left[\frac{\xi}{2} \Big|_{\pi + \eta_2}^{2\pi - \eta_2} - \frac{1}{4} \sin 2\xi \Big|_{\pi + \eta_2}^{2\pi - \eta_2} \right] + (\varphi_0 + x_s)(-\cos\xi) \Big|_{\pi + \eta_2}^{2\pi - \eta_2}$$

按 $\dfrac{\varphi_0 + x_s}{X} = \sin\eta_2$，于是

$$\int_0^{2\pi} F(x, \dot{x}) \sin(\omega t + \theta) \mathrm{d}(\omega t + \theta) = \pi X \left\{ 1 - \frac{1}{\pi} \left[\eta_1 + \eta_2 + \frac{1}{2}(\sin 2\eta_1 + \sin 2\eta_2) \right] \right\}$$

当 $x_s \geqslant \varphi_0$ 时（图 5.5）：

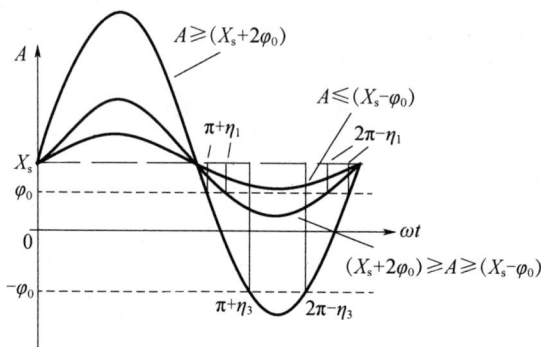

图 5.5　$x_s \geqslant \varphi_0$

（1）若 $X \leqslant x_s - \varphi_0$，则

$$\int_0^{2\pi} [X \sin\xi - (x_s - \varphi_0)] \cos\xi \mathrm{d}\xi = X \int_0^{2\pi} \sin\xi \cos\xi \mathrm{d}\xi - (x_s - \varphi_0) \int_0^{2\pi} \cos\xi \mathrm{d}\xi = 0$$

$$\int_0^{2\pi} [X \sin\xi - (x_s - \varphi_0)] \sin\xi \mathrm{d}\xi = X \int_0^{2\pi} \sin^2\xi \mathrm{d}\xi - (x_s - \varphi_0) \int_0^{2\pi} \sin\xi \mathrm{d}\xi = \pi X$$

（2）若 $x_s + 2\varphi_0 \geqslant X \geqslant x_s - \varphi_0$，则

$$\int_0^{2\pi} F(x,\dot{x})\cos\xi \mathrm{d}\xi = \int_{-\eta_1}^{\pi+\eta_1} [X\sin\xi - (x_s - \varphi_0)]\cos\xi \mathrm{d}\xi$$

$$= \frac{1}{2}X\sin^2\xi \Big|_{-\eta_1}^{\pi+\eta_1} - (x_s - \varphi_0)\sin\xi \Big|_{-\eta_1}^{\pi+\eta_1} = 0$$

$$\int_0^{2\pi} F(x,\dot{x})\sin\xi \mathrm{d}\xi = \int_{-\eta_1}^{\pi+\eta_1} [X\sin\xi - (x_s - \varphi_0)]\sin\xi \mathrm{d}\xi$$

$$= X\Big[\frac{\xi}{2}\Big|_{-\eta_1}^{\pi+\eta_1} - \frac{1}{4}\sin2\xi \Big|_{-\eta_1}^{\pi+\eta_1}\Big] + (x_s - \varphi_0)\cos\xi \Big|_{-\eta_1}^{\pi+\eta_1}$$

$$= \pi X\Big[\frac{1}{2} + \frac{1}{\pi}\Big(\eta_1 - \frac{1}{2}\sin2\eta_1\Big)\Big]$$

式中 $\dfrac{x_s - \varphi_0}{X} = \sin\eta_1$。

（3）若 $X \geqslant x_s + 2\varphi_0$，则

$$\int_0^{2\pi} F(x,\dot{x})\cos\xi \mathrm{d}\xi$$

$$= \int_{-\eta_1}^{\pi+\eta_1} [X\sin\xi - (x_s - \varphi_0)]\cos\xi \mathrm{d}\xi + \int_{\pi+\eta_3}^{2\pi-\eta_3} [X\sin\xi + (x_s + 2\varphi_0)]\cos\xi \mathrm{d}\xi$$

$$= \frac{1}{2}X\sin^2\xi \Big|_{-\eta_1}^{\pi+\eta_1} - (x_s - \varphi_0)\sin\xi \Big|_{-\eta_1}^{\pi+\eta_1} + \frac{1}{2}X\sin^2\xi \Big|_{\pi+\eta_3}^{2\pi-\eta_3} + (x_s + 2\varphi_0)\sin\xi \Big|_{\pi+\eta_3}^{2\pi-\eta_3} = 0$$

$$\int_0^{2\pi} F(x,\dot{x})\sin\xi \mathrm{d}\xi = \int_{-\eta_1}^{\pi+\eta_1} [X\sin\xi - (x_s - \varphi_0)]\sin\xi \mathrm{d}\xi + \int_{\pi+\eta_3}^{2\pi-\eta_3} [X\sin\xi + (x_s + 2\varphi_0)]\sin\xi \mathrm{d}\xi$$

$$= X\Big[\frac{\xi}{2} - \frac{1}{4}\sin2\xi\Big]\Big|_{-\eta_1}^{\pi+\eta_1} - (x_s - \varphi_0)\cos\xi \Big|_{-\eta_1}^{\pi+\eta_1} +$$

$$X\Big[\frac{\xi}{2} - \frac{1}{4}\sin2\xi\Big]\Big|_{\pi+\eta_3}^{2\pi-\eta_3} + (x_s + 2\varphi_0)\cos\xi \Big|_{\pi+\eta_3}^{2\pi-\eta_3}$$

$$= \pi X\Big[1 + \frac{1}{\pi}\Big(\eta_1 - \eta_3 - \frac{1}{2}\sin2\eta_1 + \frac{1}{2}\sin2\eta_3\Big)\Big]$$

式中 $\dfrac{x_s + 2\varphi_0}{X} = \sin\eta_3$。

将上述结果代入式（5.31），有

$$\begin{cases} -H\sin\theta = B\omega X \\ H\cos\theta = (a + G)X \end{cases} \tag{5.32}$$

注意到式（5.26）的关系，得到振幅、相位为

$$X = \frac{M/J_1}{\sqrt{(\omega_0^2 - \omega^2 + \varepsilon G)^2 + (2b\omega)^2}} \tag{5.33}$$

$$\theta = \arctan\frac{-2b\omega}{\omega_0^2 - \omega^2 + \varepsilon G} \tag{5.34}$$

式中　G——影响系数。

当 $x_s \leqslant \varphi_0$ 时,有

$$G = \begin{cases} 0 & (X \leqslant \varphi_0 - x_s) \\ \dfrac{1}{2} - \dfrac{1}{\pi}\left(\eta_1 + \dfrac{1}{2}\sin 2\eta_1\right) & (\varphi_0 + x_s \geqslant X \geqslant \varphi_0 - x_s) \\ 1 - \dfrac{1}{\pi}\left(\eta_1 + \eta_2 + \dfrac{1}{2}\sin 2\eta_1 + \dfrac{1}{2}\sin 2\eta_2\right) & (X \geqslant \varphi_0 + x_s) \end{cases}$$

$$(5.35)$$

当 $x_s \geqslant \varphi_0$ 时,有

$$G = \begin{cases} 1 & (X \leqslant x_s - \varphi_0) \\ \dfrac{1}{2} + \dfrac{1}{\pi}\left(\eta_1 + \dfrac{1}{2}\sin 2\eta_1\right) & (x_s + 2\varphi_0 \geqslant X \geqslant x_s - \varphi_0) \\ 1 + \dfrac{1}{\pi}\left(\eta_1 - \eta_3 + \dfrac{1}{2}\sin 2\eta_1 - \dfrac{1}{2}\sin 2\eta_3\right) & (X \geqslant x_s + 2\varphi_0) \end{cases}$$

$$(5.36)$$

$$\begin{cases} \eta_1 = \arcsin \dfrac{|\varphi_0 - x_s|}{X} \\ \eta_2 = \arcsin \dfrac{\varphi_0 + x_s}{X} \\ \eta_3 = \arcsin \dfrac{2\varphi_0 + x_s}{X} \end{cases}$$

$$(5.37)$$

5.3.3　解的讨论

(1) 方程解式(5.33)、式(5.34)跟线性情况很相像,εG 项表示双刚度联轴器的非线性影响。由于 G 是振幅 X 的函数,故存在多值解,当 $G = 0$ 时,即为线性解。

(2) 激励 $M = 0$ 时,从式(5.33)可得"自由振动"振幅方程:

$$(\omega_0^2 - \omega^2 + \varepsilon G)^2 + (2b\omega)^2 = 0$$

无阻尼($b = 0$)自由振动:

$$\omega_0^2 - \omega^2 + \varepsilon G = 0$$

由于 εG 项包含了振幅 X,故它通过 ω_0 点,但不垂直于 $o\omega$ 轴,且不会出现无穷大的情况。

(3) 刚度轴系扭振幅与频率关系如图 5.6 所示。当 $x_s < \varphi_0$ 时,振幅先以第 I 级刚度 K_I 所确定的固有圆频率 ω_1 振动,然后向右拗扭,向 K_{II} 确定频率 ω_2 靠近。而当 $x_s > \varphi_0$ 时,则先按第 II 级刚度 K_{II} 确定的固有频率 ω_2 振动,然后向左拗扭,随振幅增到 $X > x_s + \varphi_0$ 后,又向右折扭。

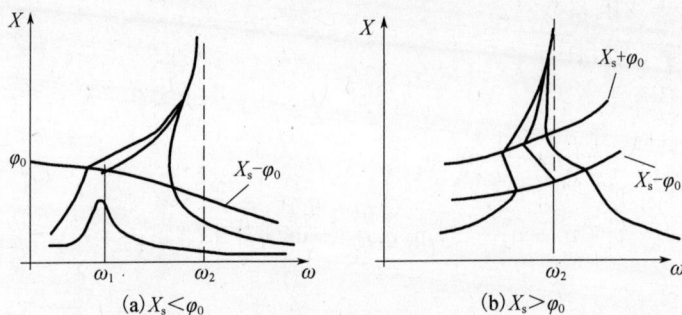

图 5.6　双刚度轴系振幅频率关系曲线

5.4　其他近似方法

5.4.1　谐波平衡法

谐波平衡法的主要思想是,设问题近似解为一基波,代入运动方程的两端,略去高次谐波项,并令等式两边 $\sin\omega t$、$\cos\omega t$ 项的系数相等(平衡),从而确定近似解的振幅与相位。

当恢复力矩为 3 次方时,其运动方程为

$$\ddot{x} + 2b\dot{x} + \omega_0^2 x + \varepsilon x^3 = h\sin\omega t \tag{5.38}$$

设近似解为基波:

$$x = X\sin(\omega t + \theta) = X_c\cos\omega t + X_s\sin\omega t \tag{5.39}$$

并注意到关系:

$$\cos^3\omega t = \frac{1}{4}(3\cos\omega t + \cos3\omega t)$$

$$\sin^3\omega t = \frac{1}{4}(3\sin\omega t - \sin3\omega t)$$

$$\cos^2\omega t\sin\omega t = \frac{1}{4}(\sin\omega t + \sin3\omega t)$$

$$\sin^2\omega t\cos\omega t = \frac{1}{4}(\cos\omega t - \cos3\omega t)$$

代入方程式(5.38),略去 $\cos3\omega t$、$\sin3\omega t$ 项,比较方程两边 $\sin\omega t$、$\cos\omega t$ 的系数,得

$$(\omega_0^2 - \omega^2)X_s - 2b\omega X_c + \frac{3}{4}\varepsilon(X_s^3 + X_s X_c^2) = h \tag{5.40}$$

$$(\omega_0^2 - \omega^2)X_c + 2b\omega X_s + \frac{3}{4}\varepsilon(X_c^3 + X_c X_s^2) = 0 \tag{5.41}$$

作变换运算:式$(5.40)X_c$ — 式$(5.41)X_s$ 及式$(5.40)X_s$ + 式$(5.41)X_c$,并注意关系 $X^2 = X_c^2 + X_s^2$,有

$$hX_c = -2b\omega X^2 \tag{5.42}$$

$$hX_s = (\omega_0^2 - \omega^2)X^2 + \frac{3}{4}\varepsilon X^4 \tag{5.43}$$

再作变换运算:式$(5.42)^2$ + 式$(5.43)^2$ 及式(5.42)/式(5.43),得振幅、相位方程:

$$h^2 = (2b\omega X)^2 + \left[(\omega_0^2 - \omega^2)X + \frac{3}{4}\varepsilon X^3\right]^2 \tag{5.44}$$

$$\theta = \arctan \frac{-2b\omega X}{(\omega_0^2 - \omega^2)X + \frac{3}{4}\varepsilon X^3} \tag{5.45}$$

它与式(5.13)一致。

5.4.2 迭代法简介

将运动方程式(5.3)写成以下形式:

$$\ddot{x} = h\sin\omega t - 2b\dot{x} - \omega_0^2 x - \varepsilon F(x,\dot{x}) = g(t,x,\dot{x}) \tag{5.46}$$

将寻求 $T = 2\pi/\omega$ 的周期解,用迭代法来逐步逼近它。设零次近似解为

$$x_0 = X_0 \sin(\omega t + \theta_0) \tag{5.47}$$

代入式(5.46)的右端,略去 $g(t,x_0,\dot{x}_0)$ 表达式中高次谐波项,有

$$\ddot{x}_1 = g(t,x_0,\dot{x}_0) \tag{5.48}$$

将其积分二次,并令非周期项 $C_1 t + C_2$ 的系数 $C_1 = C_2 = 0$,得到第 1 次近似解:

$$x_1 = \iint g(t,x_0,\dot{x}_0)\,\mathrm{d}\omega t \tag{5.49}$$

类似地,将求得的 x_1 代入式(5.46)的右端,并积分二次,可以得到二次近似解。这样,连续迭代下去,有

$$x_{i+1} = \iint g(t,x_i,\dot{x}_i)\,\mathrm{d}\omega t \tag{5.50}$$

当 x_{i+1} 与 x_i 基本一致时,即得到问题的解。

这一方法,多用于数值计算中。

5.5 三角级数解法

5.5.1 周期解一般表达式

如2.5所述,柴油机激励是与其转速相关的周期函数,可展开为

$$M = M_0 + \sum_{\nu}^{\infty} (M_{\nu s}\sin\nu\omega t + M_{\nu c}\cos\nu\omega t) \tag{5.51}$$

于是,方程式(5.3)变成

$$\ddot{x} + 2b\dot{x} + \omega_0^2 x + \varepsilon F(x,\dot{x}) = Q_0 + \sum_{\nu}^{\infty} (Q_{\nu s}\sin\nu\omega t + Q_{\nu c}\cos\nu\omega t) \tag{5.52}$$

$$\begin{cases} \omega_0^2 = \dfrac{K_{12}(J_1 + J_2)}{J_1 J_2} \\[2mm] b = \dfrac{C_{12}(J_1 + J_2)}{2J_1 J_2} \\[2mm] \varepsilon = \dfrac{\beta(J_1 + J_2)}{J_1 J_2} \\[2mm] Q_{\nu c} = \dfrac{M_{\nu c}}{J_1} \\[2mm] Q_{\nu s} = \dfrac{M_{\nu s}}{J_1} \\[2mm] Q_0 = \dfrac{M_0}{J_1} \end{cases} \tag{5.53}$$

式中　ω_0^2——线性固有频率;

　　　b——线性阻尼因子;

　　　ε——非线性项系数;

　　$Q_{\nu c}$——ν 阶次激励余弦项系数;

　　$Q_{\nu s}$——ν 阶次激励正弦项系数;

　　Q_0——平均激励力矩系数。

设:方程式(5.52)有周期解,它可展开成三角级数:

$$x = X_0 + \sum_{\nu}^{\infty} (X_{\nu s}\sin\nu\omega t + X_{\nu c}\cos\nu\omega t) = X_0 + \sum_{\nu}^{\infty} X_{\nu}\sin(\nu\omega t + \theta_{\nu}) \tag{5.54}$$

在振动中,非线性项 $F(x,\dot{x})$ 是与振动同周期变化的,也可展开成三角级数:

$$F(x,\dot{x}) = F_0 + \sum_{\nu=1}^{\infty} (F_{\nu s}\sin\nu\omega t + F_{\nu c}\cos\nu\omega t) \tag{5.55}$$

式中

$$\begin{cases} F_0 = \dfrac{1}{\pi}\int_0^{2\pi} F(x,\dot{x})\,\mathrm{d}\omega t \\[2mm] F_{\nu s} = \dfrac{1}{\pi}\int_0^{2\pi} F(x,\dot{x})\sin\nu\omega t\mathrm{d}\omega t \\[2mm] F_{\nu c} = \dfrac{1}{\pi}\int_0^{2\pi} F(x,\dot{x})\cos\nu\omega t\mathrm{d}\omega t \end{cases} \tag{5.56}$$

将式(5.54)、式(5.55)代入方程式(5.52),比较方程两端 $\cos\omega t$、$\sin\omega t$ 的系数,得

$$X_0 + \frac{F_0}{\omega_0^2} = \frac{Q_0}{\omega_0^2} \qquad (5.57)$$

$$\left[\omega_0^2 - (\nu\omega)^2\right]X_{\nu s} - 2b\nu\omega X_{\nu c} + \varepsilon F_{\nu s} = Q_{\nu s} \qquad (5.58)$$

$$2b\nu\omega X_{\nu s} + \left[\omega_0^2 - (\nu\omega)^2\right]X_{\nu c} + \varepsilon F_{\nu c} = Q_{\nu c} \qquad (5.59)$$

从式(5.57)得到 X_0,表示平均力矩作用下产生的转动,即滚动。由式(5.58)和式(5.59)可联立解得各阶次的振动分量 $X_{\nu s}$、$X_{\nu c}$。问题的关键是求出式(5.56)中系数 $F_{\nu s}$、$F_{\nu c}$。

方程式(5.58)、式(5.59)尚可在形式上进行变换,以便于进行性质上的讨论。

令:式(5.58)$X_{\nu s}$ + 式(5.59)$X_{\nu c}$ 得

$$\left[\omega_0^2 - (\nu\omega)^2\right]X_\nu^2 + \varepsilon(F_{\nu s}X_{\nu s} + F_{\nu c}X_{\nu c}) = Q_{\nu s}X_{\nu s} + Q_{\nu c}X_{\nu c}$$

注意到关系:

$$X_{\nu s} = X_\nu\cos\theta_\nu \qquad X_{\nu c} = X_\nu\sin\theta_\nu$$

$$Q_{\nu s} = Q_\nu\cos\xi_\nu \qquad Q_{\nu c} = Q_\nu\sin\xi_\nu$$

式中　ξ_ν——ν 谐次激励力矩相位。

$$Q_{\nu s}X_{\nu s} + Q_{\nu c}X_{\nu c} = X_\nu Q_\nu(\cos\theta_\nu\cos\xi_\nu + \sin\theta_\nu\sin\xi_\nu) = X_\nu Q_\nu\cos(\xi_\nu - \theta_\nu)$$

又有

$$F_{\nu s}X_{\nu s} + F_{\nu c}X_{\nu c} = \frac{X_\nu}{\pi}\int_0^{2\pi}F(x,\dot{x})(\sin\nu\omega t\cos\theta_\nu + \cos\omega t\sin\theta_\nu)\,\mathrm{d}\omega t$$

$$= \frac{X_\nu}{\pi}\int_0^{2\pi}F(x,\dot{x})\sin(\nu\omega t + \theta_\nu)\,\mathrm{d}\omega t$$

则得

$$\left[\omega_0^2 - (\nu\omega)^2\right]X_\nu + \varepsilon D_{\nu s} = Q_\nu\cos(\xi_\nu - \theta_\nu) \qquad (5.60)$$

同理,令:式(5.59)$X_{\nu s}$ - 式(5.58)$X_{\nu c}$,得

$$2b\nu\omega X_\nu + \varepsilon D_{\nu c} = Q_\nu\sin(\xi_\nu - \theta_\nu) \qquad (5.61)$$

式中

$$\begin{cases} D_{\nu c} = \dfrac{1}{\pi}\displaystyle\int_0^{2\pi}F(x,\dot{x})\cos(\nu\omega t + \theta_\nu)\,\mathrm{d}\omega t \\[3mm] D_{\nu s} = \dfrac{1}{\pi}\displaystyle\int_0^{2\pi}F(x,\dot{x})\sin(\nu\omega t + \theta_\nu)\,\mathrm{d}\omega t \end{cases} \qquad (5.62)$$

再令:式(5.60)^2 + 式(5.61)^2,并注意:$\sin^2(\xi_\nu - \varphi_\nu) + \cos^2(\xi_\nu - \varphi_\nu) = 1$,即得方程式(5.58)、式(5.59)的另一种表达形式:

$$\begin{cases} X_\nu = \dfrac{Q_\nu}{\sqrt{\left[\omega_0^2 - (\nu\omega)^2 + \dfrac{\varepsilon D_{\nu s}}{X_\nu}\right]^2 + \left[2b\nu\omega + \dfrac{\varepsilon D_{\nu c}}{X_\nu}\right]^2}} \\[4mm] \tan(\xi_\nu - \theta_\nu) = \dfrac{2b\nu\omega + \dfrac{\varepsilon D_{\nu c}}{X_\nu}}{\omega_0^2 - (\nu\omega)^2 + \dfrac{\varepsilon D_{\nu s}}{X_\nu}} \end{cases} \qquad (\nu = 1, 2, \cdots, n) \quad (5.63)$$

当 $Q_\nu = 0$, $b = 0$ 时,可得无阻尼自由振动的振幅—频率关系式:

$$\{[\omega_0^2 - (\nu\omega)^2] X_\nu + \varepsilon D_{\nu s}\}^2 + (\varepsilon D_{\nu c})^2 = 0 \qquad (5.64)$$

由于非线性项 $D_{\nu s}$、$D_{\nu c}$ 的存在,即使无阻尼时,其振幅 X_ν 也不会趋于无穷大,自由振动曲线通过 ω_0,但不垂直于 $O\omega$ 轴。

讨论:

(1) 在周期激励作用下,产生的非线性组合振动(周期解),归为求解联合方程组式(5.58)、式(5.59)或式(5.63),若计算到第 n 谐次,则求解 $2n$ 个联立方程。由于方程中非线性谐波分量 $F_{\nu s}$、$F_{\nu c}$ 或 $D_{\nu s}$、$D_{\nu c}$ 是各谐波振幅的函数,故而方程相互耦合,线性叠加原理已不适用。

(2) 非线性项谐波分量 $F_{\nu s}$、$F_{\nu c}$(或 $D_{\nu s}$、$D_{\nu c}$)跟振幅 X_ν、$X_{\nu s}$、$X_{\nu c}$ 的关系是非线性(或高次)的,方程为高次联立方程组,这样,在“共振区”附近,X_ν 与 ω 存在多值解,出现“跳跃”“滞后”等非线性现象。

(3) 由于耦合,ν 次激励,不仅会产生高于 ν 次的响应,也可能引起低于 ν 次的振动,即所谓次谐波(或亚谐波)振动。

5.5.2 实例——双刚度联轴器情况

依据 5.3.2 节叙述,柴油机推进轴系平均扭矩引起双刚度联轴器的静扭角 x_s 如式(3.46)所示。系统以静扭角为平衡位置进行扭振。此时,非线性项为

$$\varepsilon = \frac{J_1 + J_2}{J_1 J_2}(K_{\mathrm{II}} - K_{\mathrm{I}}) \qquad (5.65)$$

$$F(x, \dot{x}) = \begin{cases} \{[x + (x_s + \varphi_0)]\big|_{x \leqslant -(x_s + \varphi_0)} + [x - (\varphi_0 - x_s)]\big|_{x \geqslant \varphi_0 - x_s}\} & (x_s \leqslant \varphi_0) \\[2mm] \{[x + (x_s + 2\varphi_0)]\big|_{x \leqslant -(x_s + 2\varphi_0)} + [x - (x_s - \varphi_0)]\big|_{x \geqslant x_s - \varphi_0}\} & (x_s \geqslant \varphi_0) \end{cases}$$

$$(5.66)$$

下面按式(5.62)求非线项三角级数的系数 $D_{c\nu}$、$D_{s\nu}$。

1. 静扭角 x_s 小于初始间隔角 φ_0 情况(图5.4)

(1) 扭振振幅小于 $\varphi_0 - x_s$ 时,$F(x, \dot{x}) = 0$,于是

$$D_{c\nu} = D_{s\nu} = 0 \qquad (5.67)$$

从式(5.63)可见,此时按 $\omega_0^2 = \dfrac{K_{\mathrm{I}}(J_1 + J_2)}{J_1 J_2}$,即按第 1 级刚度频率作线性振动,第 2 级刚度未起作用,则

$$X_V = \frac{Q_v}{\sqrt{\left[\omega_0^2 - (v\omega)^2\right]^2 + (2bv\omega)^2}} \tag{5.68}$$

(2) $(\varphi_0 + x_{\mathrm{s}}) \geqslant X \geqslant (\varphi_0 - x_{\mathrm{s}})$ 时,如图 5.4 所示,振动点大于 $\varphi_0 - x_{\mathrm{s}}$,则第 2 级刚度起作用,设: $\sin\eta_1 = \dfrac{\varphi_0 - x_{\mathrm{s}}}{X}$,则根据式(5.62),有

$$D_{cv} = \frac{1}{\pi} \int_0^{2\pi} \left[x - (\varphi_0 - x_{\mathrm{s}}) \right] \big|_{x \geqslant \varphi_0 - x_{\mathrm{s}}} \cos(v\omega t + \theta_v)\,\mathrm{d}\omega t$$

$$= \frac{1}{\pi} \left[\int_{\eta_1}^{\pi - \eta_1} \sum_{j=1}^{\infty} X_j \sin(j\omega t + \theta_j)\cos(v\omega t + \theta_v)\,\mathrm{d}\omega t - \int_{\eta_1}^{\pi - \eta_1} (\varphi_0 - x_{\mathrm{s}})\cos(v\omega t + \theta_v)\,\mathrm{d}\omega t \right]$$

积分:

$$\int_{\eta_1}^{\pi - \eta_1} (\varphi_0 - x_{\mathrm{s}})\cos(v\omega t + \theta_v)\,\mathrm{d}\omega t = \frac{\varphi_0 - x_{\mathrm{s}}}{v}\sin v\alpha \,\big|_{\eta_1}^{\pi - \eta_1}$$

$$= \begin{cases} 0 & (v \text{ 为奇数}) \\ -\dfrac{2(\varphi_0 - x_{\mathrm{s}})}{v}\sin v\eta_1 & (v \text{ 为偶数}) \end{cases}$$

积分:

$$\int_0^{2\pi} \sum_{j=1}^{\infty} X_j \sin(j\omega t + \theta_j)\cos(v\omega t + \theta_v)\,\mathrm{d}\omega t$$

$$= \frac{1}{2} \int_{\eta_1}^{\pi - \eta_1} \sum_{j=1}^{\infty} X_j \left[\sin(j+v)\left(\omega t + \frac{\theta_j + \theta_v}{J + v}\right) + \sin(j-v)\left(\omega t + \frac{\theta_j - \theta_v}{J - v}\right) \right]\mathrm{d}\omega t$$

$$= \frac{1}{2} \left[\int_{\eta_1}^{\pi - \eta_1} \sum_{j=1}^{\infty} X_j \frac{\sin(j+v)\alpha\,\mathrm{d}\alpha}{j + v} + \int_{\eta_1}^{\pi - \eta_1} \sum_{j=1}^{\infty} X_j \frac{\sin(j-v)\beta\,\mathrm{d}\beta}{j - v} \right]$$

$$= \frac{1}{2} \sum_{j=1}^{\infty} X_j \left[\frac{-\cos(j+v)(\pi - \eta_1) + \cos(j+v)\eta_1}{j + v} + \frac{-\cos(j-v)(\pi - \eta_1) + \cos(j-v)\eta_1}{j - v} \right]$$

当 $j \neq v$,且 $j \pm v =$ 偶数时, $\displaystyle\int_0^{2\pi} \sum_{j=1}^{\infty} X_j \sin(j\omega t + \theta_j)\cos(v\omega t + \theta_v)\,\mathrm{d}\omega t = 0$;

$j \pm v =$ 奇数时,

$$\int_0^{2\pi} \sum_{j=1}^{\infty} X_j \sin(j\omega t + \theta_j)\cos(v\omega t + \theta_v)\,\mathrm{d}\omega t = \sum_{j=1}^{\infty} X_j \left[\frac{\cos(j+v)\eta_1}{j + v} + \frac{\cos(j-v)\eta_1}{j - v} \right]$$

又当 $j = v$ 时, $\displaystyle\int_0^{2\pi} \sum_{j=1}^{\infty} X_j \sin(j\omega t + \theta_j)\cos(v\omega t + \theta_v)\,\mathrm{d}\omega t = \int_{\eta_1}^{\pi - \eta_1} X_v \sin(v\omega t + $

$\theta_v)\cos(v\omega t + \theta_v)\,\mathrm{d}\omega t = \dfrac{1}{2v}X_v \sin^2(v\alpha)\,\big|_{\eta_1}^{\pi - \eta_1} = 0$

于是,有

$$D_{c\nu} = \frac{1}{\pi}\left\{ \frac{2(\varphi_0 - x_s)}{\nu}\sin\nu\eta_1 \Big|_{\nu\text{为偶数}} + \sum_{j\neq\nu} X_j\left[\frac{\cos(j+\nu)\eta_1}{j+\nu} + \frac{\cos(j-\nu)\eta_1}{j-\nu} \right]\Big|_{j\pm\nu\text{为奇数}} \right\}$$

(5.69)

具体地，有

$$D_{c1} = \frac{1}{\pi}\left\{ X_2\left(\cos\eta_1 + \frac{\cos3\eta_1}{3}\right) + X_4\left(\frac{\cos3\eta_1}{3} + \frac{\cos5\eta_1}{5}\right) + \cdots \right\}$$

$$D_{c2} = \frac{1}{\pi}\left\{ (\varphi_0 - x_s)\sin2\eta_1 + X_1\left(-\cos\eta_1 + \frac{\cos3\eta_1}{3}\right) + X_3\left(\cos\eta_1 + \frac{\cos5\eta_1}{5}\right) + \cdots \right\}$$

(5.70)

同样，可得

$$D_{s\nu} = \int_0^{2\pi}\left[x - (\varphi_0 - x_s) \right]\Big|_{x\geq(\varphi_0 - x_s)}\sin(\nu\omega t + \theta_\nu)\mathrm{d}\omega t$$

$$= \frac{1}{\pi}\left\{ \frac{-2(\varphi_0 - x_s)}{\nu}\cos\nu\eta_1 \Big|_{\nu=\text{奇数}} + X_\nu\left(\frac{\pi}{2} - \eta_1 + \frac{\sin2\nu\eta_1}{2\nu}\right) - \right.$$

$$\left. \sum_{j\neq\nu} X_j\left[\frac{\sin(j+\nu)\eta_1}{j+\nu} + \frac{\sin(j-\nu)\eta_1}{j-\nu} \right]\Big|_{j\pm\nu=\text{偶数}} \right\}$$

(5.71)

具体地，有

$$D_{s1} = \frac{1}{\pi}\left[-2(\varphi_0 - x_s)\cos\eta_1 + X_1\left(\frac{\pi}{2} - \eta_1 + \frac{1}{2}\sin2\eta_1\right) - \right.$$

$$\left. X_3\left(\frac{\sin2\eta_1}{2} + \frac{\sin4\eta_1}{4}\right) - X_5\left(\frac{\sin4\eta_1}{4} + \frac{\sin6\eta_1}{6}\right) + \cdots \right],$$

$$D_{s2} = \frac{1}{\pi}\left[X_2\left(\frac{\pi}{2} - \eta_1 + \frac{\sin4\eta_1}{4}\right) - X_4\left(\frac{\sin2\eta_1}{2} + \frac{\sin6\eta_1}{6}\right) - X_6\left(\frac{\sin4\eta_1}{4} + \frac{\sin8\eta_1}{8}\right) + \cdots \right]$$

(5.72)

当只取首项 $\nu = 1$，$X_1 \approx X$ 时，有

$$D_{c1} = 0$$

$$D_{s1} = X_1\left[\frac{1}{2} - \frac{1}{\pi}\left(\eta_1 + \frac{1}{2}\sin2\eta_1\right) \right]$$

跟平均法中影响系数 $G = D_{s1}/X_1$ 的结果一致。

(3) $X \geq \varphi_0 + x_s$ 时，如图 5.4 所示，除了 $x \geq \varphi_0 - x_s$ 以外，在 $x \leq -(\varphi_0 + x_s)$

时，第二级刚度也起作用。设：$\sin\eta_2 = \dfrac{\varphi_0 + x_s}{X}$，则

$$D_{c\nu} = \frac{1}{\pi}\int_0^{2\pi}\left\{ \left[x - (\varphi_0 - x_s) \right]\Big|_{x\geq\varphi_0 - x_s} + \left[x + (\varphi_0 + x_s) \right]_{x\leq-(\varphi_0 + x_s)} \right\}\cos(\nu\omega t + \theta_\nu)\mathrm{d}\omega t$$

$$D_{s\nu} = \frac{1}{\pi}\int_0^{2\pi}\left\{ \left[x - (\varphi_0 - x_s) \right]\Big|_{x\geq\varphi_0 - x_s} + \left[x + (\varphi_0 + x_s) \right]_{x\leq-(\varphi_0 + x_s)} \right\}\sin(\nu\omega t + \theta_\nu)\mathrm{d}\omega t$$

经推导，得

$$D_{c\nu} = \frac{1}{\pi}\left\{\left[\frac{2(\varphi_0 - x_s)}{\nu}\sin\nu\eta_1 - \frac{2(\varphi_0 + x_s)}{\nu}\sin\nu\eta_2\right]\Big|_{\nu \text{为偶数}} + \right.$$

$$\left.\sum_{j\neq\nu} X_j\left[\frac{\cos(j+\nu)\eta_1 - \cos(j+\nu)\eta_2}{j+\nu} + \frac{\cos(j-\nu)\eta_1 - \cos(j-\nu)\eta_2}{j-\nu}\right]\Big|_{j\pm\nu\text{为奇数}}\right\}$$

$$\text{(5.73)}$$

$$D_{c1} = \frac{1}{\pi}\left\{X_2\left[\cos\eta_1 - \cos\eta_2 + \frac{\cos3\eta_1 - \cos3\eta_2}{3}\right] + \right.$$

$$\left. X_4\left[\frac{\cos3\eta_1 - \cos3\eta_2}{3} + \frac{\cos5\eta_1 - \cos5\eta_2}{5}\right] + \cdots\right\}$$

$$D_{c2} = \frac{1}{\pi}\left\{(\varphi_0 - x_s)\sin\eta_1 - (\varphi_0 + x_s)\sin\eta_2 + X_1\left[-\cos\eta_1 + \cos\eta_2 + \frac{\cos3\eta_1 - \cos3\eta_2}{3}\right] + \right.$$

$$\left. X_3\left[\cos\eta_1 - \cos\eta_2 + \frac{\cos5\eta_1 - \cos5\eta_2}{5}\right] + \cdots\right\} \tag{5.74}$$

又

$$D_{s\nu} = \frac{1}{\pi}\left\{X_\nu\left[\pi - \eta_1 - \eta_2 + \frac{\sin2\nu\eta_1 + \sin2\nu\eta_2}{2\nu}\right] - \right.$$

$$\left[\frac{2(\varphi_0 - x_s)}{\nu}\cos\nu\eta_1 + \frac{2(\varphi_0 + x_s)}{\nu}\cos\nu\eta_2\right]\Big|_{\nu = \text{奇数}} - $$

$$\left.\sum_{j\neq\nu} X_j\left[\frac{\sin(j+\nu)\eta_1 + \sin(j+\nu)\eta_2}{j+\nu} - \frac{\sin(j-\nu)\eta_1 + \sin(j-\nu)\eta_2}{j-\nu}\right]\Big|_{j\pm\nu\text{为偶数}}\right\}$$

$$\text{(5.75)}$$

$$D_{s1} = \frac{1}{\pi}\left[X_1\left(\pi - \eta_1 - \eta_2 + \frac{\sin2\eta_1 + \sin2\eta_2}{2}\right) - \right.$$

$$2(\varphi_0 - x_s)\cos\eta_1 - 2(\varphi_0 + x_s)\cos\eta_2 - X_3\left(-\frac{\sin2\eta_1 + \sin2\eta_2}{2} + \frac{\sin4\eta_1 + \sin4\eta_2}{4}\right) - $$

$$\left. X_5\left(-\frac{\sin4\eta_1 + \sin4\eta_2}{4} + \frac{\sin6\eta_1 + \sin6\eta_2}{6}\right) - \cdots\right]$$

$$D_{s2} = \frac{1}{\pi}\left[X_2\left(\pi - \eta_1 - \eta_2 + \frac{\sin4\eta_1 + \sin4\eta_2}{4}\right) - (\varphi_0 - x_s)\cos2\eta_1 - (\varphi_0 + x_s)\cos2\eta_2 - \right.$$

$$\left. X_4\left(-\frac{\sin2\eta_1 + \sin2\eta_2}{2} + \frac{\sin6\eta_1 + \sin6\eta_2}{6}\right) - \cdots\right] \tag{5.76}$$

当仅取 $\nu = 1$ 时,有

$$X_1 = X, \frac{\varphi_0 - x_s}{X_1} = \sin\eta_1, \frac{\varphi_0 + x_s}{X_1} = \sin\eta_2$$

则有

$$D_{c1} = 0$$

$$D_{s1} = X_1\left[1 - \frac{1}{\pi}\left(\eta_1 + \eta_2 + \frac{\sin2\eta_1 + \sin2\eta_2}{2}\right)\right]$$

跟平均法所得影响系数 $G = D_{s1}/X_1$ 的结果一致。

2. 静位移 x_s 大于初始间隔角 φ_0 的情况(图 5.5)

(1) 振幅 $X \leqslant x_s - \varphi_0$ 时,有

$$
\begin{cases}
D_{cv} = \dfrac{1}{\pi} \displaystyle\int_0^{2\pi} \Big[\sum_{J=1}^{\infty} X_j \sin(j\omega t + \psi_j) - (\varphi_0 - x_s) \Big] \cos(\nu\omega t + \theta_\nu) \mathrm{d}\omega t = 0 \\[3mm]
D_{sv} = \dfrac{1}{\pi} \displaystyle\int_0^{2\pi} \Big[\sum_{J=1}^{\infty} X_j \sin(j\omega t + \psi_j) - (\varphi_0 - x_s) \Big] \sin(\nu\omega t + \theta_\nu) \mathrm{d}\omega t = X_\nu
\end{cases}
$$

$$\tag{5.77}$$

结果代入式(5.63),得

$$X_\nu = \frac{Q_\nu}{\sqrt{\left[\omega_0^2 - (\nu\omega)^2 + \varepsilon \right]^2 + (2b\nu\omega)^2}} \tag{5.78}$$

注意到

$$\omega_0^2 + \varepsilon = \frac{K_{\mathrm{I}}(J_1 + J_2)}{J_1 J_2} + \frac{(K_{\mathrm{II}} - K_{\mathrm{I}})(J_1 + J_2)}{J_1 J_2} = \frac{K_{\mathrm{II}}(J_1 + J_2)}{J_1 J_2} = \omega_{\mathrm{II}}^2$$

则有

$$X_\nu = \frac{Q_\nu}{\sqrt{\left[\omega_{\mathrm{II}}^2 - (\nu\omega)^2 \right]^2 + (2b\nu\omega)^2}} \tag{5.79}$$

表明此时,系统以第 2 级刚度确定的固有频率作线性振动。

式(5.78)显示,影响系数 $G = 1$,跟平均法结果一致。

(2) $(x_s + 2\varphi_0) \geqslant X \geqslant (x_s - \varphi_0)$ 时,设:$\sin\eta_1 = \dfrac{x_s - \varphi_0}{X}$,则

$$D_{cv} = \frac{1}{\pi} \int_0^{2\pi} \left[x - (\varphi_0 - x_s) \right] \big|_{x \geqslant x_s - \varphi_0} \cos(\nu\omega t + \theta_\nu) \mathrm{d}\omega t$$

$$D_{cv} = \frac{1}{\pi} \int_0^{2\pi} \left[x - (\varphi_0 - x_s) \right] \big|_{x \geqslant x_s - \varphi_0} \sin(\nu\omega t + \theta_\nu) \mathrm{d}\omega t$$

经推导,得

$$D_{cv} = \frac{1}{\pi} \left\{ \frac{2(x_s - \varphi_0)}{\nu} \sin\nu\eta_1 \Big|_{\nu 为偶数} + \sum_{J=1}^{\infty} X_j \left[\frac{\cos(j+\nu)\eta_1}{j + \nu} + \frac{\cos(j-\nu)\eta_1}{j - \nu} \right] \Big|_{j\pm\nu 为奇数} \right\}$$

$$\tag{5.80}$$

具体地,有

$$D_{c1} = \frac{1}{\pi} \left[X_2 \left(\cos\eta_1 + \frac{\cos3\eta_1}{3} \right) + X_4 \left(\frac{\cos3\eta_1}{3} + \frac{\cos5\eta_1}{5} \right) + \cdots \right]$$

$$D_{c2} = \frac{1}{\pi} \left[(x_s - \varphi_0) \sin2\eta_1 + X_1 \left(-\cos\eta_1 + \frac{\cos3\eta_1}{3} \right) + X_3 \left(\cos\eta_1 + \frac{\cos5\eta_1}{5} \right) + \cdots \right]$$

$$\tag{5.81}$$

$$D_{s\nu} = \frac{1}{\pi}\left\{\frac{2(x_s - \varphi_0)}{\nu}\cos\nu\eta_1\Big|_{\nu=奇数} + X_\nu\left[\frac{\pi}{2} + \eta_1 - \frac{\sin2\nu\eta_1}{2\nu}\right] + \right.$$

$$\left.\sum_{j\neq\nu}X_j\left[\frac{\sin(j+\nu)\eta_1}{j+\nu} - \frac{\sin(j-\nu)\eta_1}{j-\nu}\right]\Big|_{j\pm\nu=偶数}\right\} \tag{5.82}$$

具体地,有

$$D_{s1} = \frac{1}{\pi}\left[2(x_s - \varphi_0)\cos\eta_1 + X_1\left(\frac{\pi}{2} + \eta_1 - \frac{\sin2\eta_1}{2}\right) + \right.$$

$$\left.X_3\left(-\frac{\sin2\eta_1}{2} + \frac{\sin4\eta_1}{4}\right) + X_5\left(-\frac{\sin4\eta_1}{4} + \frac{\sin6\eta_1}{6}\right) + \cdots\right]$$

$$D_{s2} = \frac{1}{\pi}\left[X_2\left(\frac{\pi}{2} + \eta_1 - \frac{\sin4\eta_1}{4}\right) + X_4\left(-\frac{\sin2\eta_1}{2} + \frac{\sin6\eta_1}{6}\right) + X_6\left(-\frac{\sin4\eta_1}{4} + \frac{\sin8\eta_1}{8}\right) + \cdots\right] \tag{5.83}$$

当仅取 $\nu = 1$ 时,设 $X_1 = A$,则

$$D_{c1} = 0$$

$$D_{s1} = X_1\left[\frac{1}{2} + \frac{1}{\pi}\left(\eta_1 + \frac{\sin2\eta_1}{2}\right)\right]$$

跟平均法中 $G = D_{s1}/X_1$ 的结果一致。

(3) $X \geqslant x_s + 2\varphi_0$ 时,再设 $\dfrac{x_s + 2\varphi_0}{X} = \sin\eta_3$,则

$$D_{c\nu} = \frac{1}{\pi}\int_0^{2\pi}\left\{[x - (\varphi_0 - x_s)]\big|_{x\geqslant x_s-\varphi_0} + [x + (2\varphi_0 + x_s)]\big|_{x\leqslant-(2\varphi_0+x_s)}\right\}\cos(\nu\omega t + \theta_\nu)\mathrm{d}\omega t$$

$$D_{s\nu} = \frac{1}{\pi}\int_0^{2\pi}\left\{[x - (\varphi_0 - x_s)]\big|_{x\geqslant x_s-\varphi_0} + [x + (2\varphi_0 + x_s)]\big|_{x\leqslant-(2\varphi_0+x_s)}\right\}\sin(\nu\omega t + \theta_\nu)\mathrm{d}\omega t$$

经推导,得

$$D_{c\nu} = \frac{1}{\pi}\left\{\left[\frac{2(x_s - \varphi_0)}{\nu}\sin\nu\eta_1 - \frac{2(2\varphi_0 + x_s)}{\nu}\sin\nu\eta_3\right]\Big|_{\nu为偶数} + \right.$$

$$\left.\sum_{j\neq\nu}X_j\left[\frac{\cos(j+\nu)\eta_1 - \cos(j+\nu)\eta_3}{j+\nu} + \frac{\cos(j-\nu)\eta_1 - \cos(j-\nu)\eta_3}{j-\nu}\right]\Big|_{j\pm\nu为奇数}\right\} \tag{5.84}$$

具体地,有

$$D_{c1} = \frac{1}{\pi}\left[X_2\left(\cos\eta_1 - \cos\eta_3 + \frac{\cos3\eta_1 - \cos3\eta_3}{3}\right) + X_4\left(\frac{\cos3\eta_1 - \cos3\eta_3}{3} + \frac{\cos5\eta_1 - \cos5\eta_3}{5}\right) + \cdots\right]$$

$$D_{c2} = \frac{1}{\pi}\left[(x_s - \varphi_0)\sin2\eta_1 - (2\varphi_0 + x_s)\sin2\eta_3 + X_1\left(-\cos\eta_1 + \cos\eta_3 + \frac{\cos3\eta_1 - \cos3\eta_3}{3}\right) + \right.$$

$$\left.X_3\left(\cos\eta_1 - \cos\eta_3 + \frac{\cos5\eta_1 - \cos5\eta_3}{5}\right) + \cdots\right] \tag{5.85}$$

又

$$D_{s\nu} = \frac{1}{\pi}\left\{\left[\frac{2(x_s - \varphi_0)}{\nu}\cos\nu\eta_1 - \frac{2(2\varphi_0 + x_s)}{\nu}\cos\nu\eta_3\right]\Big|_{\nu\text{为奇数}} + \right.$$

$$X_\nu\left[\pi + \eta_1 - \eta_3 - \frac{\sin2\nu\eta_1 - \sin2\nu\eta_3}{2\nu}\right] + $$

$$\left.\sum_{j\neq\nu} X_j\left[\frac{\sin(j+\nu)\eta_1 - \sin(j+\nu)\eta_3}{j+\nu} + \frac{\sin(j-\nu)\eta_1 - \sin(j-\nu)\eta_3}{j-\nu}\right]\Big|_{j\pm\nu\text{为偶数}}\right\}$$

$$(5.86)$$

具体地,有

$$D_{s1} = \frac{1}{\pi}\left[2(x_s - \varphi_0)\cos\eta_1 - 2(2\varphi_0 + x_s)\cos\eta_3 + X_1\left(\pi + \eta_1 - \eta_3 - \frac{\sin2\eta_1 - \sin2\eta_3}{2}\right) + \right.$$

$$\left. X_3\left(-\frac{\sin2\eta_1 - \sin2\eta_3}{2} + \frac{\sin4\eta_1 - \sin4\eta_3}{4}\right) + X_5\left(-\frac{\sin4\eta_1 - \sin4\eta_3}{4} + \frac{\sin6\eta_1 - \sin6\eta_3}{6}\right) + \cdots\right]$$

$$D_{s2} = \frac{1}{\pi}\left[X_2\left(\pi + \eta_1 - \eta_3 - \frac{\sin4\eta_1 - \sin4\eta_3}{4}\right) + X_4\left(-\frac{\sin2\eta_1 - \sin2\eta_3}{2} + \frac{\sin6\eta_1 - \sin6\eta_3}{6}\right) + \cdots\right]$$

$$(5.87)$$

当仅取首项 $\nu = 1$, $X_1 = A$, 有 $\dfrac{x_s - \varphi_0}{X_1} = \sin\eta_1$ $\dfrac{2\varphi_0 + x_s}{X_1} = \sin\eta_3$

$$D_{c1} = 0$$

$$D_{s1} = X_1\left[1 + \frac{1}{\pi}\left(\eta_1 - \eta_3 + \frac{\sin2\eta_1 - \sin2\eta_3}{2}\right)\right]$$

与平均法中影响系数 $G = D_{s1}/X_1$ 的结果一致。

将上述求得的 $D_{c\nu}$、$D_{s\nu}$ 代入式(5.63),并近似取:

$$X = \sqrt{X_1^2 + X_2^2 + X_3^2 + \cdots + X_n^2}$$

即可计算出各谐次的解 X_ν、$\theta_\nu(\nu = 1, 2, \cdots, n)$。

从 $D_{c\nu}$、$D_{s\nu}$ 公式可见,双刚度系统中,由于刚度有突变的情况,引起各谐次响应的耦合(牵连)是比较多的。

当仅取首项 $\nu = 1$ 情况下,结果与平均法的一致,证实平均法是三角级数解的首项。

5.5.3 实例——3 次方弹性恢复力矩情况

$$M = K_{12}x + \beta x^3 \tag{5.88}$$

此时,方程式(5.52)中的非线性项为

$$F(x, \dot{x}) = x^3 \tag{5.89}$$

设方程解为

$$x = \sum_\nu X_\nu\sin(\nu\omega t + \theta_\nu) \tag{5.90}$$

则

$$F(x,\dot{x}) = X_\nu^3 \sin^3(\nu\omega t + \theta_\nu) + \sum_{\substack{i=1 \\ i\neq\nu}}^{\infty} X_i^3 \sin^3(i\omega t + \theta_i) + $$

$$\sum_{\substack{i=1 \\ i\neq\nu}}^{\infty} 3X_\nu^2 X_i \sin^2(\nu\omega t + \theta_\nu)\sin(i\omega t + \theta_i) + \sum_{\substack{i=1 \\ i\neq\nu}}^{\infty} 3X_i^2 X_\nu \sin^2(i\omega t + \theta_i)\sin(\nu\omega t + \theta_\nu) + $$

$$\sum_{\substack{i=1,j=1 \\ i\neq j\neq\nu}}^{\infty} 3X_i^2 X_j \sin^2(i\omega t + \theta_i)\sin(j\omega t + \theta_j) \qquad (i,j\neq\nu)$$

$$(5.91)$$

按式(5.62),有

$$D_{c\nu} = \frac{1}{\pi}\int_0^{2\pi} x^3 \cos(\nu\omega t + \psi_\nu)\mathrm{d}\omega t = I_1 + I_2 + I_3 + I_4 + I_5$$

式中

$$I_1 = \frac{1}{\pi}\int_0^{2\pi} X_\nu^3 \sin^3(\nu\omega t + \theta_\nu)\cos(\nu\omega t + \theta_\nu)\mathrm{d}\omega t$$

$$= \frac{X_\nu^3}{\pi}\int_0^{2\pi}\left[\frac{3}{4}\sin(\nu\omega t + \theta_\nu) - \frac{1}{4}\sin3(\nu\omega t + \theta_\nu)\right]\cos(\nu\omega t + \theta_\nu)\mathrm{d}\omega t = 0$$

$$I_2 = \frac{1}{\pi}\int_0^{2\pi}\sum_{\substack{i=1 \\ i\neq\nu}}^{\infty} X_i^3 \sin^3(i\omega t + \theta_i)\cos(\nu\omega t + \theta_\nu)\mathrm{d}\omega t$$

$$= \frac{1}{\pi}\int_0^{2\pi}\left[\begin{array}{l}\dfrac{3}{4}\displaystyle\sum_{\substack{i=1 \\ i\neq\nu}}^{\infty} X_i^3 \sin(i\omega t + \theta_i)\cos(\nu\omega t + \theta_\nu) - \\[4mm] \dfrac{1}{4}\sin3(i\omega t + \theta_i)\cos(\nu\omega t + \theta_\nu)\end{array}\right]\mathrm{d}\omega t$$

$$= -\frac{1}{8\pi}\int_0^{2\pi}\sum_{\substack{i=1 \\ i\neq\nu}}^{\infty} X_i^3\left\{\sin\left[(3i+\nu)\omega t + 3\theta_i + \theta_\nu\right] + \sin\left[(3i-\nu)\omega t + 3\theta_i - \theta_\nu\right]\right\}\mathrm{d}\omega t$$

$$= -\frac{1}{4}X_{\frac{\nu}{3}}^3 \sin(3\theta_{\frac{\nu}{3}} - \theta_\nu)$$

$$I_3 = \frac{1}{\pi}\int_0^{2\pi}\sum_{\substack{i=1 \\ i\neq\nu}}^{\infty} 3X_\nu^2 X_i \sin^2(\nu\omega t + \theta_\nu)\sin(i\omega t + \theta_i)\cos(\nu\omega t + \theta_\nu)\mathrm{d}\omega t$$

$$= \frac{3X_\nu^2}{2\pi}\int_0^{2\pi}\sum_{\substack{i=1 \\ i\neq\nu}}^{\infty} X_i\left[1 - \cos2(\nu\omega t + \theta_\nu)\right]\sin(i\omega t + \theta_i)\cos(\nu\omega t + \theta_\nu)\mathrm{d}\omega t$$

$$= \frac{3X_\nu^2 X_{3\nu}}{4}\sin(3\theta_\nu - \theta_{3\nu})$$

$$I_4 = \frac{1}{\pi}\int_0^{2\pi}\sum_{\substack{i=1 \\ i\neq\nu}}^{\infty} 3X_i^2 X_\nu \sin^2(i\omega t + \theta_i)\sin(\nu\omega t + \theta_\nu)\cos(\nu\omega t + \theta_\nu)\mathrm{d}\omega t$$

$$= \frac{3X_\nu}{4\pi}\int_0^{2\pi}\sum_{\substack{i=1 \\ i\neq\nu}}^{\infty} X_i^2\left[1 - \cos3(i\omega t + \theta_i)\right]\sin2(\nu\omega t + \theta_\nu)\mathrm{d}\omega t = 0$$

$$I_5 = \frac{1}{\pi} \int_0^{2\pi} \sum_{\substack{i=1,j=1 \\ i \neq j \neq \nu}}^{\infty} 3X_i^2 X_j \sin^2(i\omega t + \theta_i) \sin(j\omega t + \theta_j) \cos(\nu\omega t + \theta_\nu) \mathrm{d}\omega t$$

$$= \frac{3}{2\pi} \int_0^{2\pi} \sum_{\substack{i=1,j=1 \\ i \neq j \neq \nu}}^{\infty} X_i^2 X_j [1 - \cos2(i\omega t + \theta_i)] \sin(j\omega t + \theta_j) \cos(\nu\omega t + \theta_\nu) \mathrm{d}\omega t$$

$$= -\frac{3}{4\pi} \int_0^{2\pi} \sum_{\substack{i=1,j=1 \\ i \neq j \neq \nu}}^{\infty} X_i^2 X_j \{ \sin[(2i+j)\omega t + 2\theta_i + \theta_j] \cos(\nu\omega t + \theta_\nu) \mathrm{d}\omega t -$$

$$\sin[(2i-j)\omega t + 2\theta_i - \theta_j] \cos(\nu\omega t + \theta_\nu) \mathrm{d}\omega t \}$$

$$= \frac{3 \sum_{\substack{i=1,j=1 \\ i \neq j \neq \nu}}^{\infty} X_i^2 X_j}{4} [\sin(2\theta_i - \theta_j + \theta_\nu)|_{2i-j+\nu=0} + \sin(2\theta_i - \theta_j - \theta_\nu)|_{2i-j-\nu=0} +$$

$$\sin(2\theta_i + \theta_j - \theta_\nu)|_{2i+j-\nu=0}]$$

于是,得

$$D_{c\nu} = \frac{3X_\nu^2 X_{3\nu}}{4} \sin(3\theta_\nu - \theta_{3\nu}) - \frac{1}{4} X_{\frac{\nu}{3}}^3 \sin(3\theta_{\frac{\nu}{3}} - \theta_\nu) + \frac{3}{4} \sum_{i,j} X_i^2 X_j [\sin(2\theta_i - \theta_j + \theta_\nu)|_{2i-j+\nu=0} +$$

$$\sin(2\theta_i - \theta_j - \theta_\nu)|_{2i-j-\nu=0} + \sin(2\theta_i + \theta_j - \theta_\nu)|_{2i+j-\nu=0}$$

$$(\nu = 1,2,3,\cdots) \tag{5.92}$$

类似地,有

$$D_{s\nu} = \frac{3X_\nu^3}{4} + \frac{3X_\nu^2 X_{3\nu}}{4} \cos(3\theta_\nu - \theta_{3\nu}) + \frac{1}{4} X_{\frac{\nu}{3}}^3 \cos(3\theta_{\frac{\nu}{3}} - \theta_\nu) + \frac{3X_\nu}{4} \sum_{\substack{i=1 \\ i \neq \nu}}^{\infty} X_i^2 +$$

$$\frac{3}{4} \sum_{\substack{i=1,j=1 \\ i \neq j \neq \nu}}^{\infty} X_i^2 X_j [\cos(2\theta_i - \theta_j + \theta_\nu)|_{2i-j+\nu=0} - \cos(2\theta_i - \theta_j - \theta_\nu)|_{2i-j-\nu=0} +$$

$$\cos(2\theta_i + \theta_j - \theta_\nu)|_{2i+j-\nu=0}]$$

$$(\nu = 1,2,3,\cdots) \tag{5.93}$$

讨论:

(1) 从式(5.92)、式(5.93)可见,3 次方弹性恢复力矩情况下,各谐次振动是相互偶合的。

(2) 通常,在共振区附近,非线性特性最为明显,当以 ν 谐次共振时,其振幅增大,且呈多值解(如跳跃现象),而与之相偶合的其他谐次振动,则比它小得多,即 $X_i \leqslant X_\nu$,于是 $D_{c\nu}, D_{s\nu}$ 关系式中,忽略 $X_i^2 X_j$ 项的影响,则

$$D_{c\nu} = \frac{3X_\nu^2 X_{3\nu}}{4} \sin(3\theta_\nu - \theta_{3\nu}) - \frac{1}{4} X_{\frac{\nu}{3}}^3 \sin(3\theta_{\frac{\nu}{3}} - \theta_\nu)$$

$$D_{s\nu} = \frac{3X_\nu^3}{4} + \frac{3X_\nu^2 X_{3\nu}}{4} \cos(3\theta_\nu - \theta_{3\nu}) + \frac{1}{4} X_{\frac{\nu}{3}}^3 \cos(3\theta_{\frac{\nu}{3}} - \theta_\nu) + \frac{3X_\nu}{4} \sum_{\substack{i=1 \\ i \neq \mu}}^{\infty} X_i^2$$

$$(\nu = 1,2,3,\cdots) \tag{5.94}$$

（3）ν 谐次共振主要会偶合出 3ν 谐次振动，而 $\dfrac{\nu}{3}$ 谐次共振，将会引起 ν 谐次振动。

（4）ν 谐次共振，也会偶合出 $\dfrac{\nu}{3}$ 次等次谐波振动，但比起对 3ν 谐次振动的影响要小得多。为减少计算量，可进一步取

$$\begin{cases} D_{c\nu} = \dfrac{3X_\nu^2 X_{3\nu}}{4}\sin(3\theta_\nu - \theta_{3\nu}) \\[3mm] D_{s\nu} = \dfrac{3X_\nu^3}{4} + \dfrac{3X_\nu^2 X_{3\nu}}{4}\cos(3\theta_\nu - \theta_{3\nu}) \end{cases} \tag{5.95}$$

（5）当单谐波激励 $M\sin\omega t$ 作用下，只取响应的首项 $\nu = 1$ 时，有

$$\begin{cases} D_{c1} = 0 \\[3mm] D_{s1} = \dfrac{3X_1^3}{4} \end{cases} \tag{5.96}$$

代入式（5.63），有

$$X_1 = \frac{Q_1}{\sqrt{\left(\omega_0^2 - \omega^2 + \dfrac{3\varepsilon X_1^3}{4X_1}\right)^2 + (2b\omega)^2}} \tag{5.97}$$

注意到 $Q_1 = \dfrac{M}{J_1}$，式（5.97）可写成

$$\left[(\omega_0^2 - \omega^2)X_1 + \frac{3\varepsilon X_1^3}{4}\right]^2 + (2b\omega X_1)^2 = \left(\frac{M}{J_1}\right)^2 \tag{5.98}$$

它与小参数法得到的首项关系式（5.13）相一致。

5.6　具有一个非线性部件的多质量轴系

对于轴系中，只有一个非线性部件的情况，此部件的前后两部分，可据线性递推关系进行计算。这样，问题可归纳为讨论双质量当量系统，从而可用前述各节介绍的方法求解。

5.6.1　基本方程及其转换

图 5.7 表示最常见的柴油机推进轴系，在 $L, L+1$ 质量点间，装有非线性部件。

图 5.7　有一个非线性元件系统

此时,其他质量点的振动方程是线性的,如1.4.3节所述,而 L、$L+1$ 质量点的扭振微分方程为

$$\sum_{i=1}^{L}\left[J_i\ddot{\varphi}_i + C_i\dot{\varphi}_i - M_i\sin(\omega t + \psi_i)\right] + C_{L,L+1}(\dot{\varphi}_L - \dot{\varphi}_{L+1}) +$$

$$K_{L,L+1}(\varphi_L - \varphi_{L+1}) + \beta F(\varphi_L - \varphi_{L+1}, \dot{\varphi}_L - \dot{\varphi}_{L+1}) = 0 \qquad (5.99)$$

$$\sum_{i=m}^{L+1}\left[J_i\ddot{\varphi}_i + C_i\dot{\varphi}_i - M_i\sin(\omega t + \psi_i)\right] + C_{L,L+1}(\dot{\varphi}_{L+1} - \dot{\varphi}_L) +$$

$$K_{L,L+1}(\varphi_{L+1} - \varphi_L) + \beta F(\varphi_{L+1} - \varphi_L, \dot{\varphi}_{L+1} - \dot{\varphi}_L)] = 0 \qquad (5.100)$$

式中　J_i——i 质量转动惯量,kg·m²;

$\quad\varphi_i$——i 质量角位移,rad;

$\quad C_i$——i 质量外阻尼系数,N·m·s/rad;

$\quad M_i$——i 质量激励力矩幅,N·m;

$\quad\omega$——激励力矩圆频率,rad/s;

$\quad\psi_i$——激励力矩相位角,rad;

$C_{L,L+1}$——非线性部件线性阻尼系数,N·m·s/rad;

$K_{L,L+1}$——非线性部件线性刚度,N·m/rad;

$\quad\beta$——非线性部件常数;

$F(\varphi_L - \varphi_{L+1}, \dot{\varphi}_L - \dot{\varphi}_{L+1})$——非线性函数。

鉴于非线性部件的前后两部分系统均是线性的,故可用线性递推关系,分别以 φ_L、φ_{L+1} 表示各质量的振动。

设 L 质量点的角位移、质点总力矩为

$$\varphi_L = A_{sL}\sin\omega t + A_{cL}\cos\omega t \qquad (5.101)$$

$$M_L = \sum_{i=1}^{l}\left[J_i\ddot{\varphi}_i + C_i\dot{\varphi}_i - M_i\sin(\omega t + \psi_i)\right] = M_{cL}\cos\omega t + M_{sL}\sin\omega t$$

$$(5.102)$$

根据1.4.3节所述递推关系,φ_L、M_L 可用第1质量点的角位移 A_{s1}、A_{c1} 来表示:

$$\begin{cases} A_{sL} = \alpha_{L1}A_{s1} - \beta_{L1}A_{c1} + \alpha_{L3} \\ A_{cL} = \beta_{L1}A_{s1} + \alpha_{L1}A_{c1} + \beta_{L3} \end{cases} \qquad (5.103)$$

$$\begin{cases} M_{sL} = U_{L1}A_{s1} - V_{L1}A_{c1} + U_{L3} \\ M_{cL} = V_{L1}A_{s1} + U_{L1}A_{c1} + V_{L3} \end{cases} \qquad (5.104)$$

从式(5.103)第一式,有

$$A_{c1} = -(A_{sL} - \alpha_{L3} - \alpha_{L1}A_{s1})/\beta_{L1}$$

代入式(5.103)第二式,有

$$\beta_{L1}A_{s1} - \frac{\alpha_{L1}}{\beta_{L1}}(A_{sL} - \alpha_{L3} - \alpha_{L1}A_{s1}) = A_{cL} - \beta_{L3}$$

$$A_{s1} = \frac{1}{\alpha_{L1}^2 + \beta_{L1}^2} (\alpha_{L1} A_{sL} + \beta_{L1} A_{cL} - \alpha_{L1} \alpha_{L3} - \beta_{L1} \beta_{L3})$$

进而, 得

$$A_{c1} = \frac{1}{\alpha_{L1}^2 + \beta_{L1}^2} (-\beta_{L1} A_{sL} + \alpha_{L1} A_{cL} - \alpha_{L1} \beta_{L2} + \beta_{L1} \alpha_{L3})$$

即

$$\begin{cases} A_{s1} = \gamma_{L1} A_{sL} - \delta_{L1} A_{cL} + \gamma_{L3} \\ A_{c1} = \delta_{L1} A_{s1} + \gamma_{L1} A_{cL} + \delta_{L3} \end{cases} \tag{5.105}$$

将上述结果代入式(5.104), 得

$$\begin{cases} M_{s1} = \mu_{L1} A_{sL} - \nu_{L1} A_{cL} + \mu_{L3} \\ M_{c1} = \nu_{L1} A_{sL} + \mu_{L1} A_{cL} + \nu_{L3} \end{cases} \tag{5.106}$$

式中

$$\begin{cases} \gamma_{L1} = \dfrac{\alpha_{L1}}{\alpha_{L1}^2 + \beta_{L1}^2} \\[2mm] \gamma_{L3} = -\dfrac{\alpha_{L1} \alpha_{L3} + \beta_{L1} \beta_{L3}}{\alpha_{L1}^2 + \beta_{L1}^2} \\[2mm] \delta_{L1} = -\dfrac{\beta_{L1}}{\alpha_{L1}^2 + \beta_{L1}^2} \\[2mm] \delta_{L3} = \dfrac{\beta_{L1} \alpha_{L3} - \alpha_{L1} \beta_{L3}}{\alpha_{L1}^2 + \beta_{L1}^2} \end{cases} \tag{5.107}$$

$$\begin{cases} \mu_{L1} = U_{L1} \gamma_{L1} - V_{L1} \delta_{L1} \\ \mu_{L3} = U_{L1} \gamma_{L3} - V_{L1} \delta_{L3} + U_{L3} \\ \nu_{L1} = U_{L1} \delta_{L1} + V_{L1} \gamma_{L1} \\ \nu_{L3} = V_{L1} \gamma_{L3} + U_{L1} \delta_{L3} + V_{L3} \end{cases} \tag{5.108}$$

于是, 方程式(5.99)可写成

$$\widetilde{J}_L \ddot{\varphi}_L + \widetilde{C}_L \dot{\varphi}_L - \widetilde{M}_L \sin(\omega t + \widetilde{\psi}_L) + C_{L,L+1}(\dot{\varphi}_L - \dot{\varphi}_{L+1}) +$$
$$K_{L,L+1}(\varphi_L - \varphi_{L+1}) + \beta F(\varphi_L - \varphi_{L+1}, \dot{\varphi}_L - \dot{\varphi}_{L+1}) = 0 \tag{5.109}$$

$$\begin{cases} \widetilde{J}_L = -\mu_{L1}/\omega^2 \\ \widetilde{C}_L = \nu_{L1}/\omega \\ \widetilde{M}_L = \sqrt{\mu_{L3}^2 + \nu_{L3}^2} \\ \widetilde{\psi}_L = \arctan(\nu_{L3}/\mu_{L3}) \end{cases} \tag{5.110}$$

式中: $\widetilde{J}_L$——当量惯量, $kg \cdot m^2$;

$\widetilde{C}_L$——当量外阻尼系数, $N \cdot m \cdot s/rad$;

$\widetilde{M}_L$——当量激励力矩幅, $N \cdot m$;

$\tilde{\psi}_L$——当量相位角，rad。

同理，对于质量点 m 到 $L+1$ 的后一部分系统，以 m 质量点为始点作递推计算后，亦可得

$$\begin{cases} M_{s,L+1} = \mu_{L+1,1}A_{s,L+1} - \nu_{L+1,1}A_{c,L+1} + \mu_{L+1,3} \\ M_{c,L+1} = \nu_{L+1,1}A_{s,L+1} + \mu_{L+1,1}A_{c,L+1} + \nu_{L+1,3} \end{cases} \tag{5.111}$$

方程式（5.100）亦可改写成

$$\tilde{J}_{L+1}\ddot{\varphi}_{L+1} + \tilde{C}_{L+1}\dot{\varphi}_{L+1} - \tilde{M}_{L+1}\sin(\omega t + \tilde{\psi}_{L+1}) + C_{L,L+1}(\dot{\varphi}_{L+1} - \dot{\varphi}_L) +$$

$$K_{L,L+1}(\varphi_{L+1} - \varphi_L) + \beta F(\varphi_{L+1} - \varphi_L, \dot{\varphi}_{L+1} - \dot{\varphi}_L) = 0$$

$$\tag{5.112}$$

$$\begin{cases} \tilde{J}_{L+1} = -\mu_{L+1.1}/\omega^2 \\ \tilde{C}_{L+1} = \nu_{L+1,1}/\omega \\ \tilde{M}_{L+1} = \sqrt{\mu_{L+1,3}^2 + \nu_{L+1,3}^2} \\ \tilde{\psi}_{L+1} = \arctan(\nu_{L+1,3}/\mu_{L+1,3}) \end{cases} \tag{5.113}$$

式中：$\tilde{J}_{L+1}$——当量惯量，kg · m^2

$\tilde{C}_{L+1}$——当量外阻尼系数，N · m · s/rad；

$\tilde{M}_{L+1}$——当量激励力矩幅，N · m；

$\tilde{\psi}_{L+1}$——当量相位角，rad。

根据上述讨论，具有一个非线性部件的轴系，其扭振计算可归纳为计算双质量当量系统方程式（5.109）、式（5.112）。

为简便起见，再作坐标变换：

$$\begin{cases} x = \varphi_L - \varphi_{L+1} \\ y = \tilde{J}_L\varphi_L/\tilde{J}_{L+1} + \varphi_{L+1} \end{cases} \tag{5.114}$$

即

$$\begin{cases} \varphi_L = \dfrac{\tilde{J}_{L+1}(x+y)}{\tilde{J}_L + \tilde{J}_{L+1}} \\ \varphi_{L+1} = \dfrac{\tilde{J}_{L+1}y - \tilde{J}_L x}{\tilde{J}_L + \tilde{J}_{L+1}} \end{cases} \tag{5.115}$$

代入方程式（5.109）、式（5.112），整理得

$$\ddot{y} = \frac{\tilde{M}_L}{\tilde{J}_{L+1}}\sin(\omega t + \tilde{\psi}_L) + \frac{\tilde{M}_{L+1}}{\tilde{J}_{L+1}}\sin(\omega t + \tilde{\psi}_{L+1}) - p_1\dot{x} - q_1\dot{y} \tag{5.116}$$

$$\ddot{x} + \omega_0^2 x = \frac{\tilde{M}_L}{\tilde{J}_L}\sin(\omega t + \tilde{\psi}_L) - \frac{\tilde{M}_{L+1}}{\tilde{J}_{L+1}}\sin(\omega t + \tilde{\psi}_{L+1}) - p_2\dot{x} - q_2\dot{y} - \varepsilon F(x, \dot{x})$$

$$\tag{5.117}$$

式中

$$\begin{cases}
\omega_0^2 = \dfrac{K_{L,L+1}(\widetilde{J}_L + \widetilde{J}_{L+1})}{\widetilde{J}_L \widetilde{J}_{L+1}} \\[4mm]
p_1 = \dfrac{\widetilde{J}_L}{\widetilde{J}_L + \widetilde{J}_{L+1}}\left(\dfrac{\widetilde{C}_L}{\widetilde{J}_L} - \dfrac{\widetilde{C}_{L+1}}{\widetilde{J}_{L+1}}\right) \\[4mm]
p_2 = \dfrac{1}{\widetilde{J}_L + \widetilde{J}_{L+1}}\left(\dfrac{\widetilde{J}_{L+1}\widetilde{C}_L}{\widetilde{J}_L} + \dfrac{\widetilde{J}_L \widetilde{C}_{L+1}}{\widetilde{J}_{L+1}}\right) \\[4mm]
q_1 = \dfrac{\widetilde{C}_L + \widetilde{C}_{L+1}}{\widetilde{J}_L + \widetilde{J}_{L+1}} \\[4mm]
q_2 = \dfrac{1}{\widetilde{J}_L + \widetilde{J}_{L+1}}\left(\dfrac{\widetilde{J}_{L+1}\widetilde{C}_L}{\widetilde{J}_L} - \widetilde{C}_{L+1}\right) \\[4mm]
\varepsilon = \dfrac{\beta(\widetilde{J}_L + \widetilde{J}_{L+1})}{\widetilde{J}_L \widetilde{J}_{L+1}}
\end{cases} \tag{5.118}$$

方程式(5.116)是线性的,它表示轴系滚振。这样只有方程式(5.117)是非线性的,它表示轴系扭转振动。于是,大大地减少了数学上的难度和工作量。对于推进轴系,忽略螺旋桨激励时,$\widetilde{M}_{L+1} = 0$ 则有

$$\ddot{y} = \dfrac{\widetilde{M}_L}{\widetilde{J}_{L+1}}\sin(\omega t + \widetilde{\psi}_L) - p_1 \dot{x} - q_1 \dot{y} \tag{5.119}$$

$$\ddot{x} + \omega_0^2 x = \dfrac{\widetilde{M}_L}{\widetilde{J}_L}\sin(\omega t + \widetilde{\psi}_L) - p_2 \dot{x} - q_2 \dot{y} - \varepsilon F(x, \dot{x}) \tag{5.120}$$

5.6.2　例解——双刚度联轴器轴系

方程式(5.120)与式(5.3)基本一致,则前述各法均可使用,现以平均法求解双刚度联轴器轴系。

如 5.3.2 节、5.3.3 节所述,对柴油机推进轴系,平均扭矩 M_0 引起双刚度联轴器的静扭角:

$$x_s = \begin{cases}
M_0 / K_{\mathrm{I}} & (x \leqslant \varphi_0) \\[2mm]
(M_0 - K_{\mathrm{I}}\varphi_0)/K_{\mathrm{II}} + \varphi_0 & (x \geqslant \varphi_0)
\end{cases} \tag{5.121}$$

其扭矩与扭转角的关系为

$$M = \begin{cases}
K_{\mathrm{I}}x + (K_{\mathrm{II}} - K_{\mathrm{I}})\left[(x + x_s + \varphi_0)\big|_{x \leqslant -(x_s + \varphi_0)} + (x + x_s - \varphi_0)\big|_{x \geqslant \varphi_0 - x_s}\right] & (x_s \leqslant \varphi_0) \\[2mm]
K_{\mathrm{I}}x + (K_{\mathrm{II}} - K_{\mathrm{I}})\left[(x + x_s + 2\varphi_0)\big|_{x \leqslant -(x_s + 2\varphi_0)} + (x - x_s + \varphi_0)\big|_{x \geqslant x_s - \varphi_0}\right] & (x_s \geqslant \varphi_0)
\end{cases} \tag{5.122}$$

而式(5.120)中,有

$$\varepsilon = \dfrac{(\widetilde{J}_L + \widetilde{J}_{L+1})}{\widetilde{J}_L \widetilde{J}_{L+1}}(K_{\mathrm{II}} - K_{\mathrm{I}}) \tag{5.123}$$

$$F(x,\dot{x}) = \begin{cases} \{[x+(x_s+\varphi_0)]|_{x\leqslant-(x_s+\varphi_0)} + [x-(\varphi_0-x_s)]|_{x\geqslant\varphi_0-x_s}\} & (x_s\leqslant\varphi_0) \\ \{[x+(x_s+2\varphi_0)]|_{x\leqslant-(x_s+2\varphi_0)} + [x-(\varphi_0-x_s)]|_{x\geqslant x_s-\varphi_0}\} & (x_s\geqslant\varphi_0) \end{cases}$$
$$(5.124)$$

设:

$$\begin{cases} \omega_0^2 - \omega^2 = \varepsilon a \\ \dfrac{\widetilde{M}_L}{\widetilde{J}_L} = \varepsilon H \\ P_2 = \varepsilon P \\ q_2 = \varepsilon Q \end{cases}$$
$$(5.125)$$

式中:a、H、P、Q——有限值,则式(5.120)化为

$$\ddot{x} + \omega_x^2 = \varepsilon[H\sin(\omega t + \widetilde{\psi}_L) - P\dot{x} - Q\dot{y} - ax - F(x,\dot{x})] \qquad (5.126)$$

令方程的基本谐波定常解为

$$\begin{cases} x = X_0\sin(\omega t + \theta_2) = X_{c0}\cos\omega t + X_{s0}\sin\omega t \\ y = Y_0\sin(\omega t + \theta_1) = Y_{c0}\cos\omega t + Y_{s0}\sin\omega t \end{cases} \qquad (5.127)$$

则根据式(5.119),得

$$\begin{cases} Y_{c0} = Y_0\sin\theta_1 = \dfrac{p_1\omega(\omega^2 X_{s0} - q_1\omega X_{c0}) - \dfrac{\widetilde{M}_L}{\widetilde{J}_{L+1}}(\omega^2\sin\widetilde{\psi}_L + q_1\omega\cos\widetilde{\psi}_L)}{\omega^4 + (q_1\omega)^2} \\[4mm] Y_{s0} = Y_0\cos\theta_1 = \dfrac{-p_1\omega(q_1\omega X_{s0} + \omega^2 X_{c0}) + \dfrac{\widetilde{M}_L}{\widetilde{J}_{L+1}}(q_1\omega\sin\widetilde{\psi}_L - \omega^2\cos\widetilde{\psi}_L)}{\omega^4 + (q_1\omega)^2} \\[4mm] Y_0 = \sqrt{Y_{c0}^2 + Y_{s0}^2} \\[2mm] \theta_1 = \arctan(Y_{c0}/Y_{s0}) \end{cases}$$
$$(5.128)$$

而 X_0、θ_2 可据方程式(5.126)按"简缩方程"确定:

$$\frac{\mathrm{d}X_0}{\mathrm{d}t} = \frac{\varepsilon}{2\pi\omega}\int_0^{2\pi}[H\sin(\omega t + \widetilde{\psi}_L) - P\dot{x} - Q\dot{y} - ax - F(x,\dot{x})\cos(\omega t + \theta_2)\mathrm{d}(\omega t + \theta_2) = 0$$

$$\frac{\mathrm{d}\theta_2}{\mathrm{d}t} = \frac{\varepsilon}{2\pi\omega}\int_0^{2\pi}[H\sin(\omega t + \widetilde{\psi}_L) - P\dot{x} - Q\dot{y} - ax - F(x,\dot{x})\sin(\omega t + \theta_2)\mathrm{d}(\omega t + \theta_2) = 0$$

如同5.3.2节所述,得

$$\begin{cases} H\sin(\widetilde{\psi}_L - \theta_2) = P\omega X_0 + Q\omega Y_0\cos(\theta_1 - \theta_2) \\ H\cos(\widetilde{\psi}_L - \theta_2) = -Q\omega Y_0\sin(\theta_1 - \theta_2) + aX_0 + GX_0 \end{cases} \qquad (5.129)$$

式中 G——影响函数。

当 $x_s\leqslant\varphi_0$ 时,有

$$G = \begin{cases} 0 & (X_0 \leqslant \varphi_0 - x_s) \\ \dfrac{1}{2} - \dfrac{1}{\pi}\left(\eta_1 + \dfrac{1}{2}\sin 2\eta_1\right) & (\varphi_0 + x_s \geqslant X_0 \geqslant \varphi_0 - x_s) \\ 1 - \dfrac{1}{\pi}\left(\eta_1 + \eta_2 + \dfrac{1}{2}\sin 2\eta_1 + \dfrac{1}{2}\sin 2\eta_2\right) & (X_0 \geqslant \varphi_0 + x_s) \end{cases}$$

$$(5.130)$$

又当 $x_s \geqslant \varphi_0$ 时，有

$$G = \begin{cases} 1 & (X_0 \leqslant x_s - \varphi_0) \\ \dfrac{1}{2} + \dfrac{1}{\pi}\left(\eta_1 + \dfrac{1}{2}\sin 2\eta_1\right) & (x_s + 2\varphi_0 \geqslant X_0 \geqslant x_s - \varphi_0) \\ 1 + \dfrac{1}{\pi}\left(\eta_1 - \eta_3 + \dfrac{1}{2}\sin 2\eta_1 - \dfrac{1}{2}\sin 2\eta_3\right) & (X_0 \geqslant x_s + 2\varphi_0) \end{cases}$$

$$(5.131)$$

式中

$$\begin{cases} \eta_1 = \arcsin\left[(\varphi_0 - x_s)/X_0\right] \\ \eta_2 = \arcsin\left[(\varphi_0 + x_s)/X_0\right] \\ \eta_3 = \arcsin\left[(2\varphi_0 + x_s)/X_0\right] \end{cases}$$

$$(5.132)$$

根据式(5.128)结果，方程式(5.129)中，消去 Y_0、θ_1，有

$$\left(H - \frac{\widetilde{M}_L}{\widetilde{J}_{L+1}} \cdot \frac{Qq_1}{\omega^2 + q_1^2}\right)\sin(\widetilde{\psi}_L - \theta_2) + \frac{\widetilde{M}_L}{\widetilde{J}_{L+1}} \cdot \frac{Q\omega}{\omega^2 + q_1^2}\cos(\widetilde{\psi}_L - \theta_2) = \left(P - \frac{Qp_1q_1}{\omega^2 + q_1^2}\right)\omega X_0$$

$$(5.133)$$

$$\left(H - \frac{\widetilde{M}_L}{\widetilde{J}_{L+1}} \cdot \frac{Qq_1}{\omega^2 + q_1^2}\right)\cos(\widetilde{\psi}_L - \theta_2) - \frac{\widetilde{M}_L}{\widetilde{J}_{L+1}} \cdot \frac{Q\omega}{\omega^2 + q_1^2}\sin(\widetilde{\psi}_L - \theta_2) = \left(a - \frac{Qp_1\omega^2}{\omega^2 + q_1^2} + G\right)X_0$$

$$(5.134)$$

令：式(5.133)^2 + 式(5.134)^2，并且两端乘以 ε^2，得

$$\left(\frac{\widetilde{M}_L}{\widetilde{J}_L} - \frac{\widetilde{M}_L}{\widetilde{J}_{L+1}} \cdot \frac{q_1q_2}{\omega^2 + q_1^2}\right)^2 + \left(\frac{\widetilde{M}_L}{\widetilde{J}_{L+1}} \cdot \frac{q_2\omega}{\omega^2 + q_1^2}\right)^2 = $$
$$\left\{\left[(\omega_0^2 - \omega^2) - \frac{p_1q_2\omega^2}{\omega^2 + q_1^2} + \varepsilon G\right]^2 + \left(p_2 - \frac{p_1q_1q_2}{\omega^2 + q_1^2}\right)^2\omega^2\right\}X_0^2$$

$$(5.135)$$

式(5.135)可写成

$$X_0 = \frac{\widetilde{M}_L \sqrt{\left(\dfrac{1}{\widetilde{J}_L} - \dfrac{1}{\widetilde{J}_{L+1}} \cdot \dfrac{q_1q_2}{\omega^2 + q_1^2}\right)^2 + \left(\dfrac{1}{\widetilde{J}_{L+1}} \cdot \dfrac{q_2\omega}{\omega^2 + q_1^2}\right)^2}}{\sqrt{\left[(\omega_0^2 - \omega^2) - \dfrac{p_1q_2\omega^2}{\omega^2 + q_1^2} + \varepsilon G\right]^2 + \left(p_2 - \dfrac{p_1q_1q_2}{\omega^2 + q_1^2}\right)^2\omega^2}}$$

$$(5.136)$$

此解与经典的线性解比较，形式相同，但多了影响函数 G 项，因 G 是振幅 X_0 的函数，故式(5.135)是隐函数，有多值解。

又

$$\theta_2 = \tilde{\psi}_L - \psi_a - \psi_b \tag{5.137}$$

式中

$$\begin{cases} \psi_\alpha = \arccos \dfrac{\dfrac{1}{\tilde{J}_L} - \dfrac{1}{\tilde{J}_{L+1}} \cdot \dfrac{q_1 q_2}{\omega^2 + q_1^2}}{\sqrt{\left(\dfrac{1}{\tilde{J}_L} - \dfrac{1}{\tilde{J}_{L+1}} \cdot \dfrac{q_1 q_2}{\omega^2 + q_1^2}\right)^2 + \left(\dfrac{1}{\tilde{J}_{L+1}} \cdot \dfrac{q_2 \omega}{\omega^2 + q_1^2}\right)^2}} \\[2em] \psi_\alpha = \arcsin \dfrac{\left(p_2 - \dfrac{p_1 q_1 q_2}{\omega^2 + q_1^2}\right)\omega X_0}{\sqrt{\left(\dfrac{1}{\tilde{J}_L} - \dfrac{1}{\tilde{J}_{L+1}} \cdot \dfrac{q_1 q_2}{\omega^2 + q_1^2}\right)^2 + \left(\dfrac{1}{\tilde{J}_{L+1}} \cdot \dfrac{q_2 \omega}{\omega^2 + q_1^2}\right)^2}} \end{cases} \tag{5.138}$$

从本节的研究可见：

（1）具有一个非线性部件的多质量轴系，部件前后的两部分可依据线性递推关系，将系统转换成当量双质量系统，成为求解线性的滚振方程式（5.116）和非线性的扭振方程式（5.117）。这样，简化了问题，从而可采用本章前面各节介绍的方法来解。

（2）双刚度轴系的解为式（5.136），双刚度联轴器的作用由式（5.130）、式（5.131）所表示的影响函数表现出来，在共振区附近，振动解的讨论已见于3.4.3节和5.3.2节中。

附录 A   雅可比（Jacobi）法简介

由线性代数可知，对特征方程：

$$|A - \omega^2 E| = 0$$

式中

$$A = \begin{bmatrix} a_{11} & a_{12} & \cdots & a_{1n} \\ a_{21} & a_{22} & \cdots & a_{2n} \\ \vdots & \vdots & \ddots & \vdots \\ a_{11} & a_{12} & \cdots & a_{1n} \end{bmatrix}$$

式中 E——单位矩阵。

如果能找到矩阵 A 的正交变换矩阵 R，使其相似变换成对角矩阵：

$$S = R^{-1}AR = \Lambda$$

$$\Lambda = \begin{bmatrix} \lambda_1 & 0 & 0 & \cdots & 0 \\ 0 & \lambda_2 & 0 & \cdots & 0 \\ 0 & 0 & \lambda_3 & \cdots & 0 \\ \vdots & \vdots & \vdots & \ddots & \vdots \\ 0 & 0 & 0 & \cdots & \lambda_n \end{bmatrix}$$

则 $\lambda_i (i = 1, 2, \cdots, n)$ 即是它的特征值，而矩阵 R 中每一列就是相应的特征向量。

雅可比法用来求实对称矩阵的特征值和特征向量。

设 $A = A_0$ 是实对称矩阵，$a_{ij} = a_{ji}$。雅可比法是做一相似矩阵序列：

$$A_k = R_k^{-1} A_{k-1} R_k$$

式中 R_k——平面旋转矩阵。

$$R_k = \begin{bmatrix} 1 & & & & & & & \\ & \ddots & & & & & & \\ & & \cos\theta & & & \sin\theta & & \\ & & & 1 & & & & \\ & & & & \ddots & & & \\ & & & & & 1 & & \\ & & -\sin\theta & & & \cos\theta & & \\ & & & & & & \ddots & \\ & & & & & & & 1 \end{bmatrix} \begin{array}{l} \\ \\ \text{第 } p \text{ 行} \\ \\ \\ \\ \text{第 } q \text{ 行} \\ \\ \end{array}$$

它的元素为：$r_{pp} = r_{qq} = \cos\theta, r_{pq} = \sin\theta, r_{qp} = -\sin\theta, r_{ii} = 1 (i \neq p, q)$，其余元素为 0。

显然，这是正交变换，其反矩阵与转置矩阵相等，即 $\boldsymbol{R}^{-1} = \boldsymbol{R}^{\mathrm{T}}$。所有的 $\boldsymbol{A}_k (k = 1, 2, \cdots)$ 都是对称矩阵，$\boldsymbol{A}_k$ 与 $\boldsymbol{A}_{k-1}$ 只是在第 p、q 行及列上不一样，它们之间的关系如下：

$$\begin{cases} a_{ip}^{(k)} = a_{pi}^{(k)} = a_{ip}^{(k-1)}\cos\theta - a_{iq}^{(k-1)}\sin\theta \\ a_{iq}^{(k)} = a_{qi}^{(k)} = a_{ip}^{(k-1)}\sin\theta - a_{iq}^{(k-1)}\cos\theta \end{cases} \quad (i \neq p, q)$$

$$\begin{cases} a_{pp}^{(k)} = a_{pp}^{(k-1)}\cos^2\theta + a_{qq}^{(k-1)}\sin^2\theta - 2a_{pq}^{(k-1)}\sin\theta\cos\theta \\ a_{qq}^{(k)} = a_{pp}^{(k-1)}\sin^2\theta + a_{qq}^{(k-1)}\cos^2\theta + 2a_{pq}^{(k-1)}\sin\theta\cos\theta \\ a_{pq}^{(k)} = a_{qp}^{(k)} = (a_{pp}^{(k-1)} - a_{qq}^{(k-1)})\sin\theta\cos\theta + a_{pq}^{(k-1)}(\cos^2\theta - \sin^2\theta) \end{cases}$$

取旋转角 θ 满足：

$$\tan 2\theta = -V_2/U, \quad V_2 = a_{pq}^{(k-1)}$$

$$U = \frac{1}{2}(a_{pp}^{(k-1)} - a_{qq}^{(k-1)})$$

则有

$$a_{pq}^{(k)} = a_{qp}^{(k)} = 0$$

若限制 θ 值在 $-\dfrac{\pi}{4} < \theta < \dfrac{\pi}{4}$ 内，由三角公式可推出：

$$G = -\operatorname{sign}(U) \frac{V_2}{\sqrt{V_2^2 + U^2}} \quad (U \neq 0)$$

$$G = 1 \quad (U = 0)$$

$$\sin\theta = \frac{G}{\sqrt{2(1 + \sqrt{1 - G^2})}}$$

$$\cos\theta = \sqrt{1 - \sin^2\theta}$$

每经一次正交变换，主对角线元素平方和增加 $2(a_{pq}^{(k-1)})^2$，对角线外元素的平方和也就相应减少此量。不断进行正交变换，主对角线外元素都趋于 0，矩阵 $\boldsymbol{A}_k$ 成为一个对角矩阵。对角线上的元素就是矩阵的各个特征值，而 $S_k = R_1 R_2 \cdots R_n$ 的每一列就是相应的特征向量。

在迭代过程中，采用限值的循环法，若矩阵 $\boldsymbol{A}$ 的非对角元的平方和记为 S_1，然后计算 $\mu_1 = \sqrt{S_1}/n$，这时将 μ_1 看作为一个限值；在遍及矩阵的一次扫描中，所有大于或等于 μ_1 的非对角元都要消去，然后由 $\mu_2 = \mu_1/n$ 作为一个新的限值，再次扫描矩阵，将大于或等于 μ_2 的非对角元都要消去。重复多次，直到满足条件 $\mu_i \leq \varepsilon\mu_1$ 为止，这里 ε 是给定的误差限值，它将保证非对角元的平方和的最终值小于 $\varepsilon^2 S_1$。

⸱⸱⸱■⸱■ 附录 B　全主元高斯消去法 ■⸱■⸱⸱⸱

　　求解线性代数方程,经典而简单的是高斯消去法。其基本思想是将一个方程乘或除以某个常数,接着将两方程相加减,通过这种办法,逐步减少方程中变量的数目,使原来方程组化为等价的三角型方程组,最后的一个方程只含有一个变量,从而获得解。它的缺点是,做除法的元素可能很小或为0,这样可能引起很大误差,甚至使消去过程无法进行。为此,在消去过程中,采用全主元高斯消去法,获得较高的计算精度,具体介绍如下。

　　设方程组 $Ax = B$,即

$$\begin{cases} a_{11}x_1 + a_{12}x_2 + \cdots + a_{1n} = b_1 \\ a_{21}x_1 + a_{22}x_2 + \cdots + a_{2n} = b_2 \\ \qquad\qquad\vdots \\ a_{n1}x_1 + a_{n2}x_2 + \cdots + a_{nn} = b_n \end{cases}$$

先将第 1 个方程中 x_1 的系数化为 1,得

$$x_1 + a_{12}^{(1)}x_2 + a_{13}^{(1)}x_3 \cdots\cdots + a_{1n}^{(1)}x_n = b_1^{(1)}$$

然后,从其余方程中消去 x_1,变成下列形式:

$$\begin{cases} a_{22}^{(1)}x_2 + a_{23}^{(1)}x_3 + \cdots + a_{2n}^{(1)}x_n = b_2^{(1)} \\ a_{32}^{(1)}x_2 + a_{33}^{(1)}x_3 + \cdots + a_{3n}^{(1)}x_n = b_3^{(1)} \\ a_{n2}^{(1)}x_2 + a_{n3}^{(1)}x_3 + \cdots + a_{nn}^{(1)}x_n = b_n^{(1)} \end{cases}$$

这样的消去过程进行到第 $(k-1)$ 步时,有

$$A^{(k-1)} = \begin{bmatrix} 1 & a_{12}^{(k-1)} & \cdots & a_{1,k-1}^{(k-1)} & a_{1,k}^{(k-1)} & \cdots & a_{1,n}^{(k-1)} \\ & 1 & \cdots & a_{2,k-1}^{(k-1)} & a_{2,k}^{(k-1)} & \cdots & a_{2,n}^{(k-1)} \\ & & \ddots & \vdots & \vdots & \vdots & \vdots \\ & & & 1 & a_{k,k}^{(k-1)} & \cdots & a_{k,n}^{(k-1)} \\ & 0 & & & a_{k+1,k}^{(k-1)} & \cdots & a_{k+1,k}^{(k-1)} \\ & & & & \vdots & \ddots & \vdots \\ & & & & a_{n,k}^{(k-1)} & \cdots & a_{nn}^{(k-1)} \end{bmatrix}$$

$$\boldsymbol{B}^{(k-1)} = \begin{bmatrix} b_1^{(k-1)} \\ b_2^{(k-1)} \\ \vdots \\ b_n^{(k-1)} \end{bmatrix}$$

消去过程的第 k 步的矩阵 $\boldsymbol{A}^{(k)}$ 及右端项 $\boldsymbol{B}^{(k)}$ 计算公式为

对 $i < k$ 或 $j < k$：

$$a_{ij}^{(k)} = a_{ij}^{(k-1)}$$

对 $i < k$：

$$b_i^{(k)} = b_i^{(k-1)}$$

对 $j = k, \cdots, n$：

$$a_{kj}^{(k)} = \frac{a_{kj}^{(k-1)}}{a_{kk}^{(k-1)}}, b_k^{(k)} = \frac{b_k^{(k-1)}}{a_{kk}^{(k-1)}}$$

对 $i = k+1, \cdots, n$；$j = k, \cdots, n$：

$$a_{ij}^{(k)} = a_{ij}^{(k-1)} - a_{ik}^{(k-1)} a_{kj}^{(k)}$$

对 $i = k+1, \cdots, n$；$j = k+1, \cdots, n$：

$$b_i^{(k)} = b_i^{(k-1)} - a_{ik}^{(k-1)} b_k^{(k)}$$

当消去过程进行到第 n 步时，得到等价的三角型方程组：

$$\boldsymbol{A}^{(n)} x = \boldsymbol{B}^{(n)}$$

式中

$$\boldsymbol{A}^{(n)} = \begin{bmatrix} 1 & a_{12}^{(1)} & a_{13}^{(1)} & \cdots & a_{1,n-1}^{(1)} & a_{1,n}^{(1)} \\ 0 & 1 & a_{23}^{(2)} & \cdots & a_{2,n-1}^{(2)} & a_{2,n}^{(2)} \\ 0 & 0 & 1 & \cdots & a_{3,n-1}^{(3)} & a_{3,n}^{(3)} \\ \vdots & \vdots & \vdots & \ddots & \vdots & \vdots \\ 0 & 0 & 0 & \cdots & 1 & a_{n-1,n}^{(n-1)} \\ 0 & 0 & 0 & \cdots & 0 & 1 \end{bmatrix}$$

$$\boldsymbol{B}^{(n)} = \begin{bmatrix} b_1^{(1)} \\ b_2^{(2)} \\ \vdots \\ b_{n-1}^{(n-1)} \\ b_n^{(n)} \end{bmatrix}$$

从而，可得

$$x_n = b_n^{(n)}$$

$$x_{n-1} = b_{n-1}^{(n-1)} - a_{n-1}^{(n-1)} x_n$$

$$\vdots$$

$$x_i = b_i^{(i)} - \sum_{j=i+1}^{n} a_{ij}^{(i)} x_j$$

$$\vdots$$

全主元高斯消去法跟高斯消去法基本相同,但在全主元高斯消去法中,变量不再按顺序消去,而是在每步消去之前,如在消去过程第 k 步上,从 $A^{(k-1)}$ 中间后面的 $(n-k+1)$ 行和列选取绝对值最大的元素,即 $|a_{st}^{(k-1)}| = \max |a_{ij}^{(k-1)}|$ $(k \leqslant i, j \leqslant n)$,然后再进行消去法。值得注意的是,行列交换的信息必须保留下来,以便恢复解向量的次序。

编　后　语

　　我国船舶柴油机轴系扭转振动研究已经得到很大进展,在计算、测试和减振技术等方面均有许多成果。

　　近年来,柴油机轴系扭转振动出现了许多新的问题:

　　(1) 轴系布置复杂化。例如,多机并车、轴带发电机、螺旋桨 Z 型布置,以及渔船、工程船、轮渡船上的多端输出等,使轴系成为相当复杂的多分支系统。

　　(2) 柴油机强化。高增压、长冲程柴油机的应用,其激励力矩增大。我国船检局推荐的线性化公式得出的激励值往往偏低。

　　(3) 用于高速船上的大螺距比螺旋桨,其惯量的附连水系数由一般的 1.3 左右,可增大到 2 以上。

　　(4) 可调距螺旋桨,除了在满螺距、零螺距运转以外,又有在使用转速范围内分段应用不同螺距的工况。

　　(5) 变参数部件、非线性部件的应用,增加了轴系扭转振动计算的难度。

　　(6) 在柴油机隔振的同时,装有万向联轴器的轴系,测试表明,会出现低频扭转振动。

　　(7) 脉冲电机的应用,其激励问题要加以讨论。

　　对于轴系扭转振动计算,从自由振动计算采用霍尔茨法,强迫振动用能量法(或放大系数法)进行近似计算,发展到现在直接求解微分方程组,得到精确解。它能满足各种复杂布置的轴系,可避免漏根,但在自由振动计算时,难于进行有变参数部件的轴系计算。看来,分析法与试算法互相补充是可行的方法。

　　由于非线性弹性联轴器、减振器等的使用日益增多,轴系扭转振动非线性计算问题也显得迫切起来。对轴系具有多个非线性部件时,找到一种既有一定精度又较简便的方法是相当急需的。

　　关于扭转振动测量,也由过去以盖格尔扭振仪为主,并对模拟信号作手工分析,发展到有众多型式的电子测量仪及数值信号分析。轴系中高阻尼部件的存在,使得自由振动振型不适用,以及滚振影响扣除等问题,多点测量法及应力测量日显重要。其中应力测量可直接测到轴段应力,随着遥测应变仪的出现,它的应用势必更加广泛。

　　目前,轴系扭转振动测量中比较大的问题是扭振仪的校验。至今未有经国家认可的、用来校验扭振仪(含传感器在内的测量系统)的计量单位。这是急待解决的。

现在,我国对新建船舶均要求进行轴系扭转振动计算,并需经船检局(或船级社)审核。这对于扭转振动危害的预报、预防起了极大作用。但仍然时有扭转振动危害出现,这多数是由于工作失误所致。例如,3.1.1 节所举 V 型柴油机的例子,二列汽缸间发火夹角应是 60°,而误用 420°,导致柴油机曲轴损坏。又如,1000t 丁二烯运输船,由于设计中更换了弹性联轴器,计算时未将原来联轴器的惯量删去,结果,原始参数不对,计算共振转速 230r/min,而实测为 310r/min。在试营运中,船员又未注意转速禁区的规定,造成高弹性联轴器多次损坏。再如,长江 55m 客船,轴系扭振计算书明确要求,齿轮箱脱排工况下,在启动及低转速时存在共振区,应快速通过。但在出厂试验中,无视这一预报,盲目用车,导致联轴器撕裂。这些情况表明,技术人员应当认真负责,而且,对工厂、船员普及轴系扭转振动常识是不可忽视的。现在,国内已有众多品种、型号的减振器和高弹性联轴器,多为引进或仿造的产品,其扭振参数的准确提供是很重要的。但许多厂家在这方面的试验验证工作并未切实进行。加强这方面的工作是需要的。目前,为了节能和环保,一些新的燃料用于柴油机上,其燃烧状况变化对柴油机气体力激励的影响也是值得注意的问题。随着船舶运输工业的发展,必定有新的轴系扭转振动问题等待大家努力去解决。

参 考 文 献

[1] 李渤仲. 船舶内燃机扭转振动. 北京:北京科学教育出版社,1963.

[2] 李渤仲,陈之炎,应启光. 内燃机轴系扭转振动. 北京:国防工业出版社,1984.

[3] 许运秀,李宗焜,等. 船舶柴油机轴系扭转振动. 北京:人民交通出版社,1982.

[4] 王祺. 内燃机轴系扭转振动. 北京:国防工业出版社,1985.

[5] 陈之炎. 船舶推进轴系振动. 上海:上海交通大学出版社,1987.

[6] 杜极生. 轴系扭转振动的监测和仪器. 南京:东南大学出版社,1994.

[7] 师汉民,湛刚,吴雅. 机械振动系统——分析、测试、建模、对策. 武汉:华中理工大学出版社,1992.

[8] Nestorides E J. A Handbook on Torsional Vibration. London:Cambride University Press,1958.

[9] Ker Wilson W. Practical Solution of Torsional Vibration Problems:Vol 4. London: Chapman and Hall.

[10] 水野正夫,下乡太郎. 防振·缓衝器の设计. 东京:オワム社,昭和40年.

[11] 斯托克 J J. 力学及电学系统中的非线性问题振动. 谢寿鑫,钱曙复,译. 上海:上海科学技术出版社,1963.

[12] Nie Deyao. Damping Method of Fitting Silicone dampers to Transmission Shafts. //Annual of The Chinese Society of Naval Architeyure and Marine Engineering,1982:157 – 169.

[13] Nie Deyao,Wang Yingwen,Zhang Xinyong. Two – rate Stiffness Rubber Couplings in Torsional Vibration Systems//International Marine Conference. Shanghai China:The Chinese Society of Naval Architecture and Marine Engineering,1987:3 – 15.

[14] 聂德耀,章信庸,汪应文. 双刚度橡胶联轴节的研究与实践,武汉造船,1991(1):1 – 5.

[15] 聂德耀. 长江船舶消减轴系扭振的实践. 噪声与振动控制,1985(1):19 – 23.

[16] 聂德耀. 滚振影响的实验扣除法. 武汉造船,1988(2):4 – 5.